Parti républicain radical
et radical-socialiste

SEPTIÈME CONGRES

DU

PARTI RÉPUBLICAIN

Radical et Radical-Socialiste

Tenu à MAXÉVILLE-NANCY

Les 10, 11, 12 et 13 Octobre 1907

Prix : **25 Centimes**

PARIS, AU SIÈGE DU COMITÉ EXÉCUTIF

9, Rue de Valois, 9

Parti républicain radical
et radical-socialiste

SEPTIÈME CONGRÈS

DU

PARTI RÉPUBLICAIN

Radical et Radical-Socialiste

Tenu à MAXÉVILLE-NANCY

Les 10, 11, 12 et 13 Octobre 1907

Prix : **25 Centimes**

A PARIS, AU SIÈGE DU COMITÉ EXÉCUTIF

9, Rue de Valois, 9

7ᵉ CONGRÈS

DU

PARTI RÉPUBLICAIN

Radical et Radical-Socialiste

Tenu à MAXÉVILLE-NANCY

Les 10, 11, 12 et 13 Octobre 1907

———

SÉANCE PRÉPARATOIRE
Jeudi matin, 10 Octobre

———

La séance est ouverte à 9 h. 30, sous la présidence de M. F. Cahen, vice-président du Comité exécutif, assisté des membres du Bureau ; prennent place également au bureau : MM. le général Godart et Larcher, président et vice-président de la Fédération de Meurthe-et-Moselle.

M. le Président présente les excuses de MM. Fernand Rabier, vice-président de la Chambre ; Hector Depasse, Carpot, Debaune, Simonet, députés ; Hénaffe, conseiller municipal de Paris ; Clerfeuille, délégué de la Gironde.

Il est ensuite procédé au tirage au sort des commissions de vérification des pouvoirs et de vérification des finances ainsi que de la commission chargée de recevoir les propositions pour le Comité exécutif.

Ces commissions se réunissent immédiatement.

La séance est levée à 11 heures.

SÉANCE D'OUVERTURE
Jeudi soir, 10 Octobre

La séance est ouverte à 2 heures et demie, sous la présidence de M. Camille Pelletan, président du Comité exécutif, entouré des membres du Bureau.

Le président donne la parole à M. le général Godart, président de la Fédération de Meurthe-et-Moselle.

Discours de bienvenue de M. le général Godart

M. LE GÉNÉRAL GODART. — Citoyens et chers camarades,

Au nom du Parti radical et radical-socialiste de la région, au nom de la Fédération républicaine, radicale et radicale-socialiste de Meurthe-et-Moselle, j'ai l'honneur de saluer les membres de tous les groupes républicains qui vous ont délégués.

Je salue votre arrivée en notre belle ville de Nancy, où nos amis qui sont les vôtres, sont heureux d'acclamer en vous, venus de tous les points de la France, les défenseurs dévoués de la République, source unique, nous ne cessons de le répéter, de nos libertés, et des améliorations sociales accomplies depuis la Révolution du siècle passé.

Malgré notre bonne volonté, malgré nos désirs ardents, il nous est impossible — et vous savez pourquoi — de faire grand et de faire participer notre vieille cité lorraine aux honneurs que nous sommes fiers de vous rendre. Nous pensons vous donner une compensation par un accueil chaleureux et affectueux, celui de républicains fiers de vous recevoir et de travailler tout à l'heure à vos côtés pour le bien du pays. (*Applaudissements.*)

Si les congrès précédents ont été importants, celui de 1907 ne le sera pas moins. Il a déjà revêtu une empreinte de gravité exceptionnelle, en raison de l'intérêt puissant que présente la situation actuelle, et surtout en présence d'adversaires battus qui, mais non vaincus, non désarmés, toujours irréductibles dans la lutte à outrance qu'ils osent continuer contre les réformes républicaines (*Nouveaux applaudissements*), et contre nos libertés, contre l'égalité, contre la fraternité. Aussi espérons-nous qu'en ces assises de 1907 la grande voix de notre parti saura proclamer la nécessité impérieuse de réaliser les magnifiques réformes inscrites dans notre programme.

Verba volant, scripta manent.

A cet effet, permettez-moi, sans anticiper sur la discussion qui va s'ouvrir, de rappeler en quelques mots ces réformes :

Celle, d'abord, des conseils de guerre, dont le Parlement s'occupera dès la rentrée.

L'élargissement du mode de scrutin. Et pourtant le scrutin d'arrondissement nous assure depuis longtemps la victoire.

Nous réservons, bien entendu, la représentation proportionnelle.

L'abrogation de la loi Falloux.

Le contrat collectif de travail.

L'organisation financière, commerciale et industrielle de la démocratie au dedans et au dehors.

L'amélioration de la loi de 1884 sur les syndicats.

Les retraites ouvrières, et nous pouvons ajouter paysannes. (*Très bien ! Très bien !*)

Le rachat de l'Ouest, en discussion depuis si longtemps, et de tous les réseaux.

L'amélioration de la loi de 1810 sur les mines, vieille d'un siècle et qui ne précise pas assez les responsabilités ; les morts ont toujours tort !

L'impôt sur le revenu, si brillamment exposé et défendu par notre distingué président (*Applaudissements et bravos*), sous réserve peut-être du respect de ce principe fondamental de l'égalité devant l'impôt. Tout Français, même le plus pauvre, doit payer l'impôt, 0 fr. 05, s'il y a lieu.

J'ajouterai un vœu personnel : réforme radicale de notre grande machine militaire ; organisation, effectif, composition de l'état-major général de l'armée, avec économies sérieuses introduites dans l'administration, surtout dans la passation des marchés.

Personne n'ose toucher à cet édifice militaire. Et pourtant nous en connaissons tous les défauts et les lacunes, particulièrement le manque de cohésion et d'unité. Loin de nous la pensée de vouloir amoindrir la puissance de cette armée que nous chérissons (*Ap-*

plaudissements) et je crois que ma parole ne peut être mise en doute. (*Nouveaux applaudissements.*) Nous sommes convaincus, au contraire, que ces réformes accroîtront sa puissance défensive et offensive. Toute loi nouvelle de recrutement apporte des changements qui doivent être complétés par une modification de la loi des cadres, surtout dans une démocratie où l'officier doit vivre en camarade avec le soldat, où l'harmonie doit être complète entre tous les éléments, jusqu'au chef d'armée. (*Applaudissements.*)

Et combien la réalisation de ce beau et noble programme serait aisée et superbe, si l'union de tous les républicains sincères s'affirmait dans l'amour de la patrie, cet amour qui naît avec l'homme, quelle que soit son origine pour ne s'éteindre qu'à la fin des mondes. La bête se bat quelquefois pour sa nourriture, mais surtout elle défend jalousement, férocement son antre, sa bauge, elle meurt souvent en protégeant ses petits. Et nous ne l'imiterions pas !

Imprégnons-nous de cette conviction intime qui remplit l'atmosphère que vous respirez en ce moment, que dans ces pays de l'Est, qui ont vu tant de fois l'envahisseur violer nos frontières, enlever leur fortune, souiller leurs foyers, leurs pénates ; nier la patrie, renier la France est une aberration monstrueuse et criminelle qui révolte et bouleverse le cœur de nos concitoyens (*Applaudissements*) et inspire une horreur indicible, invincible à tout leur être.

Diminuons les distances qui séparent l'employé de l'employeur, oui. Intéressons le travail au capital, marions même ces deux forces, oui ! sources de la grande partie de nos richesses. Soulageons par tous les moyens en notre pouvoir par des lois généreuses, les souffrances, la misère de nos semblables, les malheureux, déshérités de la fortune et de la nature, encore oui ! Elevons même des barrières légales et infranchissables à la guerre et aux appétits insatiables et arbitraires des conquérants, toujours oui ! Mais restons les enfants dévoués de la France comme nos pères le sont restés à l'époque héroïque de 1792, époque où sous les merveilleuses couleurs républicaines, ces glorieux prolétaires couraient à la frontière pour repousser victorieusement l'Europe coalisée, l'Europe envahissante, aux accents du *Chant du départ*, aux accents magnifiques de la *Marseillaise* et aux cris de

Vive la patrie intangible ! Vive la République une et indivisible ! (*Applaudissements.*)

Citoyens de l'Est, nous aimons l'armée, nous chérissons la patrie, nous adorons la République. (*Vifs applaudissements.*)

Le temps presse, je termine, citoyens ; au nom de nos amis de l'Est, vous êtes les bienvenus parmi nous et je vous adresse leur salut fraternel et affectueusement dévoué. (*Applaudissements prolongés.*)

———

M. LE PRÉSIDENT. — L'ordre du jour appelle la nomination du Bureau de la séance. Il est toujours d'usage de choisir, pour constituer le Bureau de la 1re séance, le Bureau du Comité exécutif. (*Oui ! Oui !*)

Nous vous demandons, si vous conservez ce bureau, de lui adjoindre un vice-président. Il y a dans ce département un bon citoyen, un bon Français, un bon républicain connu de toutes les populations, et pour le zèle patriotique qu'il a montré aux heures d'épreuve, et pour les services qu'il a rendus à la cause de la République : c'est le citoyen Sauce, président d'honneur de la Fédération de Meurthe-et-Moselle. (*Applaudissements.*) Nous vous demandons de nous faire l'honneur de nous l'associer dans le bureau de cette séance. (*Applaudissements et acclamations.*)

Le Bureau est ainsi constitué :

Président : M. CAMILLE PELLETAN, député des Bouches-du-Rhône.

Vice-présidents : MM. BIZOT DE FONTENY, sénateur de la Haute-Marne ; LOUIS BLANC, sénateur de la Drôme ; BOURRAT, député des Pyrénées-Orientales ; BUISSON, député de la Seine ; DELPECH, sénateur de l'Ariège ; DESMONS, sénateur du Gard ; MICHEL, député des Bouches-du-Rhône ; RENOULT, député de la Haute-Saône ; Général ANDRÉ, ancien ministre de la Guerre ; FERDINAND CAHEN, délégué de la Seine ; Dr DEDIERRE, délégué du Nord ; J.-B. MORIN, délégué de la Seine ; G. ROBERT, délégué du Pas-de-Calais ; SAUCE, président d'honneur de la Fédération de Meurthe-et-Moselle.

Secrétaires : MM. BOUFFANDEAU, député de l'Oise ; CECCALDI, député de l'Aisne ; CHAUVIN, député de Seine-et-Marne ; DALIMIER, député de Seine-et-Oise ; MALVY, député du Lot ; TROUIN, député d'Oran ; SCHMIDT, député des Vosges ; BELLANGER, délégué de la Seine ; ARMAND CHARPENTIER, délégué

de la Seine ; CHARLES COINTE, délégué de la Seine ; D' DU-
PEUX, délégué de la Gironde ; FABIUS DE CHAMPVILLE, délé-
gué de l'Orne ; GRIVEAUD, délégué de la Loire-Inférieure ;
HERRIOT, délégué du Rhône ; LEFRANC, délégué du Pas-de-
Calais ; PASQUET, délégué des Bouches-du-Rhône ; MAURICE
SARRAUT, délégué de l'Aude ; EDMOND STRAUSS, délégué des
Alpes-Maritimes.

M. CAMILLE PELLETAN, *président*. — Citoyens, je vous
remercie de l'honneur que vous venez de me faire en
m'appelant à présider cette séance et en me procurant
le grand plaisir de répondre à mon éminent ami, le
général Godart.

Nous sommes très touchés de l'hospitalité que la
ville de Nancy veut bien accorder au Parti radical et
radical-socialiste. Il me semble que nos séances auront cette année une signification toute spéciale. Tout
d'abord à cause des luttes difficiles que nos amis ont
soutenues et soutiennent encore contre les partis
de réaction ; ils ont déjà remporté des victoires remar-
quées de toute la France et ils peuvent espérer des
victoires éclatantes dans l'avenir malgré quelques
échecs passagers. Nous sommes heureux d'apporter à
nos amis de l'Est le salut de tout le parti démocratique de France. (*Applaudissements.*)

Mais notre réunion, tout près de la frontière, a une
signification, elle répond aux incidents et aux préoccupations du jour.

Je ne puis, quant à moi, oublier mes souvenirs vieux
de 36 ans, quand, correspondant du *Rappel*, chargé de
rendre compte des événements de la guerre, je débar-
quais à Nancy à l'heure sinistre dont vous vous sou-
venez tous. Hélas ! on l'a trop oubliée, je le crains
bien, cette lugubre histoire. Et moi, qui sens saigner
encore au fond de ma poitrine la plaie de nos désastres, je redoute souvent que la France n'oublie trop.
Il faut que les peuples se souviennent. (*Applaudissements.*) Ils doivent oublier leurs haines, ils ne doivent
jamais oublier leurs malheurs et les enseignements
que ces malheurs comportent. (*Nouveaux applaudissements.*) Voilà pourquoi nous ne pourrons jamais admettre ni complaisance ni équivoque en présence de
toute propagande qui aurait pour effet de détruire ou
d'énerver la force de l'armée française en face des ennemis qu'elle pourrait rencontrer. (*Vifs applaudissements.*)

Une voix. — Pas d'équivoques !

Le Président. — Ni équivoque ni compromission ! C'est absolument mon avis. Nous discuterons les conséquences de cette formule, et je ne veux pas entrer comme président, dans l'examen des questions très délicates que j'aurai à débattre comme orateur. Mais j'ai voulu rappeler tout d'abord que, quand il s'agit de la patrie française, je ne puis avoir une seconde d'hésitation, ni comme Français, ni, permettez-moi de l'ajouter, comme républicain socialiste et libre penseur, car je me demande par quelle aberration des hommes attachés à la cause sociale, à la cause du peuple, pourraient vouloir laisser détruire par les despotismes qui nous entourent le foyer des libertés populaires dans le monde. (*Vifs applaudissements.*)

Mais, le général Godart le rappelait tout à l'heure avec clairvoyance, nous ne pouvons pas oublier non plus que les dangers qui menacent la défense nationale ne sont pas tous de ce côté, ils viennent aussi du faux militarisme, et des vices, et des abus qu'on peut introduire dans l'organisation de l'armée. C'est encore un enseignement qu'on a peut-être trop oublié, mais que ceux qui ont vu, comme moi, les désastres de 1871 n'oublieront jamais. (*Applaudissements.*) En 1871, ce ne sont pas des révoltes d'extrême-gauche contre le devoir militaire qui nous ont perdus, c'est l'incapacité des chefs, ce sont les vices d'une organisation livrée à des comités rétrogrades. (*Vifs applaudissements.*) Notre devoir de patriotes, notre devoir de républicains est de faire face, d'un côté, à toutes les excitations antipatriotiques et de l'autre à l'exploitation du patriotisme par l'esprit de routine et de domination. (*Longs applaudissements.*)

Tels sont les enseignements que nous devons recueillir dans cette ville de Nancy. Nous sommes heureux de recevoir son hospitalité. Nous sommes heureux aussi de voir — les paroles du général Godart en font foi — la démocratie nancéienne, comme la démocratie de toute la France, rester fidèle à cette cause des réformes populaires, à cette cause des déshérités, qui est la raison d'être du Parti républicain. (*Applaudissements ; bravos répétés et cris : Vive Pelletan !*)

Le Président. — Il est de tradition, dans les Congrès du Parti, d'envoyer un télégramme de sympathie à nos présidents d'honneur : les citoyens Brisson, Combes et Bourgeois. (*Acclamations.*)

De même, nous enverrons à M. le président de la République un télégramme de respectueuse sympathie. (*Acclamations.*)

LE PRÉSIDENT. — J'ai reçu les excuses de nos amis de Kerguezec, d'Iriart d'Etchepare, Honoré Leygue, Emile Combes, Bersez, de nombreux comités de la Somme, de la Vienne, de l'Aude, de la Haute-Garonne, de l'Isère, etc., du citoyen de Langenhagen (Meurthe-et-Moselle), du citoyen André Durand (Lot-et-Garonne), du général André, qui ne pourra arriver que ce soir. (*Applaudissements.*)

L'ordre du jour appelle le rapport sur les travaux du Bureau et du Comité exécutif pendant l'exercice 1906-1907.

RAPPORT présenté par M. Lefranc au nom du Bureau du Comité exécutif sur l'exercice 1906-1907.

Citoyens,

Dans le Bulletin du 22 décembre dernier, M. J.-B. Morin, vice-président du Comité exécutif, écrivait :

« Le Congrès de Lille, dans le but d'imposer au Bureau du Comité une responsabilité effective et de lui permettre aussi d'accomplir une besogne plus efficace, a décidé que les pouvoirs de ce dernier dureraient, non plus un trimestre, mais une année entière, c'est-à-dire s'exerceraient d'un Congrès à un autre.

« Il a, en outre, accru considérablement le nombre de ses vice-présidents et de ses secrétaires, indiquant par là qu'il attendait d'eux un sérieux travail d'organisation et de propagande.

« Pénétré de ses nouveaux devoirs, le Bureau a d'abord organisé une Permanence qui fonctionne régulièrement de quatre heures à six heures, à notre siège social, depuis le commencement de novembre, afin de dépouiller la correspondance journalière, d'expédier les affaires courantes et de recevoir les membres du Parti qui auraient des communications à faire au Bureau.

« De plus, estimant que la division du travail est la

meilleure méthode pour obtenir de bons résultats, il s'est réparti en cinq Commissions ayant chacune des attributions distinctes : 1° Commission d'administration et d'organisation du parti ; 2° Commission de propagande et des conférences ; 3° Commission du Bulletin ; 4° Commission des affaires électorales ; 5° Commission des requêtes.

« Ces Commissions n'ont d'autre but que de préparer et de faciliter le travail du Bureau, auquel elles font, chaque semaine, un rapport sur les affaires dont elles ont eu à s'occuper.

« Elles n'ont pas l'intention, hâtons-nous de le dire, d'empiéter sur les droits et les prérogatives des Commissions du Comité, avec lesquelles il faut bien se garder de les confondre, les unes et les autres ayant des attributions, des responsabilités et des sanctions d'une nature et d'une portée toutes différentes. »

Cela dit, ou plutôt rappelé, examinons aussi brièvement que possible l'œuvre accomplie.

Administration et organisation

La première Commission avait dans son ressort toutes les affaires ayant trait à l'administration et à l'organisation générales. Sous la présidence de M. Bouffareau, elle a régulièrement travaillé.

La question du secrétariat est la première qui, par suite de l'accident dont a été malheureusement victime M. Tissier, se soit imposée à son examen. Conformément à ses propositions, ce service a été réorganisé et le Bureau n'a eu qu'à se louer du dévouement et de l'activité déployés par M. Reynard. Aussi n'a-t-on pas jugé nécessaire de procéder à l'élection d'un nouveau secrétaire permanent et doit-on souhaiter le maintien des dispositions prises pour expédier la besogne quotidienne, sous le contrôle des membres du Bureau qui concourent aux permanences.

La Commission administrative a considéré qu'il importait de dénombrer les forces du Parti ou, si l'on veut, d'établir une statistique exacte des Fédérations et Comités effectivement affiliés au Comité exécutif. Des renseignements précis ont été demandés dans ce but aux groupements précédemment admis et ces vérifications minutieuses ont abouti à des constatations très satisfaisantes. Chaque adhésion nouvelle donne lieu, bien entendu, à une enquête analogue et nous connaissons ainsi le nombre des militants sur lesquels nous pouvons compter dans chaque département. La carte du Parti se trouve dressée du même coup et tenue à jour.

L'attention de la Commission administrative s'est corrélativement portée sur une question primordiale : celle des ressources pécuniaires du Parti. Elle a songé à la création d'un insigne ou d'une carte ; mais, sur ce point, aucune décision ferme n'a été prise. En revanche, elle a pensé — et le bureau a admis — que les parlementaires adhérents au Parti pourraient prélever sur leur indemnité une contribution annuelle de cent francs. La Commission des Finances présentera au Congrès une proposition dans ce sens.

Enfin, la Commission, en sus des circulaires, appels, etc., a élaboré le projet de programme soumis à la ratification du Congrès.

Ces indications sommaires suffiront à montrer que la première Commission a utilement employé ses nombreuses séances.

Propagande et Conférences

Le Congrès de Lille avait estimé insuffisante la propagande faite jusque-là au moyen des conférences. Il avait notamment pensé que le Parti était en droit d'obtenir sur ce point, de la part des parlementaires, un concours plus actif, plus suivi, que par le passé. C'est dans cette intention que le Congrès vota la résolution suivante :

« Le Congrès charge le Comité exécutif d'inviter les « sénateurs et députés du Parti à bien vouloir accepter « de présider chaque année plusieurs réunions et de « faire plusieurs conférences. Un rapport sera fait au « Congrès de 1907, sur les résultats de ces démarches. »

Conformément à cette décision, une lettre a été écrite aux sénateurs et aux députés adhérents au Parti pour leur demander le nombre de conférences qu'ils voudraient bien présider ou faire pendant l'exercice 1906-1907 ; le Bureau les priait en même temps, dans un sentiment de déférence que vous apprécierez tous, de vouloir bien indiquer les régions de leur choix.

Cette consultation nous a fait obtenir d'utiles concours ; mais on nous permettra de souhaiter que, l'année prochaine, un nombre plus considérable encore de parlementaires mettent volontiers leur talent et leur autorité au service du Parti.

Nous devons adresser nos remerciements les plus vifs à ceux d'entre eux qui ont donné, pendant l'exercice écoulé, une aide précieuse à la propagande radicale. Quelques-uns ont fait de nombreuses conférences et ont toujours répondu aux demandes du Comité exécutif avec la plus grande bienveillance et avec le plus entier dévouement. Le Parti leur exprime sa profonde reconnaissance.

Citons parmi les sénateurs : MM. Goirand, Maxime Lecomte, Aubry, Destieux-Junca, Bersez, Maureau, Brisson, Delpech, Bizot de Fonteny, Louis Blanc. Nous devons mentionner tout spécialement MM. Delpech et Maxime Lecomte qui se sont mis sans réserve à la disposition du Comité exécutif.

Parmi les députés, le Parti doit un légitime tribut de gratitude à MM. Abel Bernard, Louis Martin, Jean Codet, Pozzi, Massé, de Kerguézec, Magniaudé, Louis Dreyfus, Malvy, Ajam, René Renoult, Augé, Abel Lefèvre, Beauquier, Guillemet, Bourrat, César Trouin, Pelletan, Chaussier, Lafferre, Desplas, Buisson, Henri Michel, Ceccaldi, Chauvin, Dalimier, Schmidt, Bouffandeau. Nous remercions particulièrement MM. Ajam, Louis Martin, Dalimier, qui, sur notre demande, ont fait un nombre considérable de conférences et ont bien voulu accepter de représenter officiellement le Parti à l'occasion de grandes manifestations : dans l'Orne, la Mayenne, Seine-et-Oise, etc.

Enfin nous devons exprimer toute notre reconnaissance aux membres du Parti qui ont bien voulu porter la bonne parole en province, au nom du Comité exécutif. Un certain nombre d'entre eux ont fait de nombreuses conférences et ont rendu ainsi au Parti des services très appréciables ; entre autres, MM. Paul Virot, Fernand Chazot, Charles Cointe, J.-B. Morin, Abel Boutin, Gérault-Carion, Paul Caillot, Brécy, Bourceret, Fabiani, Henri Maître, Emile Laurent, Nathan Larrier, Pierre Dollat, G. Fabius de Champville, René Huet, etc.

Signalons également les services rendus par les groupements de conférenciers tels que la Ligue de propagande républicaine radicale et radicale-socialiste, et la Société des Conférences radicales, et rendons un juste hommage à leurs efforts.

Les conférences ont été faites dans les départements suivants : Aisne, Ardennes, Aube, Dordogne, Eure, Eure-et-Loir, Indre, Lot, Lot-et-Garonne, Maine-et-Loire, Haute-Marne, Mayenne, Nord, Oise, Orne, Pas-de-Calais, Seine, Seine-et-Marne, Seine-et-Oise, Somme, Vosges.

Il n'a pu être donné suite à quelques rares demandes de conférenciers (exactement trois), les organisations nous ayant prévenus trop tard. A ce sujet, rappelons aux organisateurs qu'ils est indispensable que les demandes soient adressées au Comité exécutif au moins 20 jours à l'avance, surtout lorsque l'on désire que la conférence soit faite par un parlementaire.

La Commission des Conférences s'est réunie chaque semaine. Son président, M. Charles Cointe, a fait montre d'un zèle que nous nous devons de reconnaître.

La Commission, pour chaque conférence, s'est entourée des renseignements de nature à guider et à documenter les conférenciers sur la région qu'ils allaient parcourir. Elle s'est attachée à faire une œuvre méthodique et rationnelle, dont les heureux effets ne manqueront pas de se faire sentir dans les futures élections.

Bulletin

En exécution des vœux émis à diverses reprises par le Comité exécutif et par les Congrès, nous nous sommes efforcés de concilier le désir de donner au Bulletin une périodicité régulière avec le souci louable de l'économie. Nous espérons avoir donné sur ce point satisfaction à nos adhérents.

La publication du Bulletin est nécessairement liée à la question des ressources : l'an prochain nous apportera, espérons-le, des facilités qui nous manquaient un peu cette année.

Il serait en outre fort désirable que chaque numéro contînt un article de bonne propagande signé d'un nom connu. Nous sommes persuadés que nous ne ferons pas vainement appel, dans ce but, à nos hommes politiques et à nos publicistes réputés. Les sujets ne manquent point. La collaboration de personnalités en vue au Bulletin servira efficacement les intérêts du Parti et celui-ci leur en saura gré.

Elections

La Commission électorale, présidée avec le plus grand dévouement par M. F. Canen, s'est réunie tous les lundis ; en outre, elle a tenu dans certaines circonstances de nombreuses séances extraordinaires.

La Commission a suivi toutes les élections qui ont eu lieu pendant l'exercice. Plus de cent élections sénatoriales, législatives, cantonales ou municipales ont retenu son attention. Pour toutes ces élections, la Commission s'est entourée des renseignements des Comités, des élus, des membres du Comité exécutif. Avec un soin scrupuleux, elle a constitué, pour chaque élection, un dossier dans lequel sont consignés les résultats de l'enquête à laquelle elle s'est livrée, les observations qui lui ont été fournies, les noms des candidats, leurs opinions, les nombres des voix obtenues.

Dix élections sénatoriales ont eu lieu ; elles portaient sur les départements suivants : Basses-Alpes, Ardennes, Calvados, Corrèze, Eure, Puy-de-Dôme, Haute-Saône, Seine, Seine-et-Oise et Somme. Résultats : 6 radicaux élus, 1 républicain de gauche, 3 réactionnaires.

Nous avons constaté, dans les départements de l'Eure et de Seine-et-Oise, une augmentation appréciable de voix républicaines : conséquence des gains que nous avons faits dans les élections cantonales et municipales précédentes.

Il convient de souligner spécialement le succès républicain de M. Ranson, dans la Seine : notre Parti a remporté là une belle victoire malgré le maintien de la candidature d'un socialiste unifié.

Des élections législatives ont eu lieu dans les départements de l'Hérault (1re circonscription de Montpellier) ; de l'Aisne (arrondissement de Château-Thierry et 1re circonscription de Saint-Quentin) ; de Maine-et-Loire (arrondissement de Cholet) ; de la Creuse (arrondissement de Boussac) ; de la Drôme (Die) ; de la Corrèze (Tulle) ; de la Haute-Saône (Gray) et du Puy-de-Dôme (Issoire). Ont été élus : 6 radicaux, 1 républicain progressiste, 2 réactionnaires.

A propos de l'élection de Montpellier, signalons que M. Leroy-Beaulieu, invalidé par la Chambre, a été réélu, grâce aux mêmes procédés qui avaient motivé son exclusion, contre M. Laurent qui portait vaillamment le drapeau de notre Parti.

A Cholet, le résultat était prévu ; le réactionnaire avait toutes chances d'être élu dans cette circonscription qui est encore presque entièrement inféodée au régime monarchiste et au parti clérical.

Nous avons remporté, à Château-Thierry, une belle victoire avec M. Amédée Couesnon. M. Couesnon, très estimé dans le pays, est un excellent républicain. Il a battu le candidat réactionnaire avec une grande facilité.

A Saint-Quentin, un certain nombre de nos amis n'ont pu se décider à voter, au second tour de scrutin, pour le candidat du parti unifié et M. Hugues, progressiste, l'a emporté ; mais au premier tour, notre candidat, M. Leduc, a gagné un nombre appréciable de voix sur les précédents scrutins.

A Boussac, le siège du regretté M. Judet, décédé, est revenu à son fils, radical indépendant.

A Die, Tulle, Gray et Issoire, il s'agissait de remplacer des députés radicaux élus sénateurs. On connaît les réserves qu'appelle l'élection de M. Archimbaud à Die.

Les élections cantonales et les élections municipales partielles ont été fort nombreuses. Elles ont donné généralement des résultats favorables.

Mais les élections qui ont attiré le plus vivement l'attention des républicains sont les élections municipales complémentaires de Paris, du 5 mai 1907, et le renouvellement cantonal des 28 juillet et 4 août.

A Paris, des conseillers municipaux étaient à élire dans les arrondissements suivants : IVe arrondissement (quartier Saint-Gervais) ; V^e arrondissement (quartier du Jardin des Plantes) ; XVe arrondissement (quartier Necker) ; XVIIe arrondissement (quartier des Epinettes) ; XVIIIe arrondissement (quartier de la Chapelle) ; XIXe arrondissement (quartier d'Amérique). Les résultats n'ont pas changé la situation respective des partis. Ont été élus : 3 radicaux ou radicaux-socialistes, 2 socialistes, 1 nationaliste.

Une autre élection municipale complémentaire a eu lieu, les 21 et 28 juillet, dans le quartier Montparnasse (XIVe arrondissement), par suite de l'élection de M. Ranson comme sénateur de la Seine. Cette élection a donné lieu à des compétitions regrettables. L'un des candidats radicaux a été élu, à une voix de majorité, en violant les règles de la discipline.

Les élections cantonales des 21 juillet et 4 août ont été une brillante victoire pour le Parti radical et radical-socialiste. Plus de deux cents sièges, tant de conseillers généraux que de conseillers d'arrondissement, ont été conquis sur l'opposition, et presque tous au profit de notre Parti.

Nous avons eu à déplorer l'échec de quelques-uns de nos amis. Toute armée combattante a ses pertes. C'est vers ceux-là que va notre première pensée. Le Parti tout entier remercie ceux qui ont succombé dans la mêlée et qui ont vaillamment porté le drapeau républicain. Nous leur devons un hommage particulier ; le Parti leur renouvelle sa confiance, il leur adresse l'expression émue de sa sympathie et de son estime, et il leur demande de continuer courageusement la lutte, avec le même dévouement qu'ils ont montré dans le passé. Le Parti les assure de son entier concours dans les batailles futures et il compte que leurs efforts seront prochainement couronnés de succès.

Nous avons enregistré, d'autre part, un nombre considérable de succès pour nos amis ; nous en signalerons quelques-uns.

Dans les Côtes-du-Nord, les quatre députés radicaux : MM. Armez, Baudet, Le Troadec et de Kerguezec sont réélus ; en Seine-et-Oise, MM. Aimond et Dalimier, députés, conquièrent chacun un siège ; M. Gilbert-Renaud, président de la Fédération démocratique des Vosges, bat le conseiller sortant, nationaliste ; le sympathique député des Vosges, M. Mathis, enlève le siège de Vittel au conseiller sortant nationaliste ; M. Méline n'a pas osé se représenter et un radical est élu à sa place ; en Meurthe-et-Moselle, M. Chapuis, député, bat également le réactionnaire sortant, M. Haudos et M. Gaillemain, dans la Marne, gagnent deux sièges à la République ; M. Murat, dans l'Ardèche, conquiert le canton de Valgorge ; MM. Cocula, sénateur du Lot, Delpech, sénateur de l'Ariège, sont brillamment réélus malgré une campagne furieuse de la réaction. M. Crouzet, maire de Nîmes, est élu à une très forte majorité dans le canton d'Aramont. M. le docteur Dupeux remplace, dans le 4e canton de Bordeaux, le progressiste sortant ; M. Dumoncel, maire d'Octeville, est élu dans le canton d'Octeville-Cherbourg ; M. Jaumier est élu à Rochefort-sur-Mer ; dans la Haute-Loire, M. Dupuy, sénateur, conseiller sortant, a reculé devant un échec probable et les républicains gagnent plusieurs sièges

Tels sont rapidement esquissés les résultats électoraux de l'année ; ils attestent les progrès très sensibles du Parti radical et radical-socialiste. Les élections municipales de 1908 se présentent dès maintenant sous les meilleurs auspices.

Les Requêtes

Une mission particulièrement délicate incombait à la Commission des requêtes : son président et son vice-président, MM. J.-B. Morin et G. Fabius de Champville, lui ont donné tout leur dévouement. Dans son article sur l'organisation du Bureau, J.-B. Morin avait indiqué en quelques lignes très nettes la tâche de cette commission : « Il est du devoir d'un grand parti répu-
« blicain comme le nôtre, disait-il, de défendre les siens,
« de ne plus permettre qu'ils soient sacrifiés, comme
« ils l'ont presque toujours été jusqu'ici, aux intrigues
« et aux menées de la réaction et du cléricalisme.
« N'est-il pas honteux, scandaleux, démoralisant, de
« constater que la République, après trente-six années
« d'existence, n'appartient pas encore aux républi-
« cains !... Nous avons pour devoir de défendre les
« droits légitimes ou méconnus, de nous opposer à
« tout ce qui est injuste ou contraire aux intérêts de
« la République, mais non de faire obtenir aux milliers
« et aux milliers de candidats aux divers emplois dont
« le nombre grossit tous les jours, les faveurs du
« Gouvernement. C'est pourquoi nous ne pouvons don-
« ner suite aux requêtes individuelles, ayant un carac-
« tère privé... Nous ne pouvons accorder notre appui
« qu'à celles qui nous parviendront par l'intermédiaire
« des fédérations et des comités adhérents à notre
« Parti dont la recommandation sera pour nous la
« meilleure et la plus sûre des garanties. »

C'est animée de ce sentiment de justice et dans cette pensée de prudence que la Commission s'est mise à l'œuvre. Elle s'est réunie chaque semaine et s'est imposé un travail considérable.

Plus de trois cents requêtes, dont un certain nombre ont dû être écartées, à cause de leur caractère strictement personnel, ont été adressées au Comité exécutif. Pour chacune de ces requêtes, la Commission et le Bureau se sont entourés de toutes les garanties indispensables ; des enquêtes minutieuses ont été faites, suivies de nombreuses démarches pour lesquelles les membres du Bureau se sont multipliés. Ces démarches n'ont pas toutes abouti, et cela se conçoit ; mais satisfaction a été souvent obtenue. En travaillant à accroître l'autorité du Comité exécutif, nous augmenterons son influence.

Les Séances du Comité exécutif

Le Comité exécutif s'est réuni en séance plénière chaque mois au moins une fois. Vous avez lu dans le « Bulletin » le compte-rendu de ses séances ; aussi ne ferons-nous que rappeler les principales questions qui y ont été traitées : républicanisme des officiers ; interdiction de l'emploi du blanc de céruse ; application de la loi de Séparation ; repos hebdomadaire ; impôt sur le revenu ; associations de fonctionnaires ; tactique électorale ; crise viticole, etc.

Le 11 mai, le Comité a adopté, en séance extraordinaire, un projet de programme du Parti présenté par le Bureau. En discutant ce projet, qui est soumis à votre examen, vous vous pénétrerez de l'idée que l'unité de programme, et d'un programme qui ne laisse place à aucune équivoque, est la base d'action indispensable d'un parti ; c'est notre programme qui fera notre force et qui devra nous donner la victoire dans les prochaines batailles.

Une des principales réformes qui figurent dans ce programme est celle de l'impôt. Elle a préoccupé à juste titre le Comité exécutif et nous devons remercier notre président d'avoir bien voulu, par la brochure très complète que vous connaissez, nous permettre de faire une large propagande en faveur de l'établissement d'un impôt sur le revenu.

Nécessairement, dans chacune de ses séances, le Comité exécutif s'est entretenu de la situation politique. Il l'a fait avec la plus grande largeur d'esprit et les graves questions qui agitaient l'opinion y ont été traitées avec ampleur.

Sur plusieurs de ces questions, le Congrès est appelé à formuler le sentiment définitif du Parti. Ses résolutions, notamment en ce qui concerne la tactique électorale, sont attendues avec impatience par le pays tout entier. Elles auront toute la netteté désirable.

Le Parti radical et radical-socialiste se doit à lui-même de montrer qu'il est digne du pouvoir et de la confiance de la nation.

(A l'unanimité, le rapport de M. Lefranc est adopté.)

M. SAUCE remercie le Congrès de l'honneur qu'il lui a fait en l'appelant à la vice-présidence de cette séance.

M. DALIMIER, *député, rapporteur de la Commission de vérification des pouvoirs.* — La Commission de vérification des pouvoirs n'a reçu de protestations qu'en ce qui concerne quelques mandats de délégués appartenant au Gard, à Paris, à l'Algérie, aux départements de la Charente et de la Loire. Elle vous demande, en conséquence, de valider les pouvoirs des délégués de tous les autres départements pour lesquels il n'y a pas contestation. (*Adopté.*)

(La discussion des mandats contestés est renvoyée à demain.)

Fixation de l'ordre du jour

LE PRÉSIDENT. — Si je puis donner l'avis unanime, je crois, de votre Bureau, je vous proposerai de discuter d'abord — mais je crois qu'il n'y aura guère de discussion — le programme du Parti. Au dernier Congrès, vous avez chargé le Comité exécutif de préparer un projet de programme. Je puis en parler d'une manière d'autant plus détachée que je suis de ceux qui ont fait des objections. Mais une grosse majorité a décidé de charger le Comité de préparer le projet de programme. Nous l'avons préparé en nous efforçant de n'y reproduire que les articles qui, pour de véritables radicaux-socialistes, ne peuvent donner lieu à aucune discussion, et nous avons pris les articles adoptés dans tous les précédents Congrès. Nous pourrions donc mettre la discussion du programme en tête de l'ordre du jour.

M. CH. DUMONT, *député.* — Il ne peut y avoir aucune surprise, puisque les articles du programme sont connus de tous. Pour ne pas perdre de temps, nous pourrions aborder dès aujourd'hui la discussion de ce programme de façon à débattre demain à la séance de l'après-midi la très grave question qui nous préoccupe tous. Nous gagnerons ainsi du temps en statuant dès cette séance sur les questions de détail qui peuvent se poser à l'occasion des articles du programme.

Le Président. — L'observation de M. Charles Dumont est appuyée par de fortes raisons et je n'y vois aucune objection. Après la séance plénière, les membres du Congrès se réuniront en commissions d'études: c'est seulement quand les commissions ont procédé à leurs travaux que le Congrès peut délibérer utilement. Il y a cependant une de ces commissions, celle du programme et de la déclaration du Parti, que vous allez avoir à nommer...

(Après des observations de MM. Charles Dumont, Ferdinand Brisson, Magniaudé et J.-B. Morin, l'ordre du jour est ainsi fixé : vérification des mandats contestés ; discussion du programme ; tactique du Parti ; réformes électorales et mode de scrutin.)

M. Chapuis, *député*. — Je voudrais que le Congrès examinât la question de l'augmentation de l'indemnité parlementaire. Je suis de ceux qui ont pris l'initiative de cette proposition devant le Bureau de la Chambre des députés, et c'est pourquoi je voudrais que notre Parti en fût saisi. Dans notre département, la campagne électorale a été menée contre nos amis républicains sur cette question de l'augmentation de l'indemnité parlementaire. Un de nos collègues s'est prononcé contre le relèvement de l'indemnité parlementaire et a même, je crois, promis d'en demander la suppression. Il faut que le Parti républicain radical se prononce définitivement ; il faut qu'il ait le courage de proclamer que, si l'on a augmenté l'indemnité parlementaire, c'est pour assurer l'indépendance des représentants du peuple.

Je demande donc que cette question soit mise à l'ordre du jour et jointe soit à la discussion du programme, soit à la discussion de la réforme électorale. *(Applaudissements.)*

Le Président. — Je suis de ceux qui ont soutenu dans la presse la mesure qui nous attire de si véhémentes attaques. Le Congrès décidera s'il entend mettre la question à son ordre du jour, mais je lui demande de ne pas la mettre en tête de cet ordre du jour.

M. Chapuis. — Je ne le demande pas.

Le Président. — Nous venons de fixer un ordre du jour qui remplira et au delà la séance de demain. Si nous devons discuter la question du relèvement de l'indemnité parlementaire, ce doit être, me semble-t-il, à la suite des graves questions qui présentent un vif intérêt pour le pays. Ne l'oublions pas, si on a tant attaqué l'augmentation de l'indemnité parlementaire, c'est surtout parce qu'elle a été votée avant qu'on se fût occupé des intérêts des contribuables. (*Très bien ! Très bien !*)

Je vous propose donc de mettre cette question à la suite de la discussion sur la réforme électorale.

M. Chapuis. — Je n'ai nullement eu la prétention de demander que la question fût mise en tête de l'ordre du jour. Je considère, et c'est tout ce que j'ai entendu déclarer, qu'en raison de la campagne menée par les réactionnaires et par quelques républicains, nous avons le devoir de résoudre ici cette question. (*Assentiment.*)

M. Manne. — Le Congrès a voté d'enthousiasme une adresse de félicitations aux éminents chefs de notre Parti, ainsi qu'au président de la République. Il n'a pas voté une adresse de félicitations au gouvernement radical et radical-socialiste.

Un délégué. — Il n'a pas à le faire.

M. Manne. — Il faudra le dire. Le gouvernement a assuré une belle victoire républicaine aux dernières élections. Nous devons avoir à cœur de lui témoigner notre sympathie et je dépose une proposition en ce sens.

Le Président. — Il est dans nos traditions de ne pas nous mêler des questions ministérielles. L'auteur de la proposition ne comprend-il pas combien nous aurions un rôle faux et équivoque si la proposition était repoussée pour des motifs tout à fait étrangers à l'opinion qu'on peut avoir du gouvernement ? Dans tous les cas, la proposition ne peut être, pour le moment, que renvoyée à la Commission. (*Assentiment.*)

M. Richard (*de Chalon-sur-Saône*). — On a demandé la mise à l'ordre du jour de la question du relèvement de l'indemnité parlementaire. Je partage l'opinion de notre collègue et, pour le bon ordre de nos débats, je demande que la question soit l'objet d'une proposition particulière et renvoyée à l'examen d'une commission qui fera un rapport.

M. CHAPUIS. — Je n'ai pas demandé autre chose. Je demande que le Congrès se saisisse de la question et qu'il la solutionne dans l'intérêt de la dignité du Parlement, de la liberté de la tribune et des représentants du pays. (*Assentiment.*)

(*Le Congrès décide de tenir séance demain matin à 10 heures pour la vérification des pouvoirs contestés.*)

M. HUBBARD. — Je dépose 5 propositions dont je demande le renvoi aux commissions compétentes pour rapport :

1° Le Congrès invite les pouvoirs publics à appliquer intégralement la loi de séparation des Eglises et de l'Etat en opérant par décret ou par voie législative, la remise à la libre disposition des départements, des communes et de l'Etat, des édifices affectés au culte, qui n'ont pas été réclamés par les associations cultuelles. (*Très bien ! Très bien !*)

2° Le Congrès invite le Comité exécutif à préparer la réunion d'un Congrès international des partis qui s'inspirent, parmi les autres peuples, des mêmes principes que le Parti radical et radical-socialiste français afin de développer la politique de paix et de justice internationale. (*Mouvements divers.*)

3° Le Congrès, afin d'affirmer, en même temps que le devoir impératif de tout citoyen de la République envers l'Indépendance nationale, sa ferme volonté de maintenir l'entente et la cohésion de tous les républicains de gauche, décide que le Parti prend le titre de Parti radical, radical-socialiste et socialiste. (*Vives protestations.*)

M. HENRY BÉRENGER. — C'est un ancien dissident qui parle ainsi !

M. HUBBARD. — Nous discuterons.

M. HENRY BÉRENGER. — Oui, vous avez trahi les républicains ; vous avez essayé de briser le bloc, d'accord avec les nationalistes et les cléricaux. Si vous aviez triomphé, la séparation n'aurait pas été votée. C'est bien à vous à venir faire de la surenchère ! (*Applaudissements.*)

M. Hubbard essaie vainement de se faire entendre.

Le Président. — Je ne puis laisser engager une discussion ; que M. Hubbard lise rapidement ses propositions ou plutôt qu'il les dépose, car nous n'en finirions pas si chacun tenait à lire les vœux ou propositions qu'il présente.

M. Henry Bérenger. — Je répète que, si les dissidents avaient triomphé, la séparation ne serait pas faite. Nous ne pouvons tolérer que, dans nos Congrès, les anciens dissidents prétendent nous faire la leçon. (Applaudissements.)

M. Hubbard parle, au milieu du bruit.

Voix nombreuses. — L'ordre du jour !

M. Hubbard. — J'ai la parole et je continuerai. (Vive agitation. et bruit. Cris : Assez !)

Le Président. — Je vous ai donné la parole pour déposer vos propositions et non pour les lire.

M. Hubbard quitte la tribune.

(Différents vœux sont déposés par leurs auteurs.)

La Commission du programme et de la déclaration du Parti

Le Président. — L'ordre du jour appelle la nomination de la Commission du programme et de la déclaration du Parti. Deux questions se posent : Combien de membres cette commission comptera-t-elle ? Comment sera-t-elle nommée ?

Sur la proposition de M. J.-B. Morin, le Congrès décide que la Commission sera composée de 15 parlementaires et de 18 non-parlementaires.

Au nom du Bureau, M. Debierre propose la liste suivante :

MM. Camille Pelletan, Delpech, Ranson, Herriot, général Godart, Dalimier, Corneau, Buisson, Louis Bonnet, Henri Michel, Cruppi, Debierre, Maurice Sarraut, Bouffandeau, J.-B. Morin, Lafferre, Grillon, Lagasse, Strauss, Bourceret, Bizot de Fonteny, Larcher, Schmidt, Burot, Puech, Chazot, Dubief, Ch. Dumont,

Henry Bérenger, Péchadre, Virot, Richard, Desvaux, Bernardin, Georges Robert.
(Cette liste est votée par acclamations.)
La séance est levée à 4 h. 15.

DEUXIÈME SÉANCE

Vendredi matin, 11 Octobre

La séance est ouverte à onze heures, sous la présidence de M. le général Godart.

Le Bureau est ainsi constitué :

Président : M. le général GODART.

Vice-présidents : MM. BOURCERET, délégué des Landes ; ALBERT DALIMIER, député de Seine-et-Oise ; FERNAND MICHAUT, délégué de la Côte-d'Or ; CORNEAU, délégué des Ardennes ; JOUBERT-PEYROT, délégué de la Haute-Loire.

Secrétaires : MM. RÉVILLET, délégué de la Seine ; DUFRÈNE, délégué des Alpes-Maritimes ; BERGEON, délégué des Bouches-du-Rhône ; MILHAU, délégué des Pyrénées-Orientales.

Le président donne la parole au rapporteur de la Commission de vérification des pouvoirs.

Vérification des pouvoirs

Délégation de M. Sancerme

M. DALIMIER, *député, rapporteur*. — Une protestation a été faite contre la délégation donnée par un comité radical-socialiste de Nîmes, à M. le docteur Auquier ; mais M. le docteur Auquier ayant demandé à être entendu, je propose au Congrès de réserver la question.

UN CONGRESSISTE. — On a annoncé hier qu'il y aurait ce matin à dix heures une séance consacrée à la validation des pouvoirs. Si les protestataires ou les intéressés sont absents, tant pis pour eux ; nous n'avons qu'à discuter.

M. DALIMIER. — Puisque nous avons d'autres protestations à examiner, nous pouvons commencer par celle qui concerne M. Sancerme.

Une protestation a été dirigée au nom de la Fédération radicale et radicale-socialiste du département de la Charente, contre la présence au Congrès de M. Sancerme, qui est rédacteur en chef du journal *L'Aveni* *de la Charente.*

Vous n'ignorez pas, citoyens, qu'il y a deux façons d'être délégué au Congrès. On peut être délégué par une organisation adhérente au Parti, et d'autre part, un directeur de journal ou un élu peut se déléguer lui-même. Il suffit qu'il donne son adhésion au Congrès. C'est dans ces conditions que le citoyen Sancerme a envoyé lui-même son adhésion au Congrès.

Je vais vous exposer les griefs dirigés contre lui par la Fédération radicale et radicale-socialiste de la Charente. Je serai aussi bref que possible pour hâter le moment où le citoyen **Sancerme** pourra venir s'expliquer.

Dans le département de la Charente, notre Parti a une organisation qui est adhérente depuis plusieurs années. C'est la Fédération radicale et radicale-socialiste de la Charente, sur laquelle il ne peut être soulevé aucune espèce de contestation. Il me suffira de dire au Congrès que parmi les présidents d'honneur de cette Fédération, figurent le citoyen Brisson, sénateur de la Charente, qui n'a cessé de lutter toute sa vie dans le département dans l'intérêt de notre Parti, le sénateur Blanchier, le citoyen Jarton, conseiller général depuis de très longues années, et le citoyen Pélineau.

Voilà par conséquent une organisation parfaitement définie, qui n'est pas un groupement de hasard ou de circonstance, qui depuis de très longues années est adhérente au Parti, et qui a à sa tête les chefs vénérés de la démocratie de ce département.

Il a été très difficile, citoyens, dans le département de la Charente, où les partis sont très divisés, de défendre le drapeau du Parti radical et radical-socialiste. Dans telle circonscription, où on se trouvait en face de Déroulède, les radicaux et les radicaux-socialistes votaient volontiers contre lui pour un républicain plus modéré que nous, mais qui devait battre le chef du Parti nationaliste. Pourtant, aux dernières élections législatives, le Parti radical et radical-socialiste a pensé que le moment était venu pour lui de déployer largement son drapeau et d'avoir partout des candidats. Le citoyen Félineau a été désigné par la Fédération radicale et radicale-socialiste de la Charente pour porter le drapeau de notre Parti. Quelle que soit sa personnalité, quels que soient les griefs que M. un tel ou un tel peut avoir contre lui, il n'en est pas moins vrai qu'il a été aux élections législatives dernières le candidat de la Fédération départementale, le candidat du Comité exécutif, le porte-drapeau de notre Parti tout entier.

Il nous faut examiner maintenant quelle a été à son égard, à l'égard de la Fédération départementale du Parti, l'attitude du journal l'*Avenir de la Charente*, qui demande à être représenté au Congrès, et dont le rédacteur en chef demande à siéger parmi nous.

Je dirai très volontiers, M. Sancerme, que je ne conteste en aucune façon, qu'il n'est peut-être pas contestable que votre journal n'ait mené dans le département de la Charente la bataille au profit d'un certain nombre de républicains. Mais il ne s'agit pas pour le Congrès de savoir si les journaux qui ont la prétention de se faire représenter ici sont des journaux républicains. Il s'agit de savoir si, dans les départements où ils combattent, ils combattent pour le Parti et s'ils appartiennent au Parti radical et radical-socialiste.

M. SANCERME. — Toute la question est là.

M. DALIMIER. — Que vous luttiez pour des candidats de l'Alliance républicaine démocratique, que vous luttiez pour des candidats socialistes unifiés ou indépendants, vous pourrez toujours me dire : « Je mène dans le département la bataille républicaine. » Mais la question n'est pas là. La question est de savoir si vous défendez les candidats du Parti, si vous faites la politique de la Fédération départementale, ou si, au contraire, comme je vais vous le prouver, vous ne cessez d'attaquer et les hommes et la politique du Parti radical.

Je n'ai pas l'intention, citoyens, de vous lire une grande quantité d'articles. Je vais simplement vous en lire quelques-uns. Ce n'est certainement pas le citoyen Sancerme qui voudra prétendre qu'il soutient une politique dans un article et une autre politique dans un autre article. Nous sommes d'accord pour rendre hommage à la ligne de conduite invariable qu'il suit dans ce département.

Je vous ai indiqué tout à l'heure que nous avions aux dernières élections législatives, contre M. Déroulède et contre M. Mulac, un candidat qui s'appelait le citoyen Félineau. Voici en quels termes M. Sancerme traite, dans son journal, l'homme qui a été désigné tout à la fois, je le répète, par la Fédération départementale et le Comité exécutif du Parti, pour défendre nos idées dans le département de la Charente.

M. SANCERME. — Cet article date d'une année après l'élection. J'ai défendu M. Félineau quand il était candidat.

M. DALIMIER. — Le journal est du 4 août 1907. A cette époque, M. Félineau, s'il n'est plus candidat, est toujours président d'honneur de la Fédération radicale et radicale-socialiste du département de la Charente, et par conséquent toujours un des chefs du Parti radical dans le département de la Charente.

M. SANCERME. — Pardon. Il est devenu juge dans le pays où il a été candid t.

M. DALIMIER. — Ce n'est point parce qu'on est juge qu'on n'est pas radical-socialiste. Il n'y en a pas beaucoup, je vous l'accorde ; mais, pour une fois qu'il y en a un, il faut nous en féliciter. (*On rit.*)

Si on avait pris tous les radicaux-socialistes battus pour en faire des magistrats, je vous jure que je ne m'en plaindrais pas.

Voici ce que M. Sancerme écrit de notre ancien candidat, toujours président d'honneur de notre Fédération, et actuellement juge :

« Cet avocat de centième ordre, au lieu de s'apercevoir qu'il doit occuper un rang élevé dans les fruits secs... »

M. SANCERME. — Pardon, citoyen rapporteur, vous devez vous tromper. Il s'agit ici du citoyen Bizardel.

M. DALIMIER. — C'est vrai, cet article vise M. Bizardel, président effectif de la Fédération, et qui est le propre neveu du citoyen Emile Combes. Vous voyez que toute la Fédération y passe.

M. SANCERME. — C'est une erreur.

M. DALIMIER. — Il s'agit ici de M. Bizardel, président actif de la Fédération.

M. Sancerme. — Lisez tout l'article !

M. Dalimier. — Si vous le voulez.

M. Dalimier *donne lecture de l'article jusqu'aux mots* « *le Syndicat* ».

M. Dalimier *ajoute :* « Le Syndicat », c'est la Fédération départementale radicale et radicale-socialiste adhérente au Comité exécutif.

Voilà en ce qui concerne le citoyen Bizardel. Ce n'es pas la peine d'aller plus loin.

M. Sancerme. — Pardon, toute la raison de l'article est dans la fin.

M. Dalimier *continue sa lecture :* « .... sur ces visages de mufles, et je vais mettre mes bottes... » C'est là, citoyens, la justification de l'article ! (*On rit.*

Voix nombreuses. — Assez ! C'est trop long !

M. Sancerme. — Finissez la lecture. La fin justifie tout le reste.

M. Dalimier. — M. Sancerme, permettez-moi de vous dire que, quoi qu'il y ait à la fin de votre article, cela ne saurait justifier votre prétention de venir aujourd'hui siéger dans un Congrès, parmi des radicaux et des radicaux-socialistes que vous avez traités de bande, de syndicat, avec ces termes méprisants dont on se servait à notre égard autrefois, quant on nous appelait « le Syndicat de l'étranger ». Cela ne saurait justifier votre prétention de venir siéger parmi des gens que vous avez traités de « mufles » et qui sont dans le département de la Charente les représentants les plus qualifiés de notre Parti. (*Applaudissements.*

S'il était établi que le citoyen Brisson et ceux qui marchent derrière lui trahissent la République dans le département de la Charente, il n'y aurait qu'une chose à faire : il faudrait qu'il se trouve là-bas un républicain pour les dénoncer à la Commission de discipline du Parti, qui exclurait du Parti la Fédération départementale. Mais, tant que ces citoyens ne seront pas exclus, nous les ferons respecter. (*Vifs applaudissements.*)

J'ai fait passer le président effectif avant le président d'honneur. Voici maintenant ce qui concerne M. le juge Félineau. Je n'ai pas la date de l'article.

M. SANCERME. — Il est du 15 janvier 1907.

M. DALIMIER. — Vous vous rappelez la situation du citoyen Félineau, qui a été candidat du Parti...

(Le rapporteur donne lecture d'un article de M. Sancerme contre M. Félineau.)

Reprocher à un candidat de notre Parti de vouloir battre un candidat nationaliste est une attitude vraiment bizarre. C'est un reproche que je m'étonne de trouver sous la plume d'un délégué qui a la prétention de venir siéger au Congrès radical et radical-socialiste !

Citoyens, je ne veux pas vous infliger d'autres lectures. Le temps du Congrès est précieux. Nous avons d'autres questions beaucoup plus importantes à étudier.

Je me résume. M. Sancerme a le droit de faire la politique qu'il veut dans son journal. Nous, nous avons le droit de défendre nos Fédérations départementales. Vous seriez unanimes, citoyens, vous qui représentez ici tous les départements de la France, à nous demander de ne pas admettre parmi vous pour délibérer à ce Congrès ceux qui combattraient les présidents d'honneur, les présidents effectifs et les candidats de nos Fédérations départementales. *(Applaudissements.)*

En vous demandant de ne pas valider les pouvoirs de M. Sancerme, c'est vous tous que nous défendons. Vous saurez vous défendre avec nous. *(Applaudissements.)*

(La parole est donnée à M. Sancerme.)

M. SANCERME. — Citoyens, j'ai déposé sur le bureau l'amendement suivant aux conclusions du rapporteur, que vient de lire le citoyen Dalimier :

« Le Congrès, considérant qu'il n'a pas à prendre parti dans des querelles personnelles, que l'adhésion du citoyen Sancerme est conforme au règlement, qu'il n'a pas varié depuis le Congrès de Lille, où il a été accepté à l'unanimité, malgré l'opposition de ses adversaires, passe à l'ordre du jour. »

Citoyens, si j'étais seulement coupable de la dixième partie des faits, qu'avec toute son éloquence, le distingué député de Seine-et-Oise vient de vous exposer, je n'aurais jamais eu l'audace de monter à la tribune. J'ai la prétention de défendre dans le département de la Charente les principes qui inspirent le Parti radical et radical-socialiste. Ce qu'on vous apporte ici, citoyens, c'est une querelle personnelle. Ce n'est pas moi qui l'ai soulevée.

Ainsi que vous le rappelait le citoyen Dalimier, lorsque j'arrivai en Charente, le combat était entre les réactionnaires et les républicains. La bataille était entre M. Mulac, opportuniste, qui avait été dissident, M. Félineau, candidat de la Fédération radicale, et Paul Déroulède. J'ai dans l'arrondissement de Ruffec défendu le candidat du bloc, le seul candidat républicain, et j'ai eu la grande joie de le voir réussir.

J'ai défendu également à Angoulême la candidature du citoyen Félineau, parce que j'estimais que, quel que fût le danger d'une candidature, entre celle de Déroulède et celle du candidat de la concentration de demain, il était nécessaire que le Parti radical infligeât une bonne leçon aux dissidents qui ont failli faire échouer toutes les lois proposées par le ministère Combes.

Jusque-là, il n'y a aucune équivoque. Personne, je crois, ne peut contester l'attitude que j'ai observée. La bataille terminée, je vins à Angoulême ; la Charente m'avait séduit. Je désirais y rester. J'entrai en pourparlers pour acquérir le petit journal l'*Avent* de *la Charente*, qui avait à ce moment-là une centaine d'abonnés et qui tirait à cinq ou six cents ; c'était insignifiant. J'allai trouver les dirigeants de la Fédération et je leur dis : « Citoyens, vous n'avez pas de journal. Vous avez vu la campagne que j'ai faite à Ruffec, celle que je viens de faire à Cognac contre le candidat de la réaction. » En effet, à la suite du décès de Cunéo d'Ornano, j'avais été à Cognac opposer une candidature radicale à celle de M. James Hennessy. Mais nous nous sommes heurtés à l'immense fortune du candidat de la réaction. Nous avons été battus, mais nous nous sommes bien défendus.

J'arrivai au Congrès de Lille. Quelle ne fut pas ma stupeur de voir au sein de la Commission de vérification des pouvoirs, dont le sort m'avait fait membre ainsi que mon adversaire d'aujourd'hui, se dresser le citoyen Félineau pour demander mon exclusion ! Quelle était la raison de cette demande ? Il y a des témoins ici qui peuvent se le rappeler. Il y avait à cette séance les citoyens Bourceret, Dalimier, Bérenger, qu'une étrange coïncidence a réunis encore cette année, par la même voie, dans la même Commission. Ils peuvent dire ce qui s'est passé à Lille : je me suis défendu au grand jour, face à face avec mon adversaire.

Quels reproches a-t-il pu m'adresser ? Il vous a dit que mon journal appartenait à un opportuniste, et que par conséquent il ne pouvait pas faire une politique radicale. J'ai répondu à cette accusation, et vous avez dû trouver ma réponse suffisante, puisque le Congrès m'a admis à l'unanimité. J'ai déclaré qu'il n'y avait pas un seul opportuniste dans mon journal, qu'il ne s'y trouvait absolument que des radicaux.

Après le Congrès de Lille, je suis rentré à Angoulême. J'avais demandé, au sein de la Commission, que tout fût oublié et qu'on se donnât le baiser Lamourette, et qu'on se serrât les uns contre les autres pour livrer bataille à l'adversaire commun. J'avais dit : je dirige un journal radical, je fais la politique du Parti radical ; unissons-nous pour faire cette politique d'un commun accord.

Or, citoyens, quand je suis rentré à Angoulême, j'ai été accueilli par des injures dans certains journaux. Mais on a fait pis. On m'a volé la liste de mes abonnés ; je le prouverai, citoyens, car cette affaire n'est pas terminée ; et, avec cette liste, avec ces bandes volées, on a envoyé à tous les abonnés du journal une feuille qui s'imprime à Bordeaux, un journal illustré qui s'appelle *Le Martinet* et dans lequel, hebdomadairement, depuis le mois de novembre, je suis traité de calotin, de bandit, de misérable — et je ne dis pas tout ! (*On rit.*)

Quels étaient les gens qui m'attaquaient ainsi ? Quels étaient les inspirateurs de ce journal ? Ils s'en vantaient hautement, citoyens, c'étaient ceux que j'ai nommés, c'étaient les gens que j'attaque lorsque je parle du Syndicat. Car il ne faut pas vous y tromper ; ceux que j'ai attaqués ne sont ni le sénateur Brisson, ni le sénateur Blanchier, qui sont mes amis, qui ont assisté à mon mariage.

M. BUROT. — Je proteste.

M. SANCERME. — Vous pouvez protester. Nous entendrons les personnages dont je parle, car il faut que cette affaire soit tirée au clair. Je demanderai en effet qu'elle soit tranchée par un arbitrage. Ou bien je suis un misérable qui attaque les chefs respectés d'un parti; et alors je n'ai pas le droit de me réclamer de ce parti. Ou bien je ne les ai nullement attaqués, et ma conduite est irréprochable.

M. DALIMIER. — Vous attaquez les candidats du Parti.

M. SANCERME. — Je réponds tout de suite au citoyen Dalimier qu'il commet une erreur. Depuis les élections législatives, pendant lesquelles j'avais défendu le citoyen Félineau, il y a eu d'autres élections au Conseil général, pour lesquelles la Fédération radicale et radicale-socialiste de la Charente n'a pas posé de candidature.

M. BUROT. — Je proteste encore.

M. SANCERME. — Vous pouvez protester, citoyen Burot. Il est bien certain que vous n'allez pas dire que j'ai raison, puisque c'est vous qui m'accusez. Vous apporterez vos preuves, j'apporterai les miennes. Je prétends que la Fédération n'a pas posé une seule candidature. Il n'y a eu qu'une candidature radicale, une seule, qui était la mienne.

Pour bien vous montrer, citoyens, quelle est la besogne que j'accomplis en Charente, il faut que vous sachiez comment et pourquoi j'ai été candidat. Je n'ai pas été chercher une candidature républicaine dans une circonscription où je n'avais qu'à me présenter pour triompher. Vous savez bien que, si j'avais été candidat à Ruffec ou à Angoulême, j'avais de grandes chances d'être élu. Mais cela, c'était de l'arrivisme, citoyens. Je ne puis pas être candidat là où j'ai toutes les chances possibles d'être élu et où on pouvait faire passer d'autres candidats. (*Mouvements divers.*)

Je ne vois pas, citoyens, ce qui vous étonne dans mes paroles. Nous sommes une assemblée de démocrates, nous affichons sur tous les murs que nous sommes désintéressés, que nous voulons avant tout le bien du pays ; pourquoi trouveriez-vous bizarre qu'un citoyen qui affiche de telles opinions les mette en pratique ? Il n'y a rien d'étonnant à ce qu'un d'entre nous se dévoue pour son Parti. Si nous ne devons pas être des militants, c'est-à-dire des gens qui se battent, non pour un profit personnel, mais pour le profit du Parti, nous n'avons aucune raison d'être ici. Nous n'avons qu'à retourner aux partis de conservation. Si le désintéressement cessait de régner dans les partis avancés, il faudrait désespérer de leur avenir.

J'ai donc été candidat contre M. James Hennessy, le chef de la réaction charentaise. Je me suis présenté contre ce candidat qui, il y a six ans, avait eu 3.500 voix. Il n'en a eu cette année que 2.500 ; j'en ai récolté 800. J'ai récolté aussi une tentative d'assassinat qui amènera probablement sur les bancs de la correctionnelle les bandes de M. Hennessy, les anciennes bandes de M. Cunéo d'Ornano et de M. Déroulède, qui ont assommé mon cocher, blessé un cheval, et qui m'ont blessé moi-même.

Les preuves de tous ces faits seront produites devant les arbitres que je vous demande de nommer.

Un des reproches de M. Dalimier qui m'ont le plus touché, c'est d'avoir attaqué la politique du Parti. Je vous demande où, quand et comment j'ai attaqué la politique du Parti ? Songez-y bien, citoyens, c'est très grave d'exclure un citoyen d'un parti politique. Exclure des gens comme Doumer, comme Charles Bos, comme ce citoyen qui, au mépris de toute discipline, s'est présenté à Paris contre le camarade Oudin, voilà de la bonne besogne. Mais qu'un citoyen se soit défendu contre des attaques injustes, tout en restant dans la ligne politique du Parti, tout en faisant une propagande acharnée, ce n'est pas une raison pour le mettre brutalement à la porte du Parti.

J'ai apporté ici un résumé de mes articles. S'il y a au Congrès quelqu'un qui trouve dans cette brochure une seule phrase qui ne soit pas absolument orthodoxe, qui ne soit pas absolument conforme aux principes du Parti, je consens à en sortir. Mais si je suis un militant du Parti, si j'ai respecté ses principes et sa discipline, si je m'incline devant ses décisions, je demande qu'on me rende justice ; et ce n'est pas dans un débat de vérification des pouvoirs comme celui auquel nous nous livrons en ce moment que vous pourrez rendre un jugement vraiment sérieux.

Dans l'intérêt du Parti lui-même en Charente, il faut que cette situation soit nettement éclaircie. Il faut qu'on ne confonde pas le Parti radical et radical-socialiste en Charente avec certaines personnalités qui s'abritent derrière le titre de la Fédération radicale et radical-socialiste. Les sénateurs Brisson et Blanchier viendront dire à la Commission d'arbitrage que vous nommerez, si je les ai combattus ou s'ils sont mes amis. Il est faux de prétendre que j'aie combattu les chefs vénérés et respectés du Parti ; j'ai combattu simplement des citoyens qui m'ont attaqué. Je le répète, citoyens, cet animal n'est pas méchant, quand on l'attaque, il se défend. Si on ne m'avait pas attaqué, je n'aurais pas riposté, et, puisqu'il faut tout dire ici, il importe que je vous révèle le secret de cette affaire, dussé-je m'aliéner certaines sympathies qui ont pu venir à moi jusqu'ici.

Au fond, la véritable querelle est entre la *France de Bordeaux*, représentée ici par M. Lucien Victor-Meunier, et l'*Avenir de la Charente,* qui lui a pris environ cinq mille clients et abonnés dans le département de la Charente. Voilà la clé de l'histoire. C'est parce que l'*Avenir* a maintenant cinq mille lecteurs, alors qu'il n'en avait que cinq cents il y a dix-huit mois, qu'on cherche sa perte. Dans ce que j'appelle *le Syndicat,* il y a uniquement des représentants de la *France de Bordeaux.* Et, lorsque je suis entré hier à la Commission de vérification des pouvoirs, savez-vous qui j'ai trouvé en face du président, en dehors de la présence de l'accusé ? C'était M. Lucien Victor-Meunier qui venait dresser un réquisitoire contre moi.

M. DALIMIER. — M. Lucien Victor-Meunier était là comme témoin. Il est de ceux dont le témoignage pouvait éclairer la question.

M. SANCERME. — Il fallait le faire entendre devant moi. On n'a jamais entendu un témoin en dehors de l'accusé.

M. DALIMIER. — Nous ne sommes pas des juges d'instruction.

M. SANCERME. — Comment ! On a fait entrer dans une Commission chargée de me juger le rédacteur en chef d'un journal dont tous les amis sont mes ennemis ! C'est véritablement intolérable ! Vous voyez, citoyens, ce qu'il y a au fond de cette question. Je vous ai apporté ici la collection de l'*Avenir de la Charente.* Ce ne sont pas des extraits ou des coupures, ce sont deux années du journal depuis que je le dirige. Il ne s'agit pas de prendre quatre lignes de mon écriture pour me faire pendre, ce sont tous mes articles sans exception

que je vous apporte. Ce n'est pas dans une séance
comme celle-ci que vous pourrez examiner ces documents et me juger en connaissance de cause. C'est
pourquoi je vous demande la nomination d'une Commission. J'accepte à l'avance sa décision. Mais il faut
qu'elle ait en mains les dossiers, les journaux, qu'elle
entende les témoins.

D'ailleurs, citoyens, je suis bien tranquille sur l'issue de cette affaire. Vous pourrez me condamner, mais
cela ne changera pas ma conduite. Quand même vous
me chasseriez d'ici, je resterais demain radical-socia-
liste-anticlérical, comme je suis aujourd'hui. Rappelez-
vous ce que je vous dis, je ne changerai pas ! Si je succombe sous le poids des haines, sachez bien que je
sortirai quand même d'ici la tête haute et que je défen-
drai toujours le Parti.

Je demande la nomination d'une commission d'arbitrage qui statuera et devant le verdict de laquelle
je m'incline d'avance sans restriction.

M. Lucien Victor-Meunier. — Citoyens, je m'excuse
de venir entretenir le Congrès d'une question personnelle. Ce sont des sujets que l'on n'aborde jamais sans
un sentiment pénible. Mais j'ai été mis directement en
cause par le citoyen Sancerme. Il faut que je lui réponde ; je le ferai très brièvement.

Ma présence à la Commission, hier, s'explique de la
façon la plus naturelle : convoqué par la Commission,
je me suis rendu à son appel tout simplement. En affirmant tout à l'heure qu'il y a au fond de cette affaire
une querelle entre la *France de Bordeaux et du Sud-
Ouest* et l'*Avenir de la Charente*, le citoyen Sancerme
a provoqué les sourires de tous ceux qui peuvent se
rendre compte de ce qu'est la *France de Bordeaux* et
de ce qu'est l'*Avenir de la Charente*. La *France de Bordeaux* est, dans la région, le seul journal qui ait défendu la politique du Bloc, qui soutienne le Parti radical et radical-socialiste. C'est le seul ; il n'y en a pas
d'autre ; et la *France de Bordeaux et du Sud-Ouest* est
dans la Charente l'organe de la Fédération radicale et
radicale-socialiste.

Le citoyen Sancerme est venu faire, dans la Charente, contre la Fédération radicale et radicale-socialiste, une œuvre de division. Il a expliqué hier à la
Commission qu'il attaquait non seulement les radicaux,
mais aussi les modérés, les opportunistes, les réaction-

naires : il en résulte qu'il attaque tout le monde. C'est une attitude assez bizarre ; mais enfin, c'est son affaire. Ce qui est certain, c'est que les attaques contenues dans son journal contre les républicains modérés paraissent peu de chose en comparaison des coups répétés qu'il assène à tous ceux qui portent le drapeau radical dans la Charente.

M. SANCERME. — On pourra vérifier ces assertions. Voilà la collection du journal.

M. LUCIEN VICTOR-MEUNIER. — Je ne vous ai pas interrompu. Je vous prierais de me laisser terminer.

Je dis qu'il y a là une œuvre de division et que certainement les républicains modérés de la Charente doivent pardonner facilement au citoyen Sancerme les quelques attaques qu'il dirige contre eux, en considération du service qu'il leur rend, sans le vouloir peut-être, consciemment ou inconsciemment, je n'ai pas à scruter sa conscience, en attaquant tous les jours ceux qui portent le drapeau radical et radical-socialiste.

Le citoyen Sancerme argue de ce fait qu'il a été admis l'année dernière au Congrès de Lille. J'en infère que la Commission de vérification des pouvoirs et le Congrès lui-même, à Lille, ont été insuffisamment renseignés. J'en appelle du Congrès mal informé au Congrès mieux informé. Je dis que si le citoyen Sancerme retourne dans la Charente ayant été admis au Congrès radical et radical-socialiste, c'est la Fédération radicale et radicale-socialiste qui se trouvera désavouée par le Congrès du Parti. Je dis que cela n'est pas possible. Nos amis de la Charente ont une besogne très dure à accomplir. Leur tâche est très difficile. Toute œuvre de division sert les intérêts de la réaction, soit de la réaction avouée, soit de la réaction déguisée sous le nom d'opportunisme. (*Applaudissements.*)

J'affirme qu'il y a là un grave danger, et que si vous accordiez au citoyen Sancerme le droit de siéger parmi nous, vous risqueriez d'aggraver dans les esprits le trouble qu'il peut déjà avoir réussi à y faire naître. Citoyens, vous ne ferez pas cela. Vous rendrez hommage aux bons citoyens qui, à Angoulême et dans la Charente, portent le drapeau de la Fédération radicale et radicale-socialiste. Vous direz simplement au citoyen Sancerme, sans vouloir vous attarder à scruter les motifs qui le font agir, que puisqu'il combat tous nos amis, qu'il nous combat nous-mêmes constamment, sa place assurément n'est pas ici. (*Vifs applaudissements.*)

M. Dalimier. — J'ai un renseignement à ajouter. J'ai oublié de vous dire, en effet, que la Fédération radicale et radicale-socialiste de la Charente, auteur de la protestation que nous examinons en ce moment, compte dans le département 984 membres. Le citoyen Sancerme vous a dit qu'il n'attaquait pas les membres de la Fédération. J'ai ici la liste du Bureau, j'ai les articles du journal : il n'y a pas un membre du Bureau qui n'y ait passé.

M. Sancerme. — Lisez-les alors !

M. Dalimier. — Nous allons les lire, si vous le voulez. (*Non ! Non !*)

M. Dalimier. — Mais ce n'est pas tout. M. Sancerme dirige même des attaques contre la *France de Bordeaux* qui, à n'en pas douter, représente bien, dans toute la région de la Charente, la politique du Parti. Voici ce qu'il dit notamment :

« Dimanche a eu lieu une conférence entre les com-
« pères de la *France* et de la *Croix.....* »

Non seulement tous les membres du Bureau de la Fédération sont attaqués et diffamés comme vous l'avez vu, mais on accuse la *France de Bordeaux*, qui lutte depuis tant d'années pour notre Parti, d'être d'accord avec la *Croix*.

M. Dufrêne. — J'abonde dans votre sens, mais pour d'autres raisons. Je vous en prie, n'entrons pas dans les querelles de journaux. Je suis journaliste et je n'admets pas qu'on fasse cette besogne. Elle est lamentable. Si vous insistez, je vous répondrai que M. Dupuy est à la tête de la *France de Bordeaux*.

M. Lucien Victor-Meunier. — C'est absolument inexact.

M. Dufrêne. — Je vous demande pardon.

M. Lucien Victor-Meunier. — Vous parlez de choses que vous ne connaissez pas.

M. Dufrêne. — Je les connais parfaitement.

M. Lucien Victor-Meunier. — On ne le dirait pas.

M. DUFRÊNE. — Vous avez des raisons pour ne pas le reconnaître.

M. LUCIEN VICTOR-MEUNIER. — C'est une inexactitude.

M. DUFRÊNE. — Il vaut mieux ne pas entrer dans des discussions de ce genre. Les affaires de la *France de Bordeaux* ne nous regardent pas.

M. DALIMIER. — Ce qui me regarde, moi, c'est qu'il y a à ce Congrès un homme que nous connaissons depuis de longues années et *que nous respectons profondément*, qui s'appelle Lucien Victor-Meunier ; et je trouve étrange qu'un journaliste, qui accuse le citoyen Lucien Victor-Meunier d'être le complice des cléricaux dans le Midi, puisse venir siéger à côté de nous dans notre Congrès. (*Très bien ! Très bien ! Applaudissements.*)

M. DUFRÊNE. — Je ne parle pas de cela. Vous répondez à côté, vous vous taillez des succès faciles.

M. DALIMIER. — Je ne cherche pas de succès.

M. DUFRÊNE. — N'insistez pas.

M. DALIMIER. — Et vous, ne parlez pas pour moi. C'est une intolérance extraordinaire. Croyez-vous qu'il soit plaisant de porter des accusations, de dresser des réquisitoires ? C'est une tâche très pénible que j'accomplis. Laissez-moi l'accomplir en paix et à ma façon. J'ai un mandat de la Commission, je le remplis. Je suis en face d'un journaliste d'une part et d'autre part d'une Fédération composée de 984 membres.

M. SANCERME. — Oh !

M. DALIMIER. — Nous avons ici non seulement le chiffre total des membres de la Fédération, mais le décompte de ces membres par commune.

M. SANCERME. — Les trois quarts de ces membres sont avec moi, citoyen Dalimier ; ce n'est pas la Fédération que j'attaque.

M. DALIMIER. — Le citoyen Sancerme nous dit qu'il n'attaque pas la Fédération. Je vous ai lu les attaques qu'il dirige contre le citoyen Félineau, candidat de la Fédération ; et je prétends que lorsqu'on attaque le candidat désigné par la Fédération, on atteint toute la Fédération elle-même qui l'a présenté au suffrage universel. D'ailleurs, M. Sancerme ne s'est pas borné à attaquer le président d'honneur et le président effectif de la Fédération ; il n'a pas ménagé non plus le secrétaire de cette même Fédération.

Lorsque la Fédération de la Charente vient vous dire au nom de ses 984 membres : « Nous sommes tous at-« taqués, notre candidat est diffamé, traîné dans la « boue », nous ne pouvons ne pas tenir compte de cette protestation. M. Sancerme dit que l'année dernière à Lille il a été admis. Je me rappelle très bien l'incident puisque j'avais l'honneur de présider la Commission de vérification des pouvoirs. On ne nous a apporté aucun article de journal, mais une simple protestation. Je me rappelle le langage que j'ai tenu alors à M. Sancerme. Je lui ai dit : « Vous êtes jeune, vous avez du talent : « mettez-vous donc d'accord avec cette Fédération que « vous pourriez servir si utilement. Faites la paix dans « l'intérêt supérieur de notre Parti dans le département « de la Charente. »

M. SANCERME. — Je l'ai demandée, la paix !

M. DALIMIER. — J'ai conjuré les adversaires de se mettre d'accord. Je constate simplement cette année qu'au lieu de faire la paix, — je ne sais si on n'a pas voulu l'accepter, — vos attaques ont redoublé de violence. (*Applaudissements.*)

M. LAFFERRE. — En l'absence de M. Berteaux, président de la Commission, je me permets de venir vous dire quelques mots sur l'affaire qui vient de vous être exposée d'une façon à peu près complète.

J'indiquerai simplement le motif qui a déterminé la Commission à vous proposer de ne pas admettre le citoyen Sancerme. Le citoyen Sancerme a été admis l'année dernière au Congrès de Lille faute de précisions qui eussent permis de l'exclure. J'ajoute que, depuis cette époque, il n'a adhéré à aucune organisation du Parti. A chaque Congrès, le citoyen Sancerme revient pour demander son admission. Le reste du temps, il attaque nos amis de la Fédération. Voilà son rôle dans la Charente.

Nous n'avons pas à examiner s'il défend ou s'il ne défend pas les principes du Parti radical et radical-socialiste dans son journal. Là n'est pas la question. On peut être radical, on peut faire de la politique radicale en dehors et à côté de la Fédération. Mais ce qui est inadmissible, c'est que dans le même Parti puissent se trouver groupés les membres d'une Fédération qui est l'organe officiel du Parti, et un journaliste qui passe son temps à les injurier et à les diffamer. Le Parti doit choisir entre la Fédération et M. Sancerme.

On vous a apporté la preuve de ces diffamations répétées. La Commission de vérification des pouvoirs vous propose très fermement de soutenir la Fédération de notre Parti et de ne point admettre au Congrès, un citoyen qui d'ailleurs n'a jamais appartenu à nos organisations. (*Vifs applaudissements. Aux voix !*)

J'ajoute que c'est à l'unanimité que la Commission a pris cette décision.

M. SANCERME. — Il y avait seize membres présents. Je demande la parole.

Cris : Aux voix !

M. DALIMIER. — Laissez parler le citoyen Sancerme.

M. SANCERME. — Citoyens, je serai bref. En vérité on me fait trop d'honneur ; c'est le citoyen Lafferre qui vient ici m'attaquer ; c'est le citoyen Dalimier qui, dans un réquisitoire et non dans un rapport, vous dit des choses aussi violentes contre ma personne ! Citoyen Lafferre, citoyen Dalimier, je vous affirme que vous vous trompez, je n'ai pas attaqué la Fédération radicale et radicale-socialiste de la Charente. La plupart des dirigeants du Parti radical en Charente sont mes amis personnels. Il faut les entendre, il ne faut pas me juger sans connaître la situation exacte. Il faut par conséquent que le Comité exécutif se saisisse de l'affaire. Vous ne pouvez pas ignorer que je suis un militant du Parti. Je passe tous mes dimanches, mes jeudis et presque toutes mes soirées à faire de la propagande dans les communes de la Charente. J'ai porté la parole 275 fois en deux ans dans le département de la Charente. Voilà ce que j'ai fait. Je demande à être entendu pour un arbitrage par le Comité exécutif.

Crix nombreux : Aux voix !

M. BOURCERET. — La proposition du citoyen Sancerme ne peut pas être adoptée par la raison qu'il ne fait pas partie de notre organisation. Le Comité exécutif n'a pas à le juger ; il n'est pas adhérent au Parti. (*Très bien ! Très bien !*)

—

Le Général Godart, *président*. — Je mets aux voix les conclusions de la Commission tendant à l'exclusion du citoyen Sancerme.

(*Les conclusions de la Commission sont adoptées.*)

M. Sancerme. — Eh bien ! Je vais fonder une Fédération en Charente ! (*Exclamations.*)

La séance est levée à midi.

TROISIÈME SÉANCE

Vendredi, 11 Octobre — Après-midi

La séance est ouverte à 2 h. 40, sous la présidence de M. le général Godart.

Le Bureau est constitué par acclamations :

Président : M. DELPECH, sénateur de l'Ariège.

Vice-présidents : MM. Henri COSNIER, député de l'Indre ; Henri MICHEL, député des Bouches-du-Rhône ; PUECH, député de la Seine ; DELPECH, conseiller général du Lot-et-Garonne ; FEUGA, délégué de la Haute-Garonne ; FABIUS DE CHAMPVILLE, délégué de l'Orne ; BILLES, délégué des Bouches-du-Rhône ; SIOLY, délégué des Alpes-Maritimes ; BRIGOLARA, délégué du Nord ; PATENNE, conseiller général de la Seine ; VIEL, délégué de la Loire-Inférieure.

Secrétaires : MM. RENEUX, délégué de la Seine ; BRECY, délégué du Lot-et-Garonne ; Camille PICARD, délégué des Vosges ; COURRIAUX, délégué de la Seine ; Victor DREYFUS, délégué de la Seine ; CASTEL, délégué de l'Aude ; Louis TISSIER, délégué du Finistère ; Denis GUILLOT, délégué de la Seine-Inférieure.

M. DELPECH, *sénateur, président.* — Citoyens, au nom des membres du Bureau, je vous remercie du grand honneur que vous venez de nous faire. Au président de cette séance incombe la tâche de diriger les travaux de la séance peut-être la plus importante de votre Congrès, puisque vous allez discuter le programme de notre Parti et la question de tactique.

La question du programme ne soulèvera pas de grandes difficultés. Qu'avons-nous à modifier à l'esprit politique et social que nous avons toujours affirmé depuis que notre Fédération est constituée ? Nos adversaires espèrent que les discussions tout à l'heure engagées sur la question de tactique provoqueront des divisions entre nous. Ils s'abusent et ils nous font injure. Nous avons déjà démontré à maintes reprises combien nous étions peu disposés à changer notre fusil d'épaule et à modifier notre programme.

Notre programme, il y a longtemps qu'il est connu. Nos candidats en renouvellent l'affirmation à chaque élection. C'est celui dont Gambetta indiquait déjà les grandes lignes en 1869. Il les affirmait de nouveau en 1881, à Ménilmontant. En toute circonstance nous avons manifesté notre volonté obstinée de poursuivre malgré tout une politique de progrès et de réformes destinée à introduire dans notre société toujours plus d'égalité, toujours plus de justice. Dans les réformes politiques comme dans les réformes d'ordre social nous restons fidèles à ce programme. Le jour où nous le trahirions, notre Parti cesserait d'exister.

Reste la question de la tactique. Ce n'est pas à moi à m'étendre sur ce point. Le sujet a été amplement discuté, ce matin, par une Commission qui comptait plus de deux cents membres présents. Les sentiments les plus élevés y ont été affirmés au sujet de l'honneur national, de l'intégrité de la Patrie et du régime républicain. Nous avons été unanimes à affirmer notre dévouement sans réserve et à la forme républicaine et à l'unité de la patrie française ; nous restons fidèles à la pensée directrice des patriotes de l'an II ; leur devise est la nôtre : *Vivre libres ou mourir*, dans l'intégralité de nos droits de Français et de républicains.

Mais tout cela vous sera dit avec plus de force et de beauté par le citoyen Dumont, rapporteur de la Commission de tactique. Vous aurez du plaisir à l'entendre. Je lui ai demandé de répéter en assemblée générale ce qu'il nous a dit ce matin. Il importe que ces fières paroles soient entendues au dehors, et par nos amis et par nos adversaires. (*Applaudissements prolongés.*)

Citoyens, j'ai à vous présenter les excuses suivantes : MM. Sauzède, député ; Wachmar (Nord) ; Poupon (Seine) ; Albert Pagès (Seine) ; Maurice Faure, sénateur ; Cavelet, de Beaumont (Mayenne) ; Chabert, député de la Drôme ; Defumade, député de la Creuse ; Froideval (Seine) ; Louis Bos, conseiller général de l'Aveyron ; Hénaffe, conseiller général de la Seine ; Carpot, député du Sénégal ; Dauzon, député du Lot-et-Garonne ; Clerfeuille (Gironde) ; Eleuthe le Blond (La Guyane) ; Cuttoli, député de Constantine.

On me fait observer que la vérification des pouvoirs n'est pas terminée ; si vous le voulez bien nous entendrons tout de suite les rapports sur le programme et la tactique du Parti. Nous terminerons ensuite la vérification des pouvoirs. (*Assentiment.*)

La parole est à M. Debierre, rapporteur du programme du Parti.

RAPPORT DE LA COMMISSION DU PROGRAMME DU PARTI

M. Ch. Debierre, *rapporteur.*

Citoyens,

Nous avons entendu à maintes reprises, dans ces derniers temps, faire le reproche au Parti radical de n'avoir point de doctrine et point de programme. Vous savez si jamais reproche fut moins justifié.

Il ne nous a point émus. Néanmoins, vos délégués, dans nos précédents Congrès, ont pensé qu'il était bon, pour répondre victorieusement à nos détracteurs et favoriser notre propagande dans le pays, que le Parti radical et radical-socialiste fût pourvu d'un programme écrit, détaillé et codifié.

Vous avez chargé le Bureau de votre Comité exécutif de préparer le projet de ce programme. Il fut soumis au Comité exécutif et adopté par lui dans sa séance plénière du 11 mai dernier, tenue à Paris, salle du Trocadéro, et renvoyé à vos délibérations d'aujourd'hui pour y être adopté.

Vous devez considérer ce programme comme le programme *minimum* du Parti. Il permettra à ceux qui demandent leur admission parmi nous de connaître le terrain sur lequel ils auront à marcher. En entrant dans le Parti, ils sauront qu'ils s'engagent à en accepter et défendre loyalement les parties essentielles, soit dans le pays, soit au Parlement, à l'exception de ce qui a trait à quelques questions d'ordre plutôt philosophique sur lesquelles chacun de nous a le droit de conserver des opinions différentes sans cesser d'être un bon radical ou un excellent radical-socialiste.

Que dit-il, qu'affirme-t-il, ce programme ?

Ordre politique.

Dans l'*Ordre politique*, il affirme la Souveraineté du Suffrage universel. Mais il en veut faire l'éducation et le moraliser, en le mettant à l'abri du verbe trompeur des flagorneurs et de la corruption des puissances d'argent. Il sait que tant que la réforme électorale ne sera pas accomplie, la réforme administrative et la décentralisation resteront impossibles. Il veut qu'on sorte du système actuel dans lequel le député est passé au rang de « chargé d'affaires des intérêts particuliers », au lieu d'être le représentant des intérêts généraux du pays, et dont l'action trop souvent néfaste auprès du gouvernement est en partie responsable de l'anarchie administrative de ce temps.

Il veut que les électeurs aient à se déterminer sur des programmes plutôt que sur des personnalités ; et, à propos du Sénat, jusqu'alors si timide dans la voie de la réformation économique et sociale, il proposerait volontiers son élection par un collège à deux degrés, dont les électeurs du deuxième degré seront élus par le Suffrage universel.

Ordre administratif.

Dans l'*Ordre administratif*, le Parti est partisan d'une réforme profonde et étendue qui, sans entamer l'unité nationale, accroisse cependant les libertés communales, simplifie les rouages administratifs, supprime les emplois inutiles et détermine une meilleure utilisation des autres. Il réclame de tous les fonctionnaires la loyauté envers le gouvernement de la République, mais il désire que la loi leur garantisse, dans un statut, leurs libertés civiles, la justice dans l'avancement, et le droit d'association par corporations de métier, qui les mettra à même de résister au népotisme et aux influences politiques qui, trop souvent, se sont exercées en faveur des « fils d'archevêques ».

Il veut aussi qu'on en finisse avec ce système déplorable du choix et recrutement des serviteurs du pays, qui a peuplé l'Université, la Magistrature, l'Armée, les grandes Administrations publiques de réactionnaires et de rétrogrades.

Domaine de la liberté de conscience.

Dans le *Domaine de la liberté de conscience*, notre programme constate que la séparation des Églises et de l'Etat a supprimé le budget des Cultes et inauguré la neutralité de l'Etat en matière religieuse. Notre Parti aurait bien des réserves à faire, au nom de la République laïque et rationaliste, à la loi de Séparation qui, à la suite de concessions inadmissibles, a consacré de nouveaux privilèges à l'Eglise romaine. Mais nous laissons au temps et au progrès le soin d'achever leur œuvre. Ce que nous conseillons seulement à la Démocratie républicaine, c'est de faire la Séparation dans le sein des familles. Quand la Séparation sera faite au foyer, la loi écrite aura passé dans les mœurs ; la Séparation sera réelle, et le prêtre n'aura plus d'influence parce que son ministère sera devenu sans objet et sans clientèle. C'est donc au bon sens et à la raison de la Nation qu'il faut nous adresser pour éteindre définitivement les lumières du Ciel et détruire lentement mais sûrement la puissance politique des Eglises.

Dans l'Enseignement public.

S'il est un domaine où le Socialisme doive s'exercer, c'est assurément celui de l'*Enseignement public*. L'enseignement est une des plus nobles prérogatives de l'Etat. Représentant des intérêts généraux du pays, l'Etat ne saurait abandonner l'enseignement à personne. L'école doit être une et nationale. Il faut en finir avec le sophisme de la prétendue liberté de l'enseignement.

Ah ! j'entends. On nous oppose la liberté du père de famille ? Les parents ont-ils davantage le droit d'exercer des sévices moraux sur leurs enfants que des sévices corporels ? Poser la question, c'est la résoudre. Veut-on consentir aux pères de famille la liberté de l'ignorance sur leurs enfants ? La question ne se discute pas. Je comprends que dans une Monarchie où le monarque pense et agit pour tout le monde, on autorise les écoles confessionnelles, mais dans un pays de Suffrage universel, cela ne se conçoit plus. L'école confessionnelle, c'est l'oppression de la liberté de la raison. Permettre qu'on enseigne le dogme et le miraculeux à des enfants, qui sont moralement et juridiquement des mineurs et des incapables, c'est les acheminer vers l'ignorance, créatrice de misère et de servitude ; c'est leur permettre de nuire plus tard, inconsciemment, à leurs propres intérêts ; c'est, ce qui est autrement redoutable, leur permettre, lorsqu'ils exerceront leurs droits de citoyens, de nuire aux autres et de compromettre peut-être l'avenir et l'existence de la République.

Dans l'ordre primaire, comme dans l'ordre secondaire et supérieur, il ne saurait y avoir qu'une école : celle de la Nation. Elle seule est une personne morale suffisamment élevée pour distribuer à tous, sans tromperie ni duperie, la nourriture intellectuelle, faite exclusivement de Science et de Raison, au sein même d'une impartialité scrupuleusement décidée.

Domaine judiciaire.

Dans le *Domaine judiciaire*, le Parti n'a rien abandonné de ses vieilles idées.

Quand on ne perdait pas son temps, en France, à bâtir des Salentes imaginaires, on tenait, parmi les républicains, la réforme judiciaire comme une impérieuse nécessité, et celle des Codes comme une œuvre laborieuse, mais d'une urgence incontestable... On souhaitait le juge unique, comme en Angleterre, le juge qui ne pourrait plus abriter la responsabilité de ses sentences derrière l'opinion de ses collègues ; la justice plus prompte et plus conforme aux idées modernes, une procédure moins longue, moins tracassière et moins onéreuse, la suppression des offices vénaux. Le Parti reste fidèle à ces idées. Il inscrit en tête de ses revendications la réforme intégrale des Codes impériaux dans le sens du droit moderne et démocratique.

A ce propos, s'il nous était permis de nous adresser à M. le président du Conseil — très respectueusement et très amicalement d'ailleurs — nous lui rappellerions qu'il a déposé au Sénat, il y a quelques années, comme sénateur, un projet de suppression des offices ministériels et leur remplacement par un service public.

Ordre fiscal.

Dans l'*Ordre fiscal*, que déclare le Parti ? Que, pour établir la justice dans l'impôt, celui-ci a besoin d'être prélevé selon les ressources de chacun. De là découle l'impôt global et progressif sur le revenu ; de là, la nécessité d'un impôt frappant d'une charge égale la fortune mobilière et le bien foncier rural, qui, jusqu'ici, et contre toute équité, a supporté des charges doubles ou triples de celles qu'on imposait aux biens mobiliers.

Il veut aussi la revision de nos impôts indirects — impôts progressifs à rebours — de façon à ce que l'ouvrier, l'employé, le paysan, aient le pain, la viande, les objets de première nécessité à bon marché, et que cette catégorie d'impôts ne supporte pas, à elle seule, les deux tiers des charges fiscales.

La propriété individuelle, fondée sur le travail personnel, est le véritable prolongement de la personnalité humaine. C'est la condition nécessaire de la dignité, de la liberté et de l'indépendance de l'homme. Il ne s'agit donc pas de la briser pour la remplacer par nous ne savons quel système de propriété collective dont les prophètes du collectivisme eux-mêmes ne nous ont donné jusqu'ici qu'une formule simpliste ; l' « usine collectiviste » ne serait peut-être pas plus douce aux ouvriers, d'ailleurs, que l' « usine capitaliste », et à la caserne pourrait bien venir s'ajouter l'égalité dans la misère, sinon dans la servitude. Il serait malaisé, actuellement, du reste, de convaincre les propriétaires de se laisser faire et les paysans de se laisser déposséder de leur lopin de terre.

Mais le régime actuel de la propriété n'est pas un dogme auquel on ne saurait toucher. Il est incontestable que la propriété capitaliste est redevable vis-à-vis de la société tout entière, qui lui a permis de se constituer et de se multiplier. Le droit successoral en taxe progressive est donc parfaitement légitime. Il est nécessaire pour rétablir l'équilibre et l'harmonie.

C'est en surtaxant quelque peu les cinq à six milliards de francs qui passent, tous les ans, par succession, d'une tête sur l'autre dans ce pays, et en limitant l'héritage en ligne collatérale, que l'on trouvera le moyen de constituer le budget social de la République. Nous attachons d'autant plus de prix à la réforme fiscale que, si elle n'est pas faite au préalable, le Parlement restera impuissant à faire les retraites ouvrières et paysannes.

Domaine économique et social.

Dans le *Domaine économique et social*, le programme demande la substitution des monopoles d'Etat aux monopoles privés, qui permettent à une poignée de millionnaires, par les trusts ou tout autre procédé financier, d'accaparer une industrie et de rançonner à la fois l'ouvrier producteur et le consommateur. Mono-

pole pour monopole, il vaut mieux celui de la Nation,
exploité au profit de tous, que celui d'une féodalité
financière qui, comme une bande de corsaires, se
taille des millions aux dépens de la masse du public.

Dès qu'une industrie est suffisamment centralisée
pour devenir un danger public, il appartient à la Nation, nous le croyons, d'en assurer elle-même l'entreprise, soit en régie directe, soit en régie intéressée.
Il n'est pas douteux que les voies ferrées, les mines,
les assurances, la banque, peuvent devenir des services publics au même titre que l'enseignement, les
routes, les canaux, les postes et télégraphes.

Il est regrettable, dans cet ordre d'idées, que le Conseil d'Etat continue à se montrer si réfractaire au socialisme communal. Nos grandes villes françaises sont
restées, à ce sujet, bien loin derrière les grandes villes anglaises.

Enfin, pour en terminer avec la question des monopoles, le programme demande la suppression du monopole des agents de change en le remplaçant — c'est
un moyen qu'on pourrait proposer — par la liberté
réglementée sous la surveillance et le contrôle de
l'Etat.

Le salariat.

Le *Salariat* n'est pas immuable. Ce n'est pas un
dogme plus intangible que la forme actuelle de la
propriété. Notre programme en prévoit la progressive
transformation dans le « contrat collectif de travail »,
le syndicat ouvrier élevé au rang de « société commerciale de travail », la « coopération » sous toutes
ses formes, c'est-à-dire l'association, non pas par con-
trainte, mais l'association contractuelle et librement
consentie.

Soumis à la loi brutale de l'offre et de la demande,
l'ouvrier ne peut traiter en toute indépendance avec le
patron ou la société anonyme parce qu'il n'a pas
d'avances et que son estomac ne saurait attendre. Au
contraire, le jour où le syndicat ouvrier sera devenu
une « société commerciale de travail », l'ouvrier se
trouvera vis-à-vis du capitaliste, acheteur de main-
d'œuvre, dans la même situation que l'acheteur et le
vendeur dans l'industrie ou le commerce. Après son
travail, il se partagera, avec ses coassociés, le prix
convenu payé par l'acheteur de main-d'œuvre. Ce
n'est plus le patron qui lui paiera un salaire, c'est

l'ouvrier lui-même qui, par son travail, se fera son propre salaire, qu'il recevra du Conseil de direction de sa propre Société de travail... Avec un pareil système, qui ne voit que l'ouvrier conservera toute sa liberté et sera le propre artisan de son bien-être ?

Pourquoi enfin, dans cet ordre d'idées, un « Crédit industriel ouvrier », analogue au « Crédit agricole » créé par la loi, ne viendrait-il pas en aide aux associations ouvrières commerciales pour favoriser leurs premiers pas ou leur permettre l'entreprise directe ?

Prévoyance et Assurances sociales.

Dans l'*Ordre de la Prévoyance et des Assurances sociales*, notre programme considère que ce que l'on a fait jusqu'ici n'est qu'un commencement à une œuvre plus vaste que l'avenir devra généraliser pour achever l'émancipation populaire inaugurée par la Révolution française.

Les risques comme les avantages doivent être mis en commun dans la vie en société. C'est la justice même qui l'exige. Ceux qui ont bénéficié par le hasard ou toute circonstance heureuse des avantages de la vie sociale, ont contracté une dette vis-à-vis de ceux qui, moins favorisés de la fortune, sont restés des déshérités.

De là découle la légitimité de l'*assurance obligatoire* contre la maladie, l'invalidité, les accidents du travail et les maladies professionnelles, la vieillesse et le chômage involontaire et forcé, avec participation ou dotation de l'Etat.

Politique extérieure et Défense nationale.

Dans la *Politique extérieure et la défense nationale*, notre programme vous déclare aussi ardemment patriotes que républicains. S'il condamne les abus et les préjugés de l'esprit militariste, il honore le devoir militaire, qui a toujours contribué à faire les nations viriles, grandes et prospères.

L'amour du Parti pour la patrie est exempt de tout sentiment de haine contre les autres peuples. Il estime que c'est dégrader le patriotisme que de l'employer comme arme de combat dans nos querelles intérieures, et blâme énergiquement ceux qui prétendent en faire une exploitation intéressée. Il ne dénonce pas moins au pays l'abominable doctrine d'Hervé et de ses complices qui, par un paradoxe aussi criminel qu'insensé, ne déclarent pas la guerre à la guerre, mais la guerre à la France, au pays de la Révolution et de toutes les libertés, qu'ils jetteraient demain sous la botte de l'étranger si leur odieuse doctrine trouvait un écho dans les masses profondes de la nation. (*Applaudissements.*)

J'ai terminé ma tâche. J'espère qu'on ne dira plus que le Parti radical et radical-socialiste n'a point de doctrine. On ne pourra même pas lui dénier la qualité de socialiste, car qu'est le Socialisme, Messieurs, raisonné et raisonnable, sinon la claire vision de l'injustice sociale, le clair sentiment des réparations nécessaires ? Seulement nous ne sommes point des dogmatiques ; nous ne croyons qu'aux leçons de l'expérience. Elle nous enseigne que la prudence et la prévoyance sont les conditions du progrès, et que ceux-là ne peuvent le réaliser qui vivent dans les abstractions, en dehors des contingences de la vie. Elle nous dit aussi qu'on ne doit pas confondre la liberté avec la licence, la démocratie avec la démagogie, et que si l'esprit de réaction est le péril d'une démocratie, l'esprit de surenchère en est la plaie.

Messieurs, fidèles aux idées impérissables de la Révolution française et à la République, une et indivisible, à la République de progrès indéfini, sans borne, dans la légalité, dans l'ordre et la paix, repoussons toute idée de recul et affirmons plus que jamais nos intentions de réaliser les promesses que nous avons faites à la démocratie. C'est dans cet ordre d'idées que nous vous invitons, citoyens, à donner votre approbation au programme que nous vous soumettons au nom de la Commission du Programme. En le faisant entrer dans le domaine de la réalité, peu à peu, progressivement, à mesure des possibilités et des ressources budgétaires, vos représentants au Parlement auront répondu à vos détracteurs, à la fois à ceux qui vous reprochent d'aller trop vite comme à ceux qui vous accusent de faire faillite à vos engagements. Le peuple, en fin de compte, dans son clair bon sens, saura bien reconnaître les siens. (*Applaudissements prolongés et répétés. — Le rapporteur reçoit les félicitations d'un grand nombre de ses collègues.*)

Programme du Parti

Le Parti radical et radical-socialiste, ainsi qu'il l'a solennellement affirmé dans ses Congrès successifs, se propose l'union puissante de tous les fils de la Révolution en face des hommes de contre-révolution. Il proclame qu'il entend poursuivre avec énergie la réalisation des réformes politiques, économiques et sociales contenues en principe dans le programme républicain depuis 1869, programme dont s'est inspiré le Parlement pour élaborer les nombreuses lois déjà votées et appliquées.

Parti d'évolution, il ne fixe point de limites étroites à son œuvre. Son idéal n'a pas plus de bornes que n'en a l'horizon qui s'étend au fur et à mesure qu'on s'élève. Sa doctrine n'est point enclose dans des formules absolues. Il ne reconnaît aucun dogme. De même, il n'anathématise personne. S'il combat tous les abus et veut supprimer tous les privilèges, il se refuse à établir, même théoriquement, entre les citoyens des classes en lutte les unes contre les autres.

Parti d'action sociale parlementaire, il réprouve toute manifestation violente que ne justifierait pas une atteinte grave à la Constitution républicaine et aux volontés de la Nation.

Dans l'ordre politique.

Le Parti radical et radical-socialiste :

1° Prévoit la revision de la Constitution dans le sens le plus démocratique, la République mise hors de discussion.

2° Il affirme la souveraineté du Suffrage universel, souveraineté dont le principe exige que la Chambre des Députés ait le dernier mot, notamment en matière budgétaire.

3° Il demande que le système électoral d'où sort le Sénat, soit élargi dans un sens démocratique, de façon à y assurer une proportionnalité plus exacte et une action plus directe du Suffrage universel.

4° La réforme électorale, intimement liée à la refonte de notre système administratif, doit assurer la consultation du peuple dans des conditions telles que les électeurs se déterminent sur des programmes bien plus que sur des personnalités.

Une nouvelle et équitable répartition des sièges législatifs assurera à chaque région une représentation numériquement en rapport avec l'importance de sa population.

La législation qui règle le mode de votation garantira le secret et la sincérité du vote : toutes les pressions patronales, surtout celles du grand industriel et du grand propriétaire sur les citoyens qu'il emploie, seront ou prévenues ou sévèrement réprimées ; les procédés de corruption seront recherchés et punis; des mesures législatives seront édictées pour restreindre les dépenses électorales et égaliser la lutte entre le riche et le pauvre.

Dans l'ordre administratif et judiciaire.

5° Le Parti radical et radical-socialiste est partisan d'une réforme profonde et étendue qui, sans entamer l'unité nationale achevée par la Révolution, accroisse les liberté communales et départementales, simplifie les rouages administratifs, réduise les dépenses et le nombre des fonctionnaires tout en rétribuant mieux les petits emplois et mette l'organisation du pays mieux en rapport avec les moyens rapides de communication et les transformations qui se sont opérés depuis un siècle.

6° Il veut donner aux fonctionnaires civils de tout ordre un statut garantissant leurs libertés civiques, la justice dans l'avancement, et la plénitude de leurs droits, y compris le droit d'association.

Il demande qu'on exige d'eux un dévouement absolu aux intérêts du pays et aux institutions républicaines. Il réclame du gouvernement une action ferme et soutenue, pour détruire dans les services publics les influences hostiles à la démocratie qui y ont trop longtemps prévalu.

7° Il veut la justice rapide et égale pour tous.

Il en réclame la gratuité, et si cette gratuité ne peut être obtenue à bref délai, il considère comme urgente une réduction considérable des frais de justice.

Il veut la simplification des codes par l'abrogation des lois surannées et tombées en désuétude.

Il reste attaché au principe de l'élection des juges : si cette réforme ne peut être réalisée à bref délai, il réclame sur le recrutement, la nomination et l'avancement des magistrats, une législation nouvelle assurant, avec leur indépendance, leur loyalisme et leur sincérité dans l'application des lois républicaines.

'La réforme judiciaire doit comprendre l'extension de la juridiction prudhomale, la suppression du privilège des avocats et la transformation des offices ministériels en fonctions publiques.

8° Le Parti radical et radical-socialiste réclame l'abolition de la peine de mort.

En matière de religion et d'enseignement.

9° Avec le maintien intégral des lois de laïcité, le Parti radical et radical-socialiste demande la suppression effective des congrégations encore existantes.

Sa formule : « Les Églises libres dans l'Etat souverain », assure, avec la liberté de conscience, l'exercice de tous les cultes et la suprématie du pouvoir civil.

10° Il considère que l'enseignement est une des plus nobles prérogatives de l'Etat qui doit le dispenser lui-même par des maîtres laïques ou le contrôler étroitement au cas où il laisse à des particuliers le soin de le dispenser.

Tous les enfants du peuple ont droit à l'éducation intégrale suivant leurs aptitudes.

Le système d'éducation nationale doit donc garantir ce droit. Il doit aussi permettre le développement de l'éducation professionnelle et le perfectionnement de l'adulte.

Dans l'ordre fiscal et budgétaire.

11° Pour rétablir la véritable proportionnalité des charges suivant les facultés contributives de chacun, le Parti radical et radical-socialiste veut l'établissement d'un impôt global et progressif sur le revenu, la suppression des quatre contributions directes, la diminution des impôts de consommation, des droits de timbre et d'enregistrement qui pèsent sur les droits de justice, sur les mutations à titre onéreux, et des taxes qui pèsent sur l'Agriculture, le Commerce et la petite Industrie.

Il demandera de nouvelles ressources pour les réformes sociales à une réforme des droits de successions ou de donations entre vifs, reposant sur le principe de la progression, soit d'après le degré de parenté, soit d'après le chiffre des fortunes, et rapprochant le degré où s'arrête l'héritage en ligne collatérale.

12° La réforme financière comporte un contrôle sévère de toutes les dépenses tant militaires que civiles et l'amortissement graduel de la dette publique.

Dans l'ordre économique et social.

13° Par toutes les réformes morales, intellectuelles, économiques, le Parti radical et radical-socialiste s'efforce de donner au prolétariat la pleine conscience de ses droits et de ses devoirs, et, avec la responsabilité de son action, l'autorité nécessaire pour établir une constitution sociale plus rationnelle et plus équitable.

14° Le Parti radical et radical-socialiste est résolument attaché au principe de la propriété individuelle dont il ne veut ni commencer ni même préparer la suppression. Mais cet attachement n'est pas irréfléchi; il ne s'étend point aux abus qui détruiraient la légitimité et la raison d'être de la propriété individuelle.

Il est prêt à proposer toutes les mesures légales propres à garantir à chacun le produit de son travail et à prévenir les dangers que présente la constitution d'une féodalité capitaliste rançonnant travailleurs et consommateurs.

15° Il propose la formation de syndicats et d'associations coopératives et encourage toutes les institutions par lesquelles le prolétariat peut fait valoir ses droits, défendre ses intérêts, améliorer sa situation morale et matérielle, obtenir la propriété de son outil et la légitime rémunération de son labeur, arriver à la disparition du salariat et accéder à la propriété individuelle, condition même de sa liberté et de sa dignité.

16° Résolument hostile aux conceptions égoïstes de l'école du laisser-faire, notre Parti garde sa personnalité en affirmant le droit pour l'Etat d'intervenir dans les rapports du capital et du travail pour établir les conditions nécessaires de la justice.

17° L'Etat doit acquitter la dette de la société envers les enfants, les malades, les infirmes et les vieillards et tous ceux qui ont besoin de la solidarité sociale.

Il doit assurer aux travailleurs des villes, des usines et des campagnes, quand l'âge ou la maladie a brisé leur force, les retraites solennellement promises à la démocratie.

Il faut aussi poursuivre l'œuvre législative d'assistance sociale de la troisième République ; améliorer encore le service des enfants assistés, celui de l'assistance médicale et de l'assistance aux vieillards et infirmes, créer des hospices cantonaux, aider les œuvres antituberculeuses, lutter contre l'alcoolisme, etc.

18° Le Parti radical et radical-socialiste est partisan de l'extension graduelle des droits de la femme, qui doit être protégée par la loi dans toutes les circonstances de sa vie.

Des secours communaux, départementaux ou nationaux doivent être accordés aux femmes enceintes pauvres, le repos légal de six semaines avant et après l'accouchement s'impose pour les femmes employées à l'atelier, au magasin ou dans une administration.

19° Sous les auspices du ministère du Travail, le Code du travail et de la prévoyance sociale doit être rédigé et comprendre l'ensemble des lois ouvrières :

Sur l'emploi des femmes et des enfants dans l'industrie ;

Sur le contrat de travail et le contrat d'apprentissage ;

Sur la réglementation des différends et conflits graves entre employés et employeurs par l'arbitrage amiable et obligatoire ;

Sur les accidents du travail, les risques et maladies professionnels et les responsabilités des employeurs ;

Sur la limitation des heures de travail et le repos hebdomadaire ;

Sur l'organisation de l'assurance par la nation de tous les travailleurs de l'Industrie, du Commerce, de l'Agriculture contre les risques des accidents, de la maladie et du chômage ;

Sur les institutions de mutualité et d'épargne qui peuvent améliorer le sort du travailleur déjà garanti de la misère ;

Sur les conditions d'hygiène et de salubrité des établissements industriels et commerciaux comme de tous les locaux où séjournent les employés et travailleurs.

20° Le Parti radical et radical-socialiste réclame la reprise par l'Etat des monopoles de fait, là où un grand intérêt l'exige, notamment :

Pour rentrer en possession de grands services nationaux qui exercent une influence décisive sur la production, sur la richesse du pays et sur sa défense en cas de guerre ;

Pour empêcher certains accaparements industriels de taxer à leur bon plaisir les travailleurs et les consommateurs ;

Pour trouver, dans les bénéfices que ces monopoles peuvent fournir, des ressources, soit pour le soulagement des contribuables, soit pour la réalisation des réformes sociales.

Il réclame particulièrement le rachat des chemins de fer et le monopole des assurances.

De toute façons, il entend protéger l'épargne publique contre les manœuvres de l'agiotage et de la spéculation.

21° Avec les réformes fiscales déjà désignées à propos de l'impôt, l'impôt foncier sur la propriété non bâtie et les droits de mutation, y compris la réforme hypothécaire, le Parti radical et radical-socialiste propose et soutient toutes les réformes dont la réalisation est déjà commencée pour la défense de l'Agriculture : développement de l'enseignement technique agricole ; des œuvres coopératives ; du crédit agricole ; des assurances contre l'incendie, la grêle, la gelée, la mortalité du bétail ; des mesures prophylactiques contre les épizooties ; création du bien de famille incessible et insaisissable ; répression des fraudes, représentation de la petite et de la moyenne culture comme de la grande dans les chambres d'Agriculture, etc.

22° Pour activer l'accroissement de la richesse nationale, il se préoccupe de l'outillage de nos ports, de la navigation intérieure, de notre système de canaux qu'il est urgent de compléter et de perfectionner, du développement des voies ferrées, du recrutement rationnel de nos agents à l'extérieur, de l'extension continue de notre champ d'action commerciale.

Politique extérieure et défense nationale.

23° Le Parti radical et radical-socialiste est ardemment patriote et résolument attaché à la paix.

Son amour de la patrie est exempt de tout sentiment de haine contre les autres peuples ; il estime que c'est dégrader le patriotisme que d'en faire une arme pour nos querelles intérieures et il combat les partis qui prétendent en faire une exploitation intéressée.

24° Sa politique extérieure se résume en ces mots : entente cordiale entre peuples ; extension de la pratique de l'arbitrage international en cas de différends graves ; maintien de la paix dans la dignité.

25° Adversaire de toute politique d'aventures, il est opposé aux expéditions militaires dont le but avoué ou déguisé serait la conquête de nouvelles colonies.

Il demande la mise en valeur du vaste domaine colonial actuel de la France, avec l'instaurations d'un régime vraiment civilisateur conforme à notre esprit national, en dehors de toute domination militaire et de toute propagande confessionnelle.

Il exige le respect de tous les droits de l'humanité dans les relations avec les populations des régions que la France a conquises.

26° Il honore le devoir militaire, mais il condamne les abus et les préjugés de l'esprit militaire.

De plus en plus, l'armée doit se confondre avec la nation. Pour permettre la réduction du temps de présence effective sous les drapeaux sans compromettre la sécurité nationale, il faut organiser des œuvres préparant les jeunes Français au service militaire ou prolongeant l'action du régiment.

27° Parmi les réformes militaires les plus urgentes, il réclame :

Celles qui assureront les conditions d'un recrutement démocratique d'un corps d'officiers dévoués à la République ;

La loi des cadres garantissant l'avancement des officiers ;

La loi permettant de réaliser de grandes économies par la réduction du nombre des officiers du service actif et une meilleure utilisation des officiers de la réserve et de la territoriale ;

La suppression des Conseils de guerre en temps de paix et celle des compagnies de discipline ;

La réduction des périodes d'instruction pour les réservistes et les territoriaux ;

La compression des budgets de la guerre et de la marine et la répression du gaspillage par un contrôle vigilant.

(A l'unanimité, le Congrès approuve le programme du Parti et le rapport de M. Debierre.)

LE PRÉSIDENT. — Je suis certainement, citoyens, l'interprète de votre pensée à tous en adressant l'expression de nos remerciements et toutes nos félicitations à la Commission de propagande qui a si bien condensé notre pensée, et particulièrement au rapporteur qui a rendu cette pensée avec beaucoup de précision et sous une forme des plus heureuses. (*Vifs applaudissements.*)

LE PRÉSIDENT. — J'entends demander l'impression de ce rapport. (*Oui, oui.*)

M. FABIUS DE CHAMPVILLE. — Elle est de droit.

Le Congrès décide que le programme du Parti avec le rapport sera imprimé sous forme de fascicule séparé.

LA TACTIQUE DU PARTI

M. LE PRÉSIDENT. — La parole est au citoyen Charles Dumont, rapporteur de la question de tactique.

M. CHARLES DUMONT, *député.* — Citoyens, le Parti radical et radical-socialiste entend rester un parti démocratique, un parti de réformes populaires. Tous ceux qui travaillent à faire aboutir les lois de progrès qu'il a promises sont ses alliés, tous ceux qui à ces lois refusent leur suffrage sont ses adversaires. (*Très bien ! Très bien !*)

Le Bloc doit continuer. (*Applaudissements.*)

Nous ne voulons exclure aucune fraction de la démocratie avancée ; mais hors du Bloc se placeraient eux-mêmes ceux qui, personnellement, par une propagande criminelle, tenteraient de donner aux plus mauvais instincts l'excuse d'une apparence de doctrine (*Vifs applaudissements.*), et renieraient la patrie et la République. (*Nouveaux applaudissements.*) En conséquence, les membres du Congrès soussignés, en leur nom personnel et au nom de la Commission de tactique et de discipline qui les a approuvés d'un vote unanime, ont l'honneur de vous proposer l'ordre du jour suivants :

« Le Congrès radical et radical-socialiste, ne séparant pas la patrie de la République, impose à tous les adhérents au Parti le devoir de refuser leurs suffrages à tout candidat qui préconiserait la désorganisation des armées de la République, soit par la désertion en temps de paix, soit par l'insurrection et la grève générale devant l'ennemi. (*Applaudissements répétés.*)

« Sous cette réserve et répudiant toute compromission avec les partis réactionnaire et conservateur (*Très bien ! Très bien !*), le Congrès déclare que le Parti radical et radical-socialiste reste résolu à continuer, avec la collaboration de tous les éléments du Bloc de gauche, l'œuvre de réformes sociales, fiscales et politiques qu'il a promise au pays. » (*Applaudissements.*)

Ont signé :

MM. Camille Pelletan, Maurice Berteaux, général André, Ferdinand Buisson, Albert Sarraut, Jean Cruppi, Henri Michel, Herriot, Malvy, Messimy, Steeg, Puech, Charles Dumont, Henry Bérenger, Dalimier.

MM. Dubief et Péchadre demandent à ajouter leurs noms aux signatures ci-dessus.

De nombreuses voix. — Tous ! tous ! Nous voulons signer !

M. Charles Dumont. — Citoyens, je suis persuadé qu'en votre nom personnel et au nom de vos Fédérations, vous voudrez tous mettre votre signature au bas de la déclaration que je viens de vous lire. (*Vifs applaudissements.*)

Nous avons considéré qu'il était essentiel de nous imposer à tous un devoir. Nous croyons que l'antipatriotisme a ce danger de donner l'apparence d'une doctrine comme prétexte à des instincts qui autrefois étaient cachés comme une honte et comme une plaie secrète. (*Bravo !*) Il y a toujours eu devant les grands devoirs que la solidarité sociale et humaine impose des déserteurs et des lâches. (*Bravo !*) Il y a toujours eu des hommes qui répugnaient à l'esprit de sacrifice. Ceux-là, la loi les recherchait, les punissait. Ils ne se vantaient pas de leur vice, de leur bassesse ; ils ne faisaient pas un étalage humanitaire de leur lâcheté. A nous tous, n'est-il pas vrai ? il paraît impossible de vouloir faire passer pour un semblant de doctrine cette théorie vraiment monstrueuse qui voudrait qu'alors que sur cette frontière peut-être jeunes et vieux, soldats de l'active et de la réserve, appelés et engagés volontaires, nous irions à l'ennemi, derrière nous s'armeraient des fusils pour nous tirer dans le dos, se grouperaient des gens pour incendier nos maisons. (*Bravo !*)

Ces gens-là sont hors de la patrie, hors de la République, hors de la Nation. (*Vifs applaudissements.*)

Nous avons, ce matin, demandé et obtenu l'adhésion unanime des deux ou trois cents membres du Congrès qui se trouvaient à la Commission de tactique. Nous avons été tous d'accord pour nous faire à tous un devoir, en tant qu'adhérents au Parti, de lutter quotidiennement, individuellement, contre les propagandistes de l'insurrection en temps de guerre et de la désertion en temps de paix. (*Bravo !*)

C'est votre devoir, militants qui êtes ici réunis, lorsque vous allez rentrer dans vos villes, dans vos ateliers, comme patron, comme contremaître ou comme ouvrier, comme fermier ou propriétaire, de faire honte à quiconque parlera d'hervéisme, de lui rappeler la frontière d'où vous venez, de lui dire qu'il y a, de l'autre côté du Rhin, un peuple grand et fort qui tout entier déclare que, s'il était menacé, il ferait bloc contre l'ennemi. Il n'y a ni prétexte, ni excuse pour ceux qui prétendent qu'à l'heure du péril ils peuvent se dérober.

Oh ! ce n'est pas, vous le sentez bien, que nous devenions des chauvins, des partisans de la guerre. Pelletan hier et Debierre tout à l'heure l'ont bien dit, nous restons des pacifistes. Nous sommes des partisans résolus de l'arbitrage obligatoire. (*Très bien ! Très bien !*)

Nous voulons la paix, la paix dans la dignité, la paix dans le droit. Mais, pour conserver la paix, pour la mériter, pour en assurer aux autres peuples le bienfait, encore faut-il que nous ne nous offrions pas nous-mêmes comme une proie trop tentante par sa faiblesse, comme un peuple d'avance vaincu sans risques, parce qu'il est divisé, parce qu'il se trahit lui-même. (*Vifs applaudissements.*)

Repoussons donc tous les sophismes, toutes les subtilités, toutes les équivoques alléguées pour fuir ou trahir au nom même de notre idéal pacifique, au nom de cet idéal de justice internationale organisée qui est notre doctrine, à nous.

Dites-le bien haut, citoyens, pensez-le bien fort, cette doctrine de l'arbitrage obligatoire n'est pas une thèse de recul ou de stagnation. Elle est la vérité d'avant-garde. Si le monde évolue vers la paix, la paix définitive s'établira par l'accord des peuples, par leur volonté de remettre à l'arbitrage international le règlement de leurs litiges. Voilà la voie certaine, la voie scientifique du progrès international. Réactionnaires, attardés, puérils de pensée ceux qui croient fonder la paix internationale par une diversion de violence le jour où la guerre serait déclarée. On ne fait plus les révolutions en traînant dans les rues de vieux sabres et des mousquets rouillés. On ne révolutionnera pas les relations internationales en agitant la menace des piques insurrectionnelles. On donnera prétexte à des lâches pour fuir, à des voleurs pour piller, voilà tout. (*Vifs applaudissements.*)

C'est nous qui, nous plaçant sur le terrain de la justice internationale, de l'arbitrage obligatoire, c'est nous qui sommes dans la bonne voie. Nous y marcherons plus résolument que jamais. Encore faut-il que nous ne nous sentions pas trahis.

Il ne faut pas qu'on désunisse notre pays, qu'on en brise la vigueur. Il faut que la France reste forte pour que la France pacifique paraisse à tous non comme un pays qui demande la paix par lâcheté, mais comme une nation consciente de sa force qui, en demandant la paix, entend faire accomplir au monde un nouveau progrès vers l'idéal humain. (*Vifs applaudissements.*)

C'est là-dessus, mes chers camarades, que j'insiste. Notre devoir est un devoir personnel de propagande continue et quotidienne. Si nous le réalisons, nous rendrons, soyez-en sûrs, en période électorale, bien difficile et presque impossible la situation de ceux qui oseraient dire qu'ils sont partisans de la désertion ou de l'insurrection ; et le combat contre ces néfastes doctrines pourra bien cesser faute de combattants. (*Vifs applaudissements.*)

Voilà la déclaration que nous avions à faire aujourd'hui. Nous la faisons au nom de l'unanimité des membres de la Commission de tactique et de discipline. Cette unanimité s'est formée à la suite d'une discussion aussi ardente que courtoise.

Au Congrès radical et radical-socialiste, représentant les militants de tout notre Parti, au Congrès, expression vivante et comme ramassée de toute la France démocratique, il appartient de dicter son devoir électoral et civique à tout démocrate.

Votre décision sera un acte décisif. Cet acte, l'opinion publique l'attend de nous, aujourd'hui, à cette heure, ici même.

Ce serait en affaiblir la portée, en émietter et par là en détruire l'effet que de retarder jusqu'à des consultations électorales de date plus ou moins proche ou lointaine, d'abandonner à des Fédérations locales peut-être troublées un moment par des considérations de personne, le soin de se prononcer catégoriquement sur la plus haute, la plus claire, la plus impérieuse des questions de principe que vous ayez à résoudre.

Membres du Congrès, représentants autorisés de notre Parti, nous adjurons tous nos amis de le déclarer avec nous : Hors du Bloc comme hors de la patrie les antipatriotes. A aucun d'eux, pas un de nos suffrages n'ira jamais.

Mais, d'autre part, nous n'avons voulu à aucun prix faire le jeu de ceux qui, recommençant à chanter une chanson que nous connaissons déjà, cherchent à couvrir du drapeau de la patrie leur égoïsme conservateur (*Applaudissements.*), leur peur du progrès et des réformes. (*Nouveaux applaudissements*) ; ceux qui cherchent à rompre le Bloc pour rendre impossibles les réformes que nous avons promises et préparées.

Nous ne voulons faire la police d'aucun parti ; nous ne rompons avec aucun parti. Nous ne demandons pas aux gens : « Etes-vous du parti socialiste unifié ou des partis socialistes indépendants ? » Nous prenons les gens tels qu'ils sont, tels qu'ils parlent dans la vie de chaque jour comme en période électorale. Nous leur dirons : « Etes-vous pour la désertion ? Etes-vous pour l'insurrection et la grève générale ? — Non. Alors, nous voterons pour votre candidat au second tour, s'il est le plus favorisé des candidats républicains. Votre candidat pourra être notre élu et l'allié de nos élus. — Oui. — Alors, vous êtes hors du Bloc et à aucun moment nous ne voterons pour vous ». *(Vifs applaudissements.)*

Nous ne faisons aucune alliance à droite, ni au centre. Nous avons pour programme le programme que si éloquemment, si clairement Debierre vient de résumer. Pour le réaliser, nous faisons appel à toutes les volontés qui veulent y collaborer. Quiconque, dans les comices électoraux, se prononcera contre ces articles essentiels, n'a pas droit à nos suffrages. Nous sommes un Parti de réformes, un Parti populaire ; les circonstances nous ont forcés à dire — nous ne nous attendions guère à y être obligés — que nous étions aussi un Parti de Français.

Nous avons donc aujourd'hui un double devoir : c'est de déclarer aux réactionnaires et aux conservateurs qu'ils se sont trompés, et que, résolus à faire notre devoir patriotique, nous ne nous laisserons pas, sous prétexte de patriotisme, arrêter dans la voie du progrès. Mais nous avons aussi à prendre notre responsabilité devant notre conscience, et à ne pas laisser croire au pays que sous un prétexte quelconque, dans un coin quelconque de France, il se trouvera quelqu'un, appartenant au Parti radical et radical-socialiste, héritier de la Révolution et bénéficiaire des glorieuses conquêtes des volontaires de 1792, qui n'aurait pas pour devise lui aussi : « La Nation une et indivisible ». *(Vifs applaudissements.)*

Nous vous demandons, citoyens, en votre âme et conscience, de jurer de combattre les propagandistes de l'antipatriotisme partout autour de vous. Si vous le faites énergiquement, quotidiennement, vous verrez vite partout répudier, se cacher, disparaître la honte de l'antipatriotisme.

De nombreuses voix. — Nous le jurons !

(Une partie de la salle se lève, étendant la main en signe de serment.)

M. CHARLES DUMONT. — Il est bon, devant le pays et devant l'Europe, de prendre un tel engagement, de faire un tel serment. Messimy nous disait ce matin avec ardeur et éloquence ce qu'il a entendu de l'autre côté du Rhin, le lendemain de l'autre Congrès de Nancy. Il faut que les paroles prononcées à notre Congrès effacent l'impression produite par les paroles prononcées à l'autre. Il faut qu'on sache que la France reste pacifique de toute son âme, mais qu'elle reste forte aussi de l'union de tous ses enfants ; que notre pays est une grande famille établie sur la douce et chère terre de France, qu'au moment du péril les jeunes et les vieux iront à la frontière, et qu'alors le temps ne sera plus des paroles, mais des actes, et que ceux-là même qui n'ont pas le devoir légal d'aller à l'armée s'y engageront pour donner aux jeunes générations l'exemple du devoir. *(Vifs applaudissements.)*

Dans la rédaction que nous vous proposons, nous avons essayé de faire entrer cette double pensée. Pas de rupture avec n'importe quel parti. Pas de procès de tendance ou de voisinage. Faire l'union de tous ceux qui veulent les réformes contre tous ceux qui ne les veulent pas. Exclure tous ceux qui se sont mis eux-mêmes hors du Bloc en répudiant le plus haut des devoirs civiques, le devoir patriotique.

Voilà ce que dira, avec une honnêteté lumineuse, notre ordre du jour approuvé unanimement par vous tous en votre nom et au nom de vos Fédérations. *(Applaudissements prolongés et répétés, l'orateur reçoit de nombreuses félicitations.)*

Au nom de la Fédération radicale et radicale-socialiste de la Seine, M. J.-L. Bonnet déclare qu'il retire sa motion et se rallie à celle de la Commission.

(L'ordre du jour présenté par M. Dumont au nom de la Commission est adopté à l'unanimité par acclamations.)

Voix nombreuses. — Vive la République ! Vive la France républicaine !

Le Président. — Il va sans dire, citoyens, que le discours du brave camarade Dumont sera publié à la suite du programme dont vous avez voté l'impression.

Maintenant que nous avons rempli un devoir républicain et patriotique, maintenant qu'à Nancy, dans la ville où ont été dites les paroles outrageantes que vous savez, ont été prononcées les paroles vengeresses qui ont soulagé notre conscience, nous allons reprendre notre ordre du jour. Mais nous tenons auparavant à adresser tous nos remerciements émus à l'orateur qui a exprimé avec tant de chaleur et d'éloquence notre pensée unanime.

La séance, suspendue pendant un quart d'heure, est reprise à 4 heures.

*
* *

A la reprise, le président informe les congressistes que les directeurs et propriétaires de la Grande Brasserie Maxéville leur offrent une visite dans leurs établissements en activité. Cette visite aurait lieu samedi à 1 h.

Le président rappelle en outre aux congressistes qu'ils sont priés de retirer le plus tôt possible leur carte pour le banquet de clôture.

Le président. — J'ai reçu l'ordre du jour suivant déposé par M. Feuga, ancien maire de Toulouse, délégué du Conseil central du Parti dans cette ville :

« Le Congrès radical et radical-socialiste adresse l'expression émue et cordiale de ces sentiments de solidarité, de sa profonde et douloureuse sympathie aux vaillantes populations du Midi victimes des inondations qui sèment la ruine, la désolation, la mort dans leurs contrées si cruellement éprouvées déjà par la crise viticole et qui voient aujourd'hui leurs efforts brisés, leurs espérances anéanties.

Le Congrès estime que le parlement et le gouvernement viendront généreusement secourir de si noires infortunes, de si grands malheurs. »

M. Louis Martin, *député*. — Citoyens, vous avez applaudi le magnifique langage de Dumont, et avec lui vous avez affirmé l'intégrité de la patrie. Vous avez tous indiqué par là quels liens de solidarité étroite doivent unir les citoyens les uns aux autres. A l'heure présente, un certain nombre de départements français souffrent : ce sont les départements méridionaux. Hier ils souffraient de la mévente des vins ; aujourd'hui il semble que tous les fléaux se soient appesantis sur eux,

Nous nous associerons tous à l'ordre du jour proposé. Au nom des délégations du Sud-Est ; au nom, j'en suis sûr, de toutes les députations du Midi, je demande au Congrès radical et radical-socialiste de bien vouloir envoyer cette adresse de sympathie à ces populations si cruellement éprouvées. Le Gouvernement peut être certain que tous les députés et sénateurs du Sud-Est — et ceux qui sont ici présents en prennent l'engagement — lui accorderont tous les crédits qu'il sera nécessaire de voter pour apporter un soulagement aux souffrances de ces populations. (*Applaudissements.*)

Le président. — M. Louis Martin a exprimé notre pensée unanime ; nous serons tous d'accord pour en envoyer l'expression à nos concitoyens malheureux du Midi. L'ordre du jour proposé par M. Feuga recevra l'assentiment de toute l'assemblée. (*Approbation unanime.*)

M. le général Godart fait la communication suivante :

Le général Godart. — Citoyens, notre Fédération, heureuse de votre présence à Nancy, s'adresse à votre bonne volonté pour lui fournir des orateurs, des conférenciers, qui iraient dans des endroits désignés soutenir la contre-partie des doctrines développées par les orateurs socialistes unifiés.

Nous avons cru utile de faire des conférences de ce genre dans sept petites villes ou gros bourgs. Nous nous mettrons à la disposition des camarades qui voudraient bien nous prêter leurs concours pour faire ces conférences ; nous leur en faciliterons de notre mieux les moyens matériels. (*Assentiment.*)

LE PRÉSIDENT. — L'ordre du jour appelle la suite de la vérification des pouvoirs.

La parole est au citoyen Dalimier, rapporteur.

Vérification des pouvoirs

La délégation du Gard.

M. DALIMIER, *rapporteur.* — Une protestation a été faite contre la délégation donnée par un comité radical et radical-socialiste de Nîmes au docteur Auquier. Cette protestation était basée sur l'affirmation que le docteur Auquier n'est ni radical, ni radical-socialiste, et qu'il s'était présenté comme candidat opportuniste aux dernières élections législatives.

La Commission de vérification des pouvoirs a fait une enquête extrêmement complète et approfondie ; et elle vous demande aujourd'hui, pour les raisons que je vais vous donner, de valider le mandat qui a été donné au docteur Auquier.

Voici dans quelles conditions le docteur Auquier qu'on avait taxé d'opportunisme, a été candidat aux dernières élections législatives : Il y avait quatre candidats, le citoyen Fournier, député sortant, candidat du Parti socialiste unifié ; le citoyen Beauregard, candidat de certains comités radicaux et radicaux-socialistes ; le docteur Auquier, aujourd'hui en question, candidat avec un programme que je vais vous lire, et M. Joseph Ménard, candidat nationaliste que vous connaissez bien.

Nous avons demandé aux délégués du Gard quelle avait été, pendant et après le scrutin, l'attitude du docteur Auquier. Ils ont été unanimes à reconnaître qu'avant même le premier tour de scrutin, le docteur

Auquier avait pris l'engagement public de se désister pour le candidat républicain qui aurait le plus de voix quel que fût ce candidat. Le docteur Auquier n'étant pas le premier au premier tour de scrutin, et le citoyen Fournier, candidat du Parti socialiste unifié, étant en tête, conformément à la discipline républicaine, le docteur Auquier s'est désisté en sa faveur.

Il nous a paru que bien peu de candidats progressistes ou opportunistes auraient pu conserver les voix du Parti progressiste en faisant, avant même le premier tour de scrutin, cette affirmation que s'ils étaient en minorité au premier tour ils se désisteraient pour le candidat du Parti socialiste unifié.

Nous avons voulu aller plus loin. Nous avons demandé au docteur Auquier de vouloir bien nous communiquer son programme et nous avons relevé dans ce programme deux affirmations qui nous ont donné complète satisfaction. La première, c'est qu'il approuvait de la façon la plus catégorique le vote, par la Chambre qui venait de se séparer, de la loi sur les congrégations et de la loi sur la séparation des Eglises et de l'Etat. La seconde, c'est qu'il affirmait la nécessité de réaliser parmi les réformes de l'avenir non seulement les réformes d'assurance et de prévoyance sociales, mais l'impôt sur le revenu, dans les termes suivants :

« En matière financière, je reconnais toutes les im« perfections d'un système d'impositions qui n'a de « respectable que sa vétusté. Les contributions direc« tes ont fini leur temps, l'impôt sur le revenu peut « seul les remplacer. »

Nous avons pensé qu'un candidat qui, le jour même de la déclaration de candidature, faisait la promesse publique de se désister pour le candidat républicain le plus favorisé, qui se désistait en effet pour le candidat unifié, qui approuvait toutes les lois qui venaient d'être votées à la Chambre par le Bloc républicain, qui mettait dans son programme électoral l'impôt sur le revenu comme une nécessité de réparation et de justice ; nous avons considéré, dis-je, que ce citoyen n'était pas indigne de figurer aujourd'hui au Congrès du Parti radical et radical-socialiste, d'autant plus qu'il appartient à un comité adhérent au Parti depuis sept ans, qu'il a été désigné régulièrement et en connaissance de cause par ce comité.

Je dois ajouter, sans trahir aucune espèce de secret, que c'est un peu la mort dans l'âme que les délégués nous ont apporté la protestation en question. Ils en avaient reçu le mandat impératif. Ils ont accompli leur devoir, comme nous avons accompli le nôtre. (*Vifs applaudissements.*)

LE PRÉSIDENT. — La parole est à M. Bertrand.

M. BERTRAND. — Citoyens, le rapporteur vous disait ce matin que c'était un mandat bien délicat pour lui de venir demander d'exclure du Congrès un délégué quelconque. Je vous assure que, pour ma part, je considère que le mandat qui m'a été donné de venir combattre la délégation donnée au docteur Auquier, est un mandat pénible, d'autant plus désagréable que j'ai toujours entretenu avec le docteur Auquier les meilleures relations, que je l'ai toujours considéré comme un républicain.

Si j'ai un reproche à lui adresser, c'est de n'avoir pas toujours appartenu au Parti radical et radical-socialiste. Permettez-moi de m'expliquer. Il y a un an à peine, aux dernières élections, en 1906, il a été le candidat des progressistes contre le candidat radical et radical-socialiste. Voilà le premier reproche qui lui est fait par les groupes radicaux de la ville de Nîmes. En ce qui concerne le règlement du Comité radical-socialiste, il n'était pas adhérent. Le groupe qui m'a chargé de venir protester contre cette délégation croyait encore qu'il n'était pas adhérent. Le docteur Auquier me disait il y a un instant que, depuis le mois de mars dernier, il est régulièrement adhérent au Parti radical et radical-socialiste. Je suis heureux de déclarer que ce sera une excellente recrue pour nous. (*Applaudissements.*)

Vous voyez, citoyens, combien j'avais raison de dire que le mandat dont j'étais chargé était pénible. Si j'ai accepté de le remplir, c'est parce que j'en étais chargé par la Fédération radicale-socialiste.

Je vous laisse le soin de juger.

(*La clôture de la discussion est prononcée. Les conclusions du rapporteur sont adoptées. Le docteur Auquier est admis.*)

LE PRÉSIDENT. — L'ordre du jour appelle la discussion du rapport sur la proposition de notre collègue Chapuis, concernant l'indemnité parlementaire.

Je n'ai pas besoin, mes chers amis, de vous dire à quel point cette question est délicate pour vous comme pour nous. N'oubliez pas qu'en dehors d'ici, amis et ennemis ont les yeux fixés sur nous. Je vous invite donc, au cours de ce débat, à observer beaucoup de courtoisie et de modération.

RAPPORT de la Commission de la réforme électorale

L'indemnité parlementaire.

M. J.-L. BONNET. — Vous savez, citoyens, dans quelles conditions la question est venue hier. C'est notre excellent ami, M. Chapuis, l'énergique député de Toul, qui en a parlé au Congrès. La question a été immédiatement renvoyée à la Commission de la réforme électorale qui a siégé jusqu'à ce matin 11 heures. La Commission n'a pas pu vous apporter un rapport écrit. Je vais vous indiquer rapidement les raisons qui ont déterminé son vote.

Citoyens, j'ai appris hier à la plupart des membres de la Commission, qui l'ignoraient, que la question avait été soumise à notre Parti. Elle a été tranchée par le Congrès radical et radical-socialiste de Toulouse, en 1904. C'est comme rapporteur de la Commission de propagande et d'organisation du Parti au Congrès de Toulouse que, sans préciser le chiffre, j'ai fait voter par le Congrès le principe du relèvement de l'indemnité parlementaire. Et je rappelle que c'est à l'unanimité que le Congrès s'est-prononcé.

M. BUROT. — Non.

M. BONNET. — Je répète que c'est à l'unanimité que le Congrès s'est prononcé.

M. BUROT. — Lisez le Bulletin, vous verrez que c'est à la majorité et non pas à l'unanimité.

M. BONNET. — Votre mémoire est infidèle et votre interruption inutile, mon cher Burot. (*Mouvements divers.*)

Je répète que, sur cette question spéciale, il y a eu unanimité et il est singulier qu'un congressiste atténue la portée de cette décision si importante. (*Très bien.*)

A cette question en a été jointe une autre et c'est sur

celle-là, mon cher Burot, qu'il n'y a pas eu unanimité, mais simplement majorité. J'avais proposé en même temps de dire qu'il fallait réduire le nombre des députés et nommer la Chambre pour six ans avec renouvellement par tiers. C'est là-dessus que d'excellents amis n'ont pas été de notre opinion. Un d'eux que vous respectez tous, que pour ma part je regrette de ne pas voir au Congrès, un des hommes qui honorent le plus notre Parti, le citoyen Gouzy, député du Tarn, n'avait pas approuvé la réduction du nombre des députés. (*Très bien.*)

Citoyen Burot, je précise ainsi vos souvenirs. Vous verrez que nous finirons par nous mettre absolument d'accord.

La question n'est donc pas nouvelle pour nous. Quand vous l'avez tranchée législativement, vous n'avez fait, députés radicaux et radicaux-socialistes, qu'obéir à la décision de votre Parti. C'est le Congrès de Toulouse qui s'était prononcé dans l'intérêt supérieur de la République. (*Applaudissements.*)

Aujourd'hui, une campagne abominable commence contre les parlementaires. Il faut que, courageusement, à son tour, le Congrès de Nancy exprime son opinion. Doit-il, citoyens, revenir sur le vote émis à l'unanimité à Toulouse ? Quelles raisons nouvelles pourrait-on alléguer ? S'il y en avait de nouvelles, ce serait pour renforcer votre opinion. (*Vifs applaudissements.*)

Actuellement, c'est la presse nationaliste, cléricale, réactionnaire, qui entame une campagne de calomnies et de diffamations à laquelle se joignent des journaux démagogiques, qui veulent faire à la fois le procès de la majorité radicale et radicale-socialiste et du parlementarisme. C'est une façon détournée de ruiner le crédit de nos représentants et d'avilir le Parlement. (*Applaudissements.*)

Bien des motifs, citoyens, avaient déterminé votre vote en 1904 et les paroles que nous avons prononcées alors restent malheureusement trop de circonstance. (*Très bien.*) Souvent, nous sommes les confidents attristés de nos amis de la Chambre. S'il y a un parti qui mérite les éloges de ses mandants, c'est le nôtre. Vous ne savez pas ce qu'il y a de dévouement et de désintéressement parmi les mandataires du Parti radical et radical-socialiste, et ce que, fréquemment, les apparences cachent de détresses et de souffrances.

Nous nous en apercevons, hélas ! quand des représentants, dont la vie a été si durement critiquée, viennent à expirer. Nous apprenons alors avec émotion qu'ils sont morts dans le dénuement et que leur famille se trouve sans pain. Je pourrais vous citer de trop nombreux exemples. J'ai vu des députés, parmi les plus éminents, perdre dans la vie politique la petite fortune qui leur avait été transmise. (*Vifs applaudissements.*)

La démocratie s'honore en donnant à ses mandataires les moyens de vivre honorablement de leur traitement, et une démocratie s'abaisse quand, elle leur refuse ces ressources. (*Applaudissements prolongés.*)

Une odieuse campagne est commencée que je vous demande de flétrir. On flatte les plus vils sentiments. On dit au peuple : « 15.000 francs, c'est trop ! » Et des candidats sans vergogne ajoutent : « Je distribuerai les 6.000 en plus au suffrage universel ; je ferai le métier pour 9.000 francs. » Demain, on en trouvera qui proposeront de tenir l'emploi pour mille francs, pour cent sous. Citoyens, les représentants qui coûteraient le plus cher à la démocratie sont ceux qui rempliraient le mandat pour rien. (*Vifs applaudissements.*)

Ce sont ces agents véreux, ces faiseurs d'affaires, qui s'introduiraient dans les Commissions de la Chambre où ils exerceraient une influence désastreuse. Ceux-là feraient volontiers abandon des 15.000 et des 9.000 francs. Leur industrie leur permettrait de s'enrichir aisément, par des opérations louches, au détriment de la collectivité. (*Applaudissements.*)

D'ailleurs, si vous ne donnez pas à vos représentants de quoi vivre, il y a d'autres personnes, honorables celles-là, qui sont toutes prêtes à les remplacer. Ce sont les représentants de la féodalité financière, industrielle, foncière ; ce sont les grands patrons, les gros possédants, qui viendraient aussitôt remplacer les mandataires des classes laborieuses. Voudriez-vous que, dans ce pays, la démocratie fût privée de ses défenseurs les plus désintéressés au profit de tous les adversaires des réformes politiques et sociales ? Tel est le résultat que poursuit, en ce moment, la presse nationaliste et cléricale. Si le Parti radical et radical-socialiste se jette tête baissée dans le piège, nous aurons les représentants au rabais que nous mériterons ; nous aurons des députés indignes de nous représenter. Nous enverrons à la Chambre les partisans des abus et les ennemis des réformes pour lesquelles nous avons toujours combattu. (*Vifs applaudissements.*)

Citoyens, c'est dans cette pensée qu'au nom de votre Commission, je vous présente l'ordre du jour suivant qui, je l'espère, traduira exactement vos sentiments en ce qui concerne le relèvement de l'indemnité parlementaire. Voici le texte de cet ordre du jour :

« Le Congrès du Parti radical et radical-socialiste de
« Nancy,

« Considérant que le Congrès radical et radical-socialiste
« tenu à Toulouse, en 1904, s'est prononcé à l'unanimité
« pour le relèvement de l'indemnité parlementaire ;

« Considérant que la presse nationaliste, cléricale et réac-
« tionnaire a entamé une abominable campagne de calom-
« nies et de diffamations contre les députés qui ont voté
« ce relèvement ;

« Considérant qu'il est de la dignité et de l'intérêt du suf-
« frage universel d'accorder à ses mandataires une indem-
« nité suffisante qui leur permette de se consacrer exclu-
« sivement à leurs fonctions législatives (*Très bien ! très*
« *bien !*),

« Confirme la décision du Congrès de Toulouse et ré-
« prouve les procédés de basse démagogie qui ne tendent
« qu'à faire remplacer au Parlement les représentants peu
« fortunés des classes laborieuses par des représentants
« au rabais qui coûteraient autrement cher à la nation, ou
« par des représentants de la féodalité financière, indus-
« trielle et foncière. » (*Vifs applaudissements.*)

M. BONNET. — Nous voulons que les représentants du peuple vivent probes, indépendants et honorés. En votant cet ordre du jour, vous affirmerez ces sentiments. (*Applaudissements prolongés.*)

Voix nombreuses. — Archimbaud, Archimbaud !

LE PRÉSIDENT. — M. Archimbaud n'est pas inscrit.

M. ARCHIMBAUD. — Je suis prêt à parler.

Voix nombreuses. — Archimbaud !

M. ARCHIMBAUD. — Je ne demande pas mieux que de parler.

Plusieurs voix. — A la tribune !

M. ARCHIMBAUD. — Si vous y tenez, je veux bien parler.

Une voix. — Rendez l'argent !

Un congressiste. — A quel titre le citoyen Archimbaud se trouve-t-il ici ?

M. Archimbaud. — Citoyens, je me trouve ici comme député radical-socialiste.

Un congressiste. — A la caserne !

M. Archimbaud. — Citoyens, vous me parlez de la caserne ; j'irai à la caserne s'il le faut et avec plaisir, si je le dois ; mais vous m'avez appelé à la tribune à propos de l'indemnité parlementaire parce qu'on a voulu faire de moi un symbole de protestation contre les 15.000 francs.

Je tiens à vous dire que personnellement je suis partisan des 9.000 francs. Vous direz que c'est sans doute parce que je connais insuffisamment la vie parlementaire et parisienne. En tout cas, les électeurs de l'arrondissement de Die ne sont pas partisans de l'augmentation. Ils sont restés partisans des 9.000 francs. Ils auraient très bien compris que leurs élus eussent porté l'indemnité parlementaire à 15.000 et même à 20.000 francs, mais à une condition : c'est celle-là même qui figure dans l'ordre du jour du Congrès de Toulouse dont nous a parlé notre ami Bonnet. Ils auraient voulu qu'en même temps qu'ils augmentaient l'indemnité parlementaire, les parlementaires réduisissent leur nombre de moitié, conformément au vœu qui a été émis au Congrès de Toulouse.

Une voix. — Ce n'est pas du tout ce que M. Archimbaud a dit à la Commission. Je demande la parole.

M. Blanc, *sénateur de la Drôme.* — M. Archimbaud ne vous a pas dit qu'il s'était engagé à abandonner aux communes de son arrondissement les 6.000 francs de supplément. Voilà pourquoi il a été élu.

Un congressiste. — C'est du marchandage.

M. Archimbaud. — Je demande la parole.

Le président. — La parole est à M. Chapuis.

Le citoyen Chapuis, *député de Meurthe-et-Moselle.* — Mes chers compatriotes, je vous demande pardon d'intervenir à nouveau dans le débat. Hier j'ai formulé une proposition consistant à faire voter par le Congrès radical et radical-socialiste une motion tendant à approuver le vote qui a été émis par la Chambre des députés.

Je tiens à relever tout de suite une expression que j'ai entendue à côté de moi. On a flétri le procédé que nous avions employé pour faire ce relèvement d'indemnité parlementaire. Tout le monde depuis longtemps considérait qu'il y avait urgence à accomplir cette tâche ingrate. Personnellement, membre du bureau de la Chambre, en ma qualité de questeur, j'ai pu bien des fois être le témoin de ces misères que vous signalait Bonnet. Souvent, au lendemain de la mort d'un de nos collègues, nous avons été obligés d'intervenir en faveur des veuves et des orphelins qui n'avaient même pas de pain pour le surlendemain des funérailles. C'était un devoir de la part de ceux qui connaissaient ces misères de demander au bureau de vouloir bien prendre l'initiative de réclamer le relèvement de l'indemnité parlementaire.

Notre ami Baudon, qui a été le rapporteur courageux de cette motion au nom de la Commission de comptabilité (*Applaudissements.*) a accompli une œuvre essentiellement démocratique en demandant à la Chambre de donner aux représentants du pays la possibilité de vivre honorablement.

La femme de César, dit-on, ne doit pas être soupçonnée. Je prétends qu'un représentant du peuple doit être entièrement à l'abri de tout soupçon. Il faut que quelle que soit sa situation de fortune, il puisse vivre honorablement avec ses propres ressources. Il faut qu'il ait de quoi assurer son existence matérielle et celle des siens dans la ville de Paris. Il faut que, d'une manière absolue, il soit à l'abri de toutes les tentations qu'on pourrait essayer d'exercer sur lui pour lui faire abandonner un. partie des revendications inscrites dans son programme, ou favoriser telle ou telle exploitation financière. (*Applaudissements.*)

Nous devons consacrer tout notre temps, toute notre énergie à notre mandat. Nous devons donner à la démocratie, à la France républicaine, tout ce que nous avons de force et d'intelligence, afin de réaliser les réformes réclamées depuis si longtemps.

On n'y parviendra qu'à la condition d'assurer aux membres de la représentation nationale leur absolue indépendance ; et, si parmi les représentants du peuple il en était qui, malgré la situation plus favorable qui leur est faite, se laissaient aller à oublier leur devoir, nous aurions, nous, le devoir de les mettre en quarantaine, et de nous séparer d'eux. Je ne soupçonne personne ; mais je dis que nous avons un droit de contrôle, et c'est précisément parce que nous sommes jaloux de l'honneur de la représentation nationale que nous avons proposé et obtenu l'augmentation de l'indemnité parlementaire.

Il y a assez longtemps qu'on traîne les parlementaires dans la boue. Nous en avons assez. Je crois que le membre du Parlement qui a accompli son devoir en honnête homme a le droit d'être fier du mandat qui lui a été confié par le peuple. En lui conservant l'indépendance vous assurerez d'une façon plus effective le triomphe des idées qui sont les vôtres et qui sont chères à la démocratie. (*Vifs applaudissements.*)

J'en ai fini sur cette question, et puisque je n'aurai pas l'occasion de remonter à la tribune, permettez-moi comme député lorrain de dire, au nom de tous mes amis de la représentation lorraine, que nous avons été profondément émus et touchés par les paroles prononcées ici par notre collègue Dumont, qui est, lui aussi, un représentant d'une région frontière, car il y touche de très près. Nous avons été heureux et fiers qu'il vienne apporter dans notre pays les paroles réchauffantes et réconfortantes qu'il y a fait entendre en faisant acclamer la patrie française, la République française une et indivisible, en mettant la patrie au-dessus de toutes les querelles de parti.

Au nom de tous mes collègues, j'apporte à Charles Dumont l'expression de nos remerciements. (*Vifs applaudissements.*)

M. MAGNIAUDÉ, *député*. — Citoyens, je suis de ceux qui ont voté le relèvement de l'indemnité parlementaire, non seulement pour les raisons qui viennent de vous être exposées, mais parce que celui qui a pris l'initiative de cette augmentation était le vénérable président de la Chambre des députés, le citoyen Brisson. (*Vifs applaudissements.*)

Il était plus à même que quiconque de juger de la situation des membres du Parlement par les réclamations nombreuses, trop nombreuses, hélas ! qui étaient arrivées jusqu'à lui pendant ses longues années de présidence. Et lorsque l'honorable M. Brisson a fait de cette question de l'indemnité parlementaire une question personnelle, il est certain qu'à la Chambre tous les républicains devaient s'incliner et se rallier à cette proposition.

Mais, quant à moi, en votant l'augmentation, j'y ai mis une condition, d'accord avec un très grand nombre de nos collègues : c'est que ce supplément d'indemnité n° devait rien coûter au Trésor et devait être réalisé simultanément avec une autre mesure, la réduction du nombre des députés. (*Applaudissements.*) Cette réduction est d'autant plus indispensable que nous savons tous qu'à la Chambre des députés, qui compte 591 membres, il n'y en a certainement pas la moitié qui travaille. (*Exclamations et applaudissements sur divers bancs.*)

M. Armand Charpentier. — Espérons que ceux qui travaillent sont de notre Parti.

M. Magniaudé. — A cet égard, citoyens, le pays vient d'être péniblement impressionné, en apprenant, ces jours derniers, que 5 membres seulement de la Commission du budget ont décidé de réduire l'élément militaire dans la colonie de l'Indo-Chine. (*Bruit.*)

M. Berteaux, *député*. — C'est tout à fait inexact.

Voix diverses. — A la question !

M. Magniaudé. — Il est certain qu'il y a là un véritable scandale et ce scandale existe justement à cause du trop grand nombre de députés. Chacun compte sur son voisin. On vous présentera tout à l'heure une motion tendant à ce que les grandes Commissions parlementaires ne puissent pas siéger si les deux tiers au moins de leurs membres ne sont pas présents.

C'est sous cette réserve que, je le répète, j'ai voté l'augmentation de l'indemnité parlementaire. Et, si par la suite la Chambre ne votait pas la réduction du nombre des députés, je demanderais qu'on rétablît l'indemnité parlementaire à 9.000 francs.

M. Edgar Weil. — Citoyens, je n'ai pas l'habitude de la tribune et je réclame toute votre indulgence. Permettez-moi de vous faire remarquer que nous dévions actuellement du débat sur l'indemnité parlementaire.

Je suis de ceux qui hier, à la Commission, ont proposé l'ordre du jour Bonnet ; mais permettez-moi avant de m'expliquer sur cet ordre du jour de relever immédiatement un propos qui a été tenu à cette tribune.

Je mets au défi le citoyen Archimbaud de venir répéter à la tribune ce qu'il a dit hier à la Commission : j'en étais. Le citoyen Archimbaud ne connaissait pas plus le Congrès de Toulouse que s'il n'avait jamais existé. Il nous a dit ceci : « J'ai promis à mes électeurs 6.000 francs sur les 15.000 qu'on m'allouera. » (*Mouvements divers.*)

Une voix. — C'est son droit.

Sur divers bancs. — Non, non !

Voix diverses. — C'est un scandale ! C'est une honte!

M. EDGAR WEIL. — On vient de dire que c'était son droit. J'estime que ce n'était pas son droit. Je prétends que c'est de la corruption électorale. Je ne suis pas un parlementaire ; je n'ai pas à expliquer ce que je ferais dans ce cas, mais je crois qu'ici la majorité pense que le Parlement fera son devoir.

Une voix. — Ne donnez pas d'ordres.

M. EDGAR WEIL. — Je ne donne d'ordres à personne, mais je n'en accepte de personne. Je suis un libre citoyen et j'ai le droit d'exprimer à la tribune mon opinion. (*Applaudissements.*)

Je dis que j'étais partisan de l'ordre du jour Bonnet. J'estime, permettez-moi de le dire en face des membres du Parlement, que ce n'est pas aux parlementaires à prendre la parole dans ce débat. J'estime qu'ils sont mal venus à intervenir dans la circonstance. N'oubliez pas que les paroles qui sont prononcées à cette tribune seront publiées demain dans les journaux réactionnaires et que l'on viendra dire que les parlementaires ont été obligés, devant les délégués au Congrès de Nancy, de venir défendre l'indemnité qu'ils se sont accordée eux-mêmes.

C'est à nous de leur apporter ici en toute connaissance de cause notre approbation et notre assentiment. Nous devons affirmer que les parlementaires avaient le droit de voter le traitement de 15.000 francs, parce qu'il est nécessaire, lorsqu'on représente un grand pays comme le nôtre, de le représenter librement et noblement.

A la fin de l'ordre du jour Bonnet, se trouve un paragraphe disant que les membres du Parlement devront se consacrer exclusivement à leur mandat et ne pas faire partie de sociétés financières. (*Vifs applaudisse ments.*) C'est là un point capital. Un parlementaire n'a pas, à mon avis, le droit de faire partie de sociétés financières. Il faut qu'il garde à cet égard toute son indépendance.

Citoyens, je vous propose de voter la clôture sur ce débat et de voter sans autre discussion l'ordre du jour qui vous est proposé.

La clôture n'est pas prononcée.

M. BALANS. — Citoyens, je viens ajouter mes félicitations à celles que M. Chapuis a adressées à l'honorable député Baudon, rapporteur de la Commission.

C'est en ma qualité de vieux militant de mon Parti que j'appelle votre attention sur cette question. Je suis de ceux, et ils sont nombreux, qui pensent que l'on ne rétribuera jamais assez les parlementaires. (*Mouvements divers.*)

Nous ne faisons pas de cette question de l'indemnité parlementaire une question politique. Il n'appartient pas au jeune député que vous avez obligé tout à l'heure à monter à la tribune, et dont les pouvoirs ne sont pas encore validés, de venir discuter cette question, sur laquelle précisément il a été élu.

Mais on se rend compte facilement que, pour beaucoup de parlementaires, l'indemnité de 9.000 francs équivalait à la médiocrité, si l'on veut bien considérer les dépenses électorales auxquelles il doit faire face, l'abandon obligé de sa profession, et les frais nombreux occasionnés par le mandat parlementaire. Quoi qu'il en soit je constate que tous ceux, ou à peu près, qui ont protesté, réactionnaires ou socialistes, contre le supplément d'indemnité, ne l'ont pas refusé, une fois voté. C'est la morale de l'histoire. (*Applaudissements.*)

Nous ne pouvons qu'approuver le vote que les Chambres ont émis dans cette circonstance ; et s'il y a eu un peu de surprise, c'est uniquement à raison de la rapidité avec laquelle le vote a eu lieu. (*Applaudissements.*)

M. JAMMES. — Je viens remplir une mission. On m'a chargé de dire tout simplement aux députés et sénateurs, ici présents, qu'il y aurait lieu de mettre à voter les lois économiques, la même célérité qu'ils ont mise à l'augmentation de l'indemnité parlementaire. (*Applaudissements. — Protestations. — Mouvements divers.*)

Le Président. — M. Œsinger m'a remis l'ordre du jour suivant :

« Le Congrès radical et radical-socialiste, réuni à Nancy, en 1907, déclare que, si les motifs exposés par le citoyen Bonnet, au sujet de l'augmentation de l'indemnité parlementaire sont parfaitement légitimes, il eût préféré voir donner plus d'ampleur à cet important débat.

« Il émet le vœu que le Parlement vote avec la même activité les réformes impatiemment attendues par la démocratie et passe à l'ordre du jour. »

La parole est au citoyen Patenne.

M. Patenne. — Je tiens à faire ressortir l'illogisme de la proposition qui vient de vous être lue. Notre ami Bonnet vous a dit, au début de son rapport, que le Congrès de Toulouse, il y a trois ans, avait voté un vœu en faveur du relèvement de l'indemnité parlementaire ?

Je ne crois pas que, réunis en Congrès aujourd'hui, nous puissions blâmer les députés qui ont appliqué les décisions de notre propre Congrès. Quant à la rapidité de la procédure employée, c'est une question secondaire. Cet argument a été d'ailleurs développé tout au long dans les journaux de la réaction. A vous de voir si vous voulez les suivre.

Je vous propose de voter la proposition Bonnet, qui maintient purement et simplement les votes précédents de nos Congrès.

La clôture est prononcée.

Le Président. — Le citoyen Gougenheim propose le texte suivant, comme corollaire à la proposition Bonnet :

« Le Congrès émet le vœu qu'il soit interdit à tous les parlementaires, sous peine d'inéligibilité, d'accepter une fonction rémunératrice quelconque dans toute société financière. »

M. J. Bonnet. — Notre ordre du jour approuve le relèvement de l'indemnité parlementaire en indiquant, entre autres motifs, qu'elle doit permettre à l'élu de se consacrer exclusivement à ses fonctions législatives.

Le Président. — J'ai reçu un autre texte, dont je donne lecture :

« Le Congrès du Parti radical et radical-socialiste approuve le principe de l'augmentation de l'indemnité parlementaire et émet le vœu que l'augmentation de dépenses résultant du relèvement de l'indemnité soit compensée par la suppression des emplois inutiles et la réduction des gros traitements. »

M. CASTEL. — Au nom du citoyen Burot et au mien, j'ai l'honneur de déposer l'ordre du jour suivant :

« Considérant que le relèvement de l'indemnité parlementaire s'imposait dans un but de moralité politique et de dignité républicaine, les représentants du peuple devant être à l'abri de toute tentative de corruption... (*Exclamations*), le Congrès regrette que ce relèvement ait été adopté sans débat... »

M. DALIMIER, *député*. — C'est inexact. Cinq députés sont montés à la tribune et ont parlé sur la question. Il y a eu débat.

M. CASTEL, *continuant*. — «... et demande comme conclusion qu'un débat public consacre le relèvement de l'indemnité parlementaire, en même temps que l'incompatibilité de ce mandat avec des fonctions financières. (*Mouvements divers.*)

UN CONGRESSISTE. — Je propose l'addition suivante. Je demande qu'à l'avenir les candidats du Parti radical et radical-socialiste préviennent les électeurs au moment des élections de leurs intentions relativement à l'indemnité parlementaire. En effet, citoyens, cela peut très bien se renouveler. (*On rit.*)

M. J. BONNET. — La Commission demande la priorité pour son ordre du jour et repousse toute addition.

LE PRÉSIDENT. — Je mets aux voix la priorité en faveur de l'ordre du jour de la Commission.

(La priorité est adoptée.)

(*L'ordre du jour est adopté à la presque unanimité.*)

Proposition de M. Pelletan

M. PELLETAN. — Citoyens, les auteurs de l'ordre du jour que vous avez voté au début de cette séance dans un mouvement commun d'enthousiasme ont estimé qu'il ne suffisait pas comme indication politique de l'œuvre du Parti radical et radical-socialiste, et qu'il appelait un complément.

Si la question de patrie fait partie des principales préoccupations du pays, il en est une autre qui n'est pas moins vive : c'est la préoccupation des réformes à accomplir. (*Applaudissements.*)

Il ne faut pas se le dissimuler — j'ai pu le constater comme beaucoup d'entre vous, — il y a un désarroi dans l'opinion publique, et l'élan d'enthousiasme qui avait soulevé le pays au lendemain de nos élections triomphales semble bien tombé. On se demande ce que deviennent toutes les magnifiques réformes que nous avions promises. J'ajoute que ce sentiment qui va grandissant de jour en jour n'est pas étranger à l'émotion soulevée par la question que vous venez de débattre.

Plusieurs voix. — Parfaitement.

Le citoyen Pelletan. — S'il y a eu un certain flottement à cet égard dans les masses démocratiques, c'est parce qu'on n'a pas eu l'impression que la Chambre avait accompli la besogne qu'on attendait d'elle. Nous n'aurions pas assisté au succès scandaleux des incitations réactionnaires et cléricales si nous avions fait toute notre œuvre de réformateurs comme nous devions la faire.

Dans ces conditions, d'accord avec mes amis Puech, Henri Michel, René Renoult, Charles Dumont, Maurice Berteaux et Dubief, je vous demande de voter l'ordre du jour suivant :

« Considérant que le pays attend avec impatience, en dépit de campagnes perfides, les réformes qui lui ont été promises ;

« Considérant que l'élaboration de ces réformes a subi des ajournements ou des retards inexplicables pour l'opinion ;

« Le Congrès du Parti radical et radical-socialiste invite les pouvoirs publics à hâter, soit en en activant la préparation, soit en pressant les assemblées de les mettre à l'ordre du jour, la réalisation de ces réformes, et notamment celle des retraites ouvrières et paysannes, l'impôt sur le revenu, le rachat du chemin de fer de l'Ouest, la réforme des Conseils de guerre et le projet de loi Berteaux sur les ouvriers et employés de chemins de fer.

« Il donne mandat à tous ses représentants au Parlement d'exercer l'action la plus énergique pour que satisfaction soit donnée à cet ordre du jour. »

(*Applaudissements.*)

(*L'ordre du jour est adopté à l'unanimité.*)

M. Pelletan. — Je dois ajouter aux signatures dont

j'ai donné lecture, celle de notre ami Herriot, maire de Lyon.

Une voix. — Ce sont les candidats ministres qui ont signé cet ordre du jour.

M. GRILLON, *député.* — Vous n'avez pas le droit de suspecter la bonne foi de nos amis. (*Applaudissements.*)

M. PELLETAN. — Laissez-les donc dire.

M. HENRI MICHEL, *député.* — Nous demandons au citoyen qui prétend que les signataires de cet ordre du jour sont des candidats ministres, de monter à la tribune pour essayer de combattre cet ordre du jour et de dire les raisons pour lesquelles il le combat.

M. MABILLE. — C'est moi et je demande la parole.

LE PRÉSIDENT. — L'Assemblée est-elle d'avis que je donne la parole au citoyen Mabille ? (*Oui, oui !*)

Vous avez la parole.

M. MABILLE. — Je ne m'oppose pas au fond de l'ordre du jour. J'ai déclaré à ceux qui m'entouraient que personne ne pouvait s'y opposer ; mais je tiens à faire observer que toutes les questions qui y sont portées sont depuis longtemps à l'ordre du jour de la Chambre.

M. HENRI MICHEL, *député.* — C'est une erreur : il y en a plusieurs qui sont à l'ordre du jour du Sénat.

M. MABILLE. — Si la mémoire ne me fait pas défaut je puis rappeler les réformes énumérées dans cet ordre du jour. On y parle des retraites ouvrières...

M. KLOTZ, *député.* — Le projet est au Sénat.

M. MABILLE. — De l'impôt sur le revenu, du rachat de la Compagnie de l'Ouest.

M. KLOTZ. — Ce dernier projet est encore au Sénat.

M. MABILLE. — Il y a ici des parlementaires assez nombreux représentant soit le Sénat, soit la Chambre des députés, et nous constatons qu'on vient soumettre à notre Assemblée composée en majorité de non parlementaires, un texte tendant à faire voter par le Parlement un certain nombre de projets de loi.

Quels sont les auteurs de cette proposition ? Ce sont uniquement des parlementaires. Si vous voulez que je vous dise mon avis, ils feraient beaucoup mieux de faire leur travail à la tribune de la Chambre... (*Applaudissements sur divers bancs.*) que de venir ici proposer des motions dirigées dans tel ou tel sens. Ils ont une besogne à faire à la Chambre ; qu'ils la fassent et qu'ils ne viennent pas ici tenter une manœuvre contre le gouvernement actuel qu'ils combattent parce qu'ils veulent le remplacer. Je tiens pour ma part à protester énergiquement.

J'appuie de toutes mes forces la politique du gouvernement actuel (*Applaudissements sur divers bancs.*) et je demande à tous les militants humbles comme moi qui sont dans le rang, de ne pas oublier que notre devoir dans la circonstance est de donner un témoignage de satisfaction au gouvernement qui assume aujourd'hui la responsabilité du pourvoir. (*Bravos sur divers bancs. Cris : Vive Clemenceau !*)

Je propose un vote de confiance au gouvernement actuel.

M. J.-B. MORIN. — Citoyens, j'ai voté l'ordre du jour qui a été présenté par Pelletan, Berteaux, Dubief et leurs collègues.

Si j'avais cru — et je suis sûr que la grande majorité des délégués qui sont ici sont dans le même cas — si j'avais cru qu'il y eût dans leur motion un piège quelconque, que nous n'avons pas le droit de supposer...

M. PELLETAN. — Et que vous faites bien de ne pas supposer, car il n'y avait rien de pareil.

M. J.-B. MORIN. — J'aurais été un des premiers à m'y opposer. Mais, citoyens, la proposition qui nous est soumise ne peut pas avoir d'autre sens que celle-là même que nous avons votée dans la première partie de cette séance pour affirmer que nous entendions faire aboutir notre programme de revendications politiques, économiques et sociales.

Il ne faut pas qu'il y ait d'équivoque là-dessus, et je demande à l'un de nos amis, à Pelletan ou à tel autre, de venir déclarer que leur pensée pleine et entière est uniquement le désir de faire aboutir les revendications de notre programme. (*Applaudissements.*)

M. **Pelletan**. — Il a fallu un véritable parti pris pour voir dans notre ordre du jour une arrière-pensée qui n'y était pas et qui ne pouvait pas y être.

On me connaît assez pour que j'aie le droit de dire que quand j'attaque, j'attaque en face. Notre ordre du jour ne vise pas plus le gouvernement que les Chambres. Si nous l'avons adopté, c'est pour donner à tous ceux qui défendront ces réformes et qui tenteront de les faire aboutir, l'appui moral du Congrès radical et radical-socialiste, pour en hâter la mise à l'ordre du jour et l'élaboration. (*Applaudissements.*)

Vous pouvez tourner et retourner notre ordre du jour, vous n'y trouverez pas autre chose. Vous n'y pourrez pas même trouver une insinuation. C'est dans ce sens que nous vous avons demandé de le voter et que vous l'avez adopté.

Ceux qui connaissent les hésitations qu'on essaye de faire naître en ce moment dans une grande partie de la majorité, par des campagnes de presse ou autrement, les faux mouvements d'opinion publique qu'on suscite, ne peuvent pas être étonnés que nous demandions le témoignage d'un vrai mouvement d'opinion publique pour obtenir l'aboutissement rapide des réformes. C'est le sens de notre ordre du jour. Nous repoussons avec mépris toute insinuation contraire. (*Applaudissements.*)

Dans ces conditions, citoyens, vous n'avez pas à regretter d'avoir voté notre ordre du jour. (*Vifs applaudissements.*)

M. **Richard** (de Chalon-sur-Saône). — Citoyens, nous ne songeons pas à suspecter notre ami Pelletan, ni ceux qui ont signé avec lui l'ordre du jour. La question a été posée dans le Congrès, de savoir si nous approuvions la politique du ministère. Il s'agit de se prononcer catégoriquement.

En conséquence, voici l'ordre du jour que j'ai l'honneur de proposer :

« Le Congrès approuve la politique républicaine et réformatrice suivie par le Gouvernement. » (*Mouvements divers.*)

Citoyens, il serait véritablement incompréhensible de voir un Congrès du Parti radical et radical-socialiste paraître manifester de la défiance à l'égard du gouvernement actuel.

(*Le renvoi à la Commission est prononcé.*)

RAPPORT de la Commission du règlement et de la discipline

La discipline du Parti.

M. SCELLIER, *rapporteur*. — La Commission de règlement et de discipline a été chargée de vous apporter un rapport sur la discipline. Elle avait été également chargée de vous en présenter un sur la tactique.

Pour ce qui est de la tactique, l'exposé magistral du député Charles Dumont suffit, et la Commission de discipline n'a pas de rapport à vous présenter. Il vous reste à vous prononcer sur les questions de discipline.

La Commission a tenu à s'entourer de toutes les garanties avant d'arrêter les conclusions qu'elle a l'honneur de vous soumettre et sur lesquelles vous serez appelés à vous prononcer.

En ce qui concerne la discipline électorale, elle s'est inspirée des délibérations du Comité exécutif qui a émis un vote sur cette question, dans sa séance du 1er mai 1907. C'est à l'unanimité que le Comité a adopté une motion spécifiant que désormais, dans les départements où existent des fédérations départementales, ces fédérations seraient chargées d'édicter les règles de la discipline, en s'inspirant, bien entendu, de l'intérêt supérieur de la discipline et des règles générales énoncées dans l'article 12 du règlement du Parti.

L'expérience a démontré qu'il était difficile et parfois impossible que le Comité exécutif, ou même le Bureau, pussent, entre deux scrutins, déterminer en toute connaissance de cause, dans le court délai qui lui est imparti, la discipline à observer dans des élections où l'intérêt de la République et du Parti pourraient se trouver en jeu.

Les fédérations départementales auront à juger ces questions d'espèce et prendront, sous leur responsabilité, les mesures nécessaires pour fixer les règles de la discipline qu'auront à observer les candidats de notre Parti.

Sur ce point le Comité exécutif a été d'accord pour faire confiance aux fédérations départementales. Mais celles-ci se trouvant ainsi investies de plus larges attributions, et d'un mandat supérieur, il importait de préciser nettement leur caractère et leurs fonctions. On ne saurait accorder de pareils droits à des groupements qui n'auraient que l'apparence d'une fédération et en prendraient le titre sans en avoir la réalité.

D'autre part, deux fédérations peuvent exister actuellement dans le même département. La motion votée par le Comité exécutif et soumise au Congrès exige l'unité de vue, et n'admet pas la présence de deux fédérations rivales dans le même département. (*Applaudissements.*)

Aussi pour prévenir tous conflits et établir une règle précise et sage, nous proposons au Congrès de voter la résolution suivante :

« Les fédérations départementales seront chargées d'édicter les règles particulières de la discipline à observer par les candidats et les comités du Parti au cours des élections qui auront lieu dans l'étendue de leur département.

« Le Comité exécutif est chargé de préciser au plus tôt le rôle et les fonctions des fédérations départementales, pouvant user de la nouvelle faculté qui leur est accordée par le règlement général du Parti. » (*Applaudissements.*)

M. PENIN propose l'addition suivante :

« En ce qui concerne les élections municipales, les Comités locaux resteront autonomes, et feront au mieux des intérêts de la République. »

La Commission repousse toute addition.

(*L'amendement de M. Penin est rejeté. Les conclusions de la Commission sont adoptées.*)

LE PRÉSIDENT. — La parole est à M. J.-L. Bonnet, rapporteur de la Commission des réformes électorales.

RAPPORT de la Commission des réformes électorales

La liberté et la sincérité du vote.

M. J.-L. BONNET, *rapporteur.* — Au nom de la Commission des réformes électorales, j'ai à vous présenter un rapport sur les vœux et réclamations de divers comités et fédérations. Fédération radicale et radical-socialiste de la Seine, Comité fédéral radical et radical-socialiste des Alpes-Maritimes, Fédération républicaine de Mayenne, etc., qui insistent :

1° Sur la nécessité d'obtenir du Sénat le vote du projet de loi, tel qu'il a été adopté par la Chambre, relativement à l'isoloir et au vote sous enveloppe ;

2° Sur l'urgence de prendre des mesures législatives protégeant la liberté et la sincérité du vote, réglementant l'affichage, réprimant la corruption et restreignant les dépenses électorales.

En terminant, M. J.-L. Bonnet exprime le regret que la Chambre ait validé, avec une précipitation et une légèreté excessives, des élections entachées de fraude et de corruption.

Des faits scandaleux se sont produits. Des rapporteurs ont passé sous silence les griefs des candidats radicaux et radicaux-socialistes. M. Isoart, député de Forcalquier, par exemple, n'a pas énuméré la protestation des Comités radicaux et radicaux-socialistes de l'Ardèche et de l'honorable M. Vincent, candidat radical-socialiste dans l'arrondissement de Largentière contre M. Duclaux-Monteil, député réactionnaire sortant. Ce dernier a été ainsi validé sans que la Chambre ait pu connaître les graves motifs qui auraient décidé l'invalidation. (*Vifs applaudissements.*)

Des candidats radicaux et radicaux-socialistes n'ont pu trouver un député pour défendre leur cause à la tribune. La camaraderie parlementaire l'a emporté sur la solidarité républicaine. Ce spectacle est affligeant et le Congrès sera unanime à condamner des errements aussi fâcheux et à déclarer que des mesures s'imposent pour en empêcher le renouvellement. (*Applaudissements prolongés.*)

(*Les conclusions du rapport sont mises aux voix et adoptées.*)

La séance est levée à 6 heures.

QUATRIÈME SÉANCE

Samedi 12 Octobre, matin

La séance est ouverte à 9 h. 40 sous la présidence de M. Delpech, sénateur de l'Ariège, président de la précédente séance.

Le bureau est constitué par acclamations :

Président : M. Maurice BERTEAUX, député de Seine-et-Oise.
Vice-présidents : MM. Guillaume POULLE, sénateur de la Vienne ; PÉDEBIDOU, sénateur des Hautes-Pyrénées ; Jean BOURRAT, député des Pyrénées-Orientales ; Louis MARTIN, député du Var ; BOUFFANDEAU, député de l'Oise ; René BESNARD, député d'Indre-et-Loire ; Ferdinand CAHEN, délégué de la Seine ; FABIANI, délégué de la Corse ; CORNEAU, délégué des Ardennes ; Ed. STRAUSS, délégué des Alpes-Maritimes ; Paul FALOT, délégué de Seine-et-Oise ; Armand CHARPENTIER, délégué de la Seine ; Emile MOLINA, délégué de la Vendée ; BELLANGER, délégué de la Seine ; Laurent CHAT, délégué du Rhône ; CHÉRIOUX, conseiller général de la Seine.
Secrétaires : MM. MALVY, député du Lot ; SCHMIDT, député des Vosges ; Louis DUMONT, député de la Drôme ; GRANGEAN, délégué des Alpes-Maritimes ; MILHAU, délégué des Pyrénées-Orientales ; GURÉ, délégué du Var ; SALEUGAT, délégué de la Gironde ; Emile DESVAUX, délégué de la Seine-Inférieure ; PIAT, délégué de la Somme ; Paul VIROT, délégué de la Seine ; BERREHAR, délégué du Finistère : HEMMERSCHMIDT, délégué de Seine-et-Oise ; ROUX, délégué du Rhône ; JOUANNEAU, délégué d'Eure-et-Loir.

M. MAURICE BERTEAUX, *président*. — Citoyens, je vous remercie du très grand honneur que vous faites à l'ancien président du Parti et au président de la Commission du budget de la Chambre. (*Applaudissements.*)

J'en suis profondément touché. Vous voudrez bien que je borne à ces remerciements les quelques paroles que j'ai à vous adresser. Nous avons en effet un ordre du jour très chargé ; il convient que le Congrès donne le bon exemple du travail. Après la mémorable séance d'hier, rien ne sera plus de nature à affirmer la vitalité, l'utilité indispensable de notre Parti, que la réalisation des promesses que nous avons faites à la démocratie. Vous y travaillez avec une ardeur et un zèle auquel le pays tout entier rend hommage.

Pour ma part, je suis fier de présider, ne serait-ce que quelques moments, vos travaux. A la besogne donc et abordons tout de suite, mes chers amis, l'ordre du jour qui nous est soumis. (*Vifs applaudissements.*)

RAPPORT de la Commission de vérification des finances

M. BALANS, *rapporteur de la Commission des finances.* — Citoyens, la Commission des finances n'a pas pu vous apporter un rapport écrit. Je vous prie de nous excuser si nous ne vous apportons qu'un rapport verbal. Je ne dois pas vous cacher que la Commission a eu la plus grande peine à se réunir.

Citoyens, tous les comptes ont été vérifiés par nos camarades ; nous les avons trouvés parfaitement réguliers et nous vous demandons de donner *quitus* à notre trésorier des comptes de l'exercice 1906-1907.

Nous devons cependant constater, avec regret, qu'il y a des organisations qui sont en retard pour le règlement de leurs cotisations.

Mais, malgré ces critiques, que notre devoir nous commande, nous tenons à déclarer que la situation est meilleure que l'année dernière ; si vous adoptez une proposition que je vais avoir l'honneur de vous faire, j'espère que l'état des finances de notre Parti s'améliorera encore et que nous deviendrons, au point de vue financier, ce que nous sommes déjà au point de vue politique, un grand parti. (*Applaudissements.*)

(Le rapport est adopté.)

RAPPORT de la Commission des Finances

Cotisation des sénateurs et députés.

M. BALANS. — Citoyens, la proposition que j'ai à vous faire a déjà été soumise par la Commission des finances, d'abord au bureau du Comité exécutif, puis à l'assemblée plénière du Comité qui, l'un et l'autre, l'ont adoptée à l'unanimité.

Nous demandons que le Congrès, par un vote également unanime, décide que tous les parlementaires adhérents au Parti, sénateurs ou députés, à partir du commencement de l'exercice 1907-1908, d'un Congrès à un autre, paient une cotisation annuelle de 100 francs. *(Applaudissements.)*

Votre Commission des finances s'est émue de la situation où nous allions nous trouver à la suite du relèvement de l'indemnité parlementaire et du sacrifice consenti par les élus socialistes. Nous allons avoir en face de nous un parti dont la caisse va se trouver beaucoup plus riche que la nôtre.

Nous vous demandons, citoyens, de décider que tous les parlementaires, sénateurs et députés, se réclamant de notre Parti, paieront une cotisation annuelle de 100 francs. *(Applaudissements.)*

M. Louis Dumont, *député.* — J'approuve pleinement la proposition qui vous est faite. Cependant, au nom de la Fédération radicale et radicale-socialiste de la Drôme, que j'ai l'honneur de représenter ici, je dois faire une réserve.

Le Parti n'est pas représenté exclusivement au Comité exécutif au point de vue national. Il l'est aussi au point de vue local par nos fédérations départementales. Je tiens donc à faire des réserves quant à la répartition de cette cotisation de 100 francs. Il importe de savoir si cette cotisation ira intégralement à la caisse centrale du Parti, ou bien si elle sera versée en partie aux fédérations départementales. *(Mouvements divers.)*

Citoyens, il faut bien convenir que l'activité de notre Parti, nécessitant des dépenses considérables, ne se manifeste pas seulement au point de vue national par l'organe du Comité exécutif. Elle se manifeste aussi et surtout, du moins dans notre département, par l'organe des fédérations départementales.

Je vous demande donc de prendre une décision formelle en ce qui concerne la répartition des sommes à provenir de la cotisation prélevée sur les parlementaires.

M. Bouffandeau, *député.* — Lorsque la Commission administrative a été saisie de la proposition en question, elle s'est empressée de l'accueillir favorablement. Nous étions bien certains, en faisant appel à tous nos collègues du Parlement, qu'ils seraient heureux de verser cette somme de 100 francs.

Mais ce que l'on ne vous a pas dit, dans l'exposé très rapide qui a été fait de la proposition, c'est que dans notre pensée nous voulions, à côté de la caisse du Comité exécutif, qui suffit aux besoins courants, créer une caisse de propagande pour le Parti. Nous souffrons, citoyens, d'un manque de propagande ; nous ne pouvons pas suffisamment envoyer à nos Comités, à nos militants, les brochures, les tracts dont ils ont besoin. Nous leur avons envoyé jusqu'ici des brochures trop compactes. Nous ne leur avons pas offert le tract, qui se distribue très rapidement, qui se lit facilement et que nous enverrons à titre gracieux.

C'est dans ce but que nous demandons aux parlementaires une cotisation minimum de 100 francs. Bien entendu, ceux qui voudront donner davantage seront les bienvenus.

M. MYARD. — Citoyens, je tiens à appeler votre attention sur une situation vraiment anormale.

Je demande combien, parmi les parlementaires qui se disent radicaux et radicaux-socialistes, il en est qui paient, non pas la cotisation de 100 francs dont il est question, mais la minime cotisation de 10 francs, qui fait la base de nos ressources.

M. BOUFFANDEAU. — Il y en a 227.

M. MYARD. — Si nous portons la cotisation à 100 fr. pour les parlementaires, la majeure partie d'entre eux se retireront purement et simplement.

Pour éviter que ce fait se produise, je propose qu'on publie la liste des parlementaires réellement adhérents à notre Parti et payant la cotisation.

Il y a des ouvriers comme moi qui n'hésitent pas à faire des dépenses considérables pour se rendre à tous les Congrès. Je fréquente tous les Congrès du Parti et même je dois vous dire que voilà deux ans qu'on me fait payer double cotisation, au lieu que certains parlementaires ne se dérangent même pas, alors qu'ils peuvent voyager gratuitement.

Je demande, en tous cas, que les militants puissent savoir quels sont les parlementaires qui s'intéressent vraiment au Parti, et je demande que les noms de ces parlementaires figurent dans le compte rendu du Congrès. (*Applaudissements sur divers bancs.*)

M. CASTEL. — Nous devons être tous d'accord pour voter des mesures de nature à procurer de nouvelles ressources à notre caisse centrale. La cotisation de 100 francs proposés par le Comité exécutif et la Commission des finances est très légitime.

On a dit tout à l'heure que notre parti, qui est un parti bourgeois, n'avait pas suffisamment de ressources. Or, savez-vous combien on exige des députés dans le Parti socialiste ? On leur réclame 3.000 francs. Nous ne prétendons pas demander aux parlementaires radicaux une somme aussi importante. Toutefois, il importe qu'ils nous donnent une contribution suffisante pour assurer une action électorale permanente, une propagande efficace.

Cette action doit s'exercer à la fois nationalement par le Comité exécutif, et localement par les fédérations régionales.

Je propose, en conséquence, que la cotisation soit, non pas de 100 francs, mais de 200, dont la moitié irait au Comité exécutif et l'autre moitié aux caisses locales. (*Applaudissements.*)

M. BALANS. — La Commission maintient le chiffre de 100 francs.

LE PRÉSIDENT. — Nous sommes en présence de deux propositions. La Commission propose le chiffre de 100 francs, M. Castel propose le chiffre de 200 francs, 100 pour le Comité exécutif, 100 pour les fédérations départementales.

M. LAFFERRE, *député.* — Je fais simplement observer qu'il n'existe pas dans tous les départements de fédération départementale. La situation des élus qui verseraient serait tout à fait inégale. Je demande donc que si le Congrès fixe la cotisation à 200 francs, cette cotisation soit intégralement versée au Comité exécutif, sauf à ce dernier à en faire une répartition ultérieure et à verser la moitié de la somme à la fédération départementale, si elle existe. Ce sera un encouragement pour tous les républicains, à créer des fédérations départementales. (*Très bien, très bien !*)

Je demande aussi, afin d'augmenter les ressources du Parti, que tous les parlementaires non encore adhérents au Parti et qui, aux heures difficiles des élections se réclament de notre Parti, soient invités à faire dès à présent acte d'adhésion au Parti par une lettre personnelle. (*Applaudissements.*)

LE PRÉSIDENT. — Il me paraît, en effet, que nous n'avons pas ici à nous occuper des questions des fédérations. Ce n'est pas nous qui avons à statuer sur la répartition des cotisations. Nous avons simplement à fixer le chiffre total de la cotisation. On propose 200 francs.

M. LOUIS DUMONT. — Je tiens à faire observer que certains parlementaires, s'ils consentent à faire ce sacrifice de 200 francs, entendent prélever, sur ces 200 fr., une part pour leur fédération départementale.

Un congressiste. — Je regrette, au moment où il est si nécessaire de faire de la propagande radicale en face de celle qui est faite par le Parti socialiste-révolutionnaire, de voir que nous mettions tant de temps pour voter la motion proposée, alors qu'on en a mis si peu pour voter l'augmentation de l'indemnité. (*Très bien, très bien sur divers bancs.*)

M. MAURICE BERTEAUX, *président.* — L'observation qui vient d'être faite n'est peut-être pas très juste. Il appartenait, en effet, au président de donner la parole à tous ceux qui la demandaient aussi bien dans cette question que dans une autre.

Je le répète, nous n'avons pas à nous occuper ici des fédérations locales, qui sont autonomes, quant à leur administration intérieure. Nous n'avons à nous occuper que de la caisse du Parti.

J'ai été saisi de deux propositions, l'une tendant à fixer la cotisation à 100 francs, l'autre tendant à fixer cette même cotisation à 200 francs.

C'est le chiffre le plus élevé, soit 200 francs, que je mets aux voix.

(*Le chiffre de 200 francs est adopté.*)

M. MYARD. — Je demande qu'on mette aux voix ma proposition tendant à ce que les noms des députés adhérents au Congrès soient publiés dans le rapport du Congrès.

M. MANNE. — Je demande qu'on mette également aux voix la proposition de M. Lafferre tendant à ce qu'on obtienne un engagement écrit des députés qui se réclament du Parti.

LE PRÉSIDENT. — Je n'ai reçu, sur ces deux proposilions aucun texte écrit. Je ne puis tenir compte, comme dans toutes les assemblées délibérantes, que des propositions qui me sont remises par écrit. (*Assentiment.*)

Télégramme de M. Combes

M. FERDINAND CAHEN. — Citoyens, je dois vous faire savoir qu'à l'heure même où, dans la séance mémorable d'hier après-midi, vous vous êtes prononcé à l'unanimité sur la question de la discipline et de la tactique électorale du Parti, notre vénéré président d'honneur, M. Emile Combes, adressait à l'un de ses amis, à Nancy, une dépêche dans laquelle il le chargeait de transmettre en son nom au Congrès ses vœux pour que :

« Plus que jamais le Congrès proclame en même temps que son dévouement inaltérable à la patrie, la nécessité de l'union de tous les groupes de gauche pour la réalisation des réformes du programme du Parti radical et radical-socialiste. » (*Vifs applaudissements.*)

LE PRÉSIDENT. — Je suis heureux de constater l'accord complet qui existe, malgré la distance, entre le citoyen Emile Combes, dont on vient de lire le télégramme, et le Congrès tout entier. (*Applaudissements.*)

Ce que nous avons fait hier est, en effet, un acte de haute affirmation patriotique ; mais nous avons en même temps indiqué notre volonté bien arrêtée de continuer par le groupement de tous les éléments de gauche à réaliser les réformes que nous avons promises à la démocratie. (*Vifs applaudissements.*)

Télégramme de M. Henri Brisson

J'ai reçu le télégramme suivant du vénéré président de la Chambre, M. Henri Brisson :

« Mon cher président, je vous remercie ainsi que tous « les membres du Congrès, de votre témoignage de sympa- « thie, et je vous adresse mes souhaits les plus affectueux. « Vive la République ! » (*Vifs applaudissements.*)

LE PRÉSIDENT. — J'ai reçu la motion suivante du citoyen Myard :

« Chaque année le compte rendu du Congrès indiquera les noms des parlementaires adhérents au Parti. »

(*Cette proposition, mise aux voix, est adoptée.*)

RAPPORT de la Commission de propagande et d'organisation du Parti

M. Emile Desvaux. — Citoyens, je suis chargé par la Commission de propagande et d'organisation du Parti de soumettre à votre approbation un certain nombre de vœux et de motions. Tout d'abord, je vous donne lecture d'une motion qui nous est renvoyée par la Commission des vœux. Elle nous a été remise seulement ce matin et n'a pas pu faire l'objet de nos délibérations.

Cette proposition, signée de M. G.-A. Hubbard, est ainsi conçue :

« Le Congrès, afin d'affirmer, en même temps que le devoir impératif de tout citoyen de la République de défendre l'indépendance nationale, sa ferme volonté de maintenir l'entente et la cohésion de tous les républicains de gauche, décide que le Parti prend le nom de Parti radical, radical-socialiste et socialiste. »

Voix nombreuses. — Non, non !

M. Hubbard. — Je viens expliquer au Congrès en quelques mots pourquoi j'ai déposé cette proposition et pourquoi je demande simplement qu'elle soit renvoyée à l'étude des fédérations pour être examinée entre républicains radicaux et radicaux-socialistes.

Voici, citoyens, quelle est la situation dans notre département des Basses-Alpes. Au Conseil général, sur trente conseillers, vingt-trois conseillers sont unis dans le même groupe et les délibérations du Conseil général se passent très républicainement après que le groupe a pris une décision. On ne rencontre plus de résistance de la part des réactionnaires. Ce groupe aurait très certainement adhéré au Parti ; mais il s'intitule : « Groupe républicain radical-socialiste et *socialiste.* »

Dans toutes les circonscriptions de Sisteron, tous les Comités radicaux-socialistes se sont intitulés « radicaux-socialistes et socialistes ». Et quand j'ai annoncé que je venais ici comme un des plus anciens adhérents du Parti radical-socialiste, proposer au Comité notre adhésion, on m'a dit : « Nous adhérerions bien volontiers, mais nous sommes liés par cette appellation « radical-socialiste et *socialiste* »; nous serions heureux que vous proposassiez au Congrès radical-socialiste d'adopter une modification de titre qui nous permît d'y adhérer. » (*Non, non !*)

J'ajoute que lorsque, après avoir déposé ici cette motion, je suis descendu de la tribune, un honorable citoyen de Lyon s'est approché de moi et m'a dit : « Mes Comités sont dans le même cas, j'appuie votre proposition et je m'y associe. »

J'ajoute que notre excellent ami, mon vieux camarade, Lucien Victor-Meunier, directeur de la *France du Sud-Ouest*, est venu me dire : « Je partage absolument votre manière de voir et je crois que le Congrès prendra une sage résolution en vous suivant. » (*Non, non !*)

Citoyens, j'entends bien que vous n'êtes pas en ce moment en mesure de pouvoir discuter à fond la question, mais je demande qu'elle soit renvoyée à l'examen des fédérations. (*Mouvements divers.*)

(*Le renvoi aux fédérations n'est pas prononcé.*)

M. EMILE DESVAUX, *rapporteur*. — Citoyens, vous avez maintenant à délibérer sur trois séries de motions : la première ayant trait à l'organisation des conférences du Parti, la seconde à la propagande, la troisième se rattachant tout à la fois à la propagande, à l'organisation et à la discipline du Parti. Les trois premières motions relatives aux conférences forment un tout que je vous demande la permission de vous soumettre.

1° Motion sur les renseignements et la statistique :

Le Congrès de Nancy décide, en conformité avec ses délibérations précédentes, et notamment celle de Toulouse :

« *Dans le rapport imprimé, distribué à l'ouverture de chaque Congrès annuel par le Bureau sur les travaux du Comité, depuis le dernier Congrès, il sera fait une énumération des conférences organisées par le Comité exécutif et les Comités adhérents.*

« *Ce tableau comprendra :*

« *1° La liste des conférences demandées par les organisations adhérentes ;*

« *2° La liste des conférences faites, avec le nom de la ville et du conférencier et la date de la conférence.*

« *En outre, le Bulletin du Parti mentionnera les conférences faites dans la précédente quinzaine.* »

2° Motion sur le tableau de roulement :

Le Congrès de Nancy, désireux d'assurer aux organisations adhérentes un nombre suffisant de conférenciers, décide :

« Il sera dressé au siège social du Parti un tableau de roulement de conférenciers volontaires comprenant :
« 1° Une liste de non-parlementaires inscrits, soit à titre individuel, soit comme délégués des filiales du Parti ;
« 2° De parlementaires et d'élus du Parti.
« Il rappelle à cet effet que le Congrès de Lille a instamment INVITÉ LES SÉNATEURS ET DÉPUTÉS DU PARTI A BIEN VOULOIR ACCEPTER DE PRÉSIDER CHAQUE ANNÉE PLUSIEURS RÉUNIONS ET FAIRE PLUSIEURS CONFÉRENCES.
« Il invite le Comité exécutif à donner chaque année le résumé des résultats obtenus et lui demande de dresser un tableau de roulement des sénateurs, députés, élus de tous ordres adhérents au Parti. »

Et 3° Création d'une caisse de propagande :

Le Congrès de Nancy considérant :
Que l'insuffisance des moyens financiers d'un parti plus riche en talents qu'en argent, n'autorise pas un suffisant effort de propagande ;
Que, d'autre part, les loisirs font trop souvent défaut à ceux de ses membres, élus ou non, qui font la propagande à leurs frais ;
Décide d'inviter sa Commission des finances à étudier les moyens propres à mettre sur pied une Caisse spéciale de propagande ;
Invite, en outre, le Comité exécutif à rechercher s'il ne serait pas possible d'instituer, à l'exemple d'autres partis, une section de conférenciers défrayés, sinon rétribués.

(Les propositions de la Commission sont adoptées à l'unanimité.)

M. ÉMILE DESVAUX, *rapporteur*. — Nous arrivons maintenant à la seconde série de motions. Celles-ci ont trait directement à l'organisation du Parti. Il y en a deux et l'une fait suite à l'autre. Voici les textes :

A) *Fédérations départementales.*

Le Congrès de Nancy :
Considérant que dans ses précédents Congrès (Lyon, Toulouse, Paris, etc.), le Parti a reconnu la nécessité de hâter systématiquement la formation des Comités communaux, cantonaux et d'arrondissement ;
Que le Congrès de Lille a plus particulièrement insisté sur l'utilité des Fédérations départementales dont l'action est prépondérante dans l'œuvre d'organisation générale ;
Décide d'inviter le Comité exécutif à activer cette tâche au cours du prochain exercice :
1° En invitant la représentation départementale du Comité exécutif à créer ces Fédérations partout où elles n'existent pas encore ;

2° *En lui adjoignant, si besoin est, des collègues spécialement mandatés à cet effet.*

*Il rappelle, en outre, en conformité avec la motion votée
à Lille, que « dans les départements où existe une Fédération d'arrondissement ou de département, le Comité exécutif n'acceptera l'adhésion d'un Comité que si ce Comité
fait partie de la Fédération d'arrondissement ou de la Fédération départementale ».*

B) *Congrès régionaux.*

*Le Congrès de Nancy, conformément à l'avis déjà émis
par le Congrès de Lille :*

*Considérant que l'organisation de Congrès régionaux ap-
portant au Congrès national des résolutions discutées au
préalable, servirait utilement la définitive organisation du
Parti radical et radical-socialiste ;*

*Invite les délégués des divers départements à créer, au
gré des affinités géographiques et ethnologiques, des Unions
régionales tenant des Congrès annuels qui, sans porter
aucune atteinte au pacte d'unité du Parti, prépareraient une
décentralisation nécessaire ;*

*Il rappelle, conformément à la décision du Congrès de
Lyon, que ces Congrès doivent être tenus après avis du
Comité exécutif qui sera mis au courant de leurs travaux
et délibérations.*

(Les deux motions, mises aux voix, sont adoptées.)

M. EMILE DESVAUX, *rapporteur.* — Reste maintenant,
citoyens, la troisième série des motions ou des résolutions relatives, soit à l'organisation, soit à la propagande du Parti.

La première motion est relative au recrutement des
membres du Comité exécutif. Votre Commission n'a
pas voulu sur ce point vous présenter de motion ferme.
Elle a décidé de vous soumettre néanmoins certaines
considérations qui lui sont apparues comme indispensables. Vous savez quel est actuellement le mode de
recrutement du Comité exécutif. Ce n'est pas d'après
le chiffre de cotisants que le Parti compte dans chaque département que se fait l'attribution des sièges au
Comité exécutif ; c'est d'après le chiffre global de la
population dans chaque département.

Or, il peut se produire que dans certains départements très fortement organisés, il y ait, par le fait
même de la multiplicité des Comités, une multiplicité
de candidatures au Comité exécutif. Nous risquons
ainsi de créer entre des organisations amies des riva-
lités de personnes, des compétitions d'élections tout
à fait regrettables.

En conséquence, votre Commission, sans vouloir, je le répète, vous présenter cette année encore de motion ferme, vous demande de bien vouloir renvoyer à l'étude du Comité exécutif un projet qui aurait pour but de substituer à la représentation actuelle du Comité exécutif un mode de recrutement tendant à donner, à l'avenir, à chaque département, un nombre de délégués au Comité exécutif directement proportionnel au nombre des cotisants et au nombre des Comités que notre Parti compte dans le département. Nous donnerons ainsi, citoyens, le meilleur encouragement à la propagande de nos amis de province et nous aurons fait du Comité exécutif l'image très fidèle du Parti. (*Applaudissements.*)

Une voix. — Et là où il n'y a pas de Comité ?

Le Président. — Je fais remarquer que la proposition de la Commission consiste simplement dans un renvoi à l'étude du Comité exécutif ; à ce propos je me permets de vous signaler une autre proposition qui est faite par MM. Burot et Camille Picard, vice-président et secrétaire de la Commission d'organisation du Congrès de Nancy. Cette proposition a été adoptée à l'unanimité par la Commission d'organisation. Elle consisterait à faire élire par le Congrès autant de délégués au Comité exécutif qu'il y a de circonscriptions législatives. Nos collègues nous demandent également le renvoi de leur proposition à l'étude du Comité.

Il n'y a pas d'opposition ?...

Le renvoi est ordonné.

M. Emile Desvaux, *rapporteur.* — Sur une troisième question votre Commission, tout en vous présentant les observations nécessaires, n'a pas voulu prendre de décision ferme.

Il s'agissait des rapports qu'entretiennent nos élus avec le Comité exécutif du Parti radical. Dans des Congrès précédents, nous nous sommes souvent plaints qu'un certain nombre de nos collègues élus, tout en adhérant de façon formelle au programme et à la discipline du Parti, ne donnent pas à ce Parti un suffisant concours, un suffisant effort de propagande.

Nous avons décidé de vous proposer simplement de ratifier le passage suivant du rapport qui vous est dis-

tribué : « Le Congrès tiendra, en conformité avec les
« délibérations des précédents Congrès, à rappeler
« aux élus revêtus de son épithète, que l'adhésion
« sans réserve au programme intégral du Parti et une
« collaboration active et persévérante à son œuvre de
« propagande, constituent l'indispensable contre-par-
« tie de la confiance que leur témoigne la démocratie
« républicaine. » (*Vifs applaudissements.*)

Nous avons été saisis, par notre collègue Dalimier,
d'une motion très précise sur ce point. Cette motion
a été adoptée par la Commission. Je dois en donner
lecture au Congrès :

« Le Congrès décide :

« Ne pourront se réclamer du Parti et recevoir son appui
« que les candidats qui auront adhéré par écrit au pro-
« gramme du Parti. Les élus radicaux et radicaux-socia-
« listes devront également donner leur adhésion. Les séna-
« teurs et députés sont invités à constituer des groupes
« exclusivement composés de membres ayant adhéré au
« programme. »

Vous vous rappelez, citoyens, au sujet de cette dernière partie de la proposition, le vote du petit Congrès
des délégués au Comité exécutif, qui s'est tenu au
Trocadéro. Vos délégués au Comité exécutif ont, à
l'unanimité, invité les élus de l'une et l'autre Chambre, à vouloir bien renoncer à ce fractionnement regrettable de comités, groupes et sous-groupes, qui
existe dans la Chambre et à constituer dans la Chambre et dans le Sénat des groupes composés uniquement d'adhérents au Parti radical et radical-socialiste.
Nous vous demandons de ratifier cette motion,

(*Cette motion, mise aux voix, est adoptée.*)

M. EMILE DESVAUX, *rapporteur*. — Reste une dernière question à l'ordre du jour de votre Commission.
Celle-là se trouve presque fatalement empiéter un peu
sur les attributions de la Commission de discipline.
Et comme la question qui est soulevée intéresse au
même degré la propagande, l'organisation et le développement du Parti, vous n'en voudrez pas à votre Commission de propagande et d'organisation si elle a dû,
pour un instant, usurper les fonctions de la Commission de discipline.

Vous vous rappelez qu'en 1905, au Congrès de Paris, une motion avait été votée, ainsi conçue :

« *Les élus, orateurs et conférenciers du parti radical et radical-socialiste ne pourront combattre un candidat radical et radical-socialiste en concurrence avec le candidat d'un autre parti, ni apporter leur concours au candidat d'un autre parti en lutte avec un candidat du parti radical et radical-socialiste.*

« *Cette règle d'action électorale s'applique également, et non moins strictement, aux journaux se réclamant du parti radical et radical-socialiste.* »

Votre Commission a pensé qu'il était nécessaire de compléter cette proposition votée au Congrès de Paris et, en conséquence, elle a l'honneur de vous proposer l'addition suivante :

« *Les élus, orateurs, conférenciers et tous les membres du Parti ne pourront prêter leur concours à un candidat qui se présentera contre un autre régulièrement désigné comme candidat du parti radical et radical-socialiste. Leur devoir rigoureux est de soutenir ce dernier candidat.* »

M. SOUCHET. — Citoyens, je m'étais réservé de prendre la parole sur les questions de discipline du Parti. Je dois présenter quelques observations au sujet du rapport qui vient d'être lu par notre honorable collègue.

Notre collègue a déclaré que tous les électeurs faisant partie de la Fédération radicale-socialiste doivent soutenir le candidat républicain qui a été désigné.

Je dois vous citer un fait que l'Assemblée tout entière flétrira comme je l'ai flétri moi-même au moment où il s'est produit.

Aux dernières élections cantonales, dans le canton de Firminy, que j'ai l'honneur de représenter au Conseil général, au premier tour de scrutin, nous étions trois candidats : un candidat radical-socialiste qui est votre serviteur, un candidat qui se recommandait également du Parti radical-socialiste, et un candidat socialiste unifié.

Au premier tour, le candidat radical-socialiste eut une très grosse majorité sur les deux autres réunis. Néanmoins, le candidat unifié avait la majorité sur l'autre candidat dissident. Ce candidat appartient à une fraction dissidente qui se recommande de notre Parti, mais qui n'est ni plus ni moins qu'un Parti organisé avec toutes sortes d'éléments.

Au second tour de scrutin, ce groupement qui s'est recommandé du Parti républicain radical-socialiste, au lieu de suivre la discipline républicaine, au lieu de marcher avec le candidat qui avait obtenu la majorité au premier tour, a sorti un nouveau candidat. Ce candidat qui s'est présenté au second tour, était le candidat des progressistes.

Voilà, citoyens, ce qui s'est passé. Alors, progressistes, cléricaux et unifiés ont marché la main dans la main au second tour, combattant d'une façon très énergique et même déloyale le candidat qui a été élu, qui est votre serviteur.

La question de discipline ayant été incidemment soulevée par notre honorable collègue, je tenais à signaler ce fait à l'Assemblée.

LE PRÉSIDENT. — Monsieur Souhet, je crois que cette question viendra plus utilement sous la forme d'une plainte au Parti.

M. SOUHET. — Monsieur le Président, je me rends volontiers à votre observation, qui est juste ; cependant je crois qu'il était bon d'en dire un mot. On vient de parler, en effet, de questions de discipline. C'est bien réellement une question de discipline que j'ai soulevée.

(Les conclusions du rapport de la Commission de propagande et d'organisation du Parti sont adoptées et le rapport de M. Desvaux, qui a été imprimé et distribué aux membres du Congrès, est approuvé.)

LE PRÉSIDENT. — J'ai été saisi par le citoyen Bellanger d'un amendement ainsi conçu :

« Considérant que la Tunisie n'a pas eu, jusqu'ici, de
« représentant au Comité exécutif ;

« Considérant qu'il y a cependant en Tunisie un parti
« radical et radical-socialiste très important qui a besoin
« de suivre les directions du Parti ;

« Considérant qu'il existe en Tunisie une sorte de Parlement local, la Conférence consultative où sont discutées les questions économiques et politiques du pays, et
« qu'on y discute notamment la question de laïcisation : que
« les élections à la Conférence consultative se font sur des
« programmes politiques se réclamant des partis politiques
« de France,

« Nous émettons le vœu que le Congrès radical et radical-
« socialiste accepte deux délégués dont un fait déjà partie
« de la Conférence consultative, et considérant qu'il y a un
« intérêt capital à ce que la Tunisie soit à l'avenir représentée au Comité exécutif, décide que la Tunisie ait des
« délégués au Comité exécutif. »

Un congressiste. — Par des hommes du pays et non pas par des Parisiens !

LE CITOYEN DELMAS. — Je demande la parole.

LE PRÉSIDENT. — Vous avez la parole.

LE CITOYEN DELMAS. — Citoyens, c'est un homme du pays, délégué à la Conférence consultative, et un des signataires du vœu en question, qui vient vous demander de renvoyer cette question à l'étude du Comité de façon qu'on donne une solution définitive à cette question très importante pour tous les républicains de Tunisie. Citoyens, il est certain qu'aujourd'hui toutes nos élections, en Tunisie, sont essentiellement politiques. Nous nous recommandons tous des programmes politiques de France, nous tenons essentiellement à connaître les directions générales du Parti radical de France. Nous demandons à avoir en Tunisie des délégués qui puissent utilement entrer en contact avec le Parti, de façon qu'il n'y ait pas parmi nous de divisions, que nous marchions unis avec nos amis de France pour la gloire et la grandeur de la République en Tunisie. (*Applaudissements.*)

(*La proposition de M. Bellanger est adoptée.*)

Au nom de la Fédération du Sud-Est, M. Louis Martin, député, dépose des vœux qui sont renvoyés à la Commission.

LE PRÉSIDENT. — L'ordre du jour appelle la discussion de la réforme électorale.

LA RÉFORME ÉLECTORALE

RAPPORT de M. J.-L. Bonnet sur la réforme électorale

Citoyens,

Le Congrès radical et radical-socialiste de Lille de 1906 a décidé de consulter les Comités adhérents sur la réforme électorale et de la discuter au Congrès de Nancy de 1907. Votre « Commission des réformes électorales, administratives et judiciaires » m'a chargé de vous faire connaître les résultats de cette consultation et de vous exprimer son opinion.

La réponse des Comités.

De nombreux Comités adhérents ont répondu au questionnaire du Comité exécutif. La majorité s'est prononcée pour le scrutin de liste simple, la minorité pour le scrutin d'arrondissement ou pour le scrutin de liste avec représentation proportionnelle. Des Comités ignorent le mécanisme de ce dernier mode de scrutin ou le trouvent compliqué et demandent qu'on en précise les avantages et le fonctionnement.

Le Congrès de Nancy n'abordera utilement ce débat qu'en évitant le parti pris. Aux Congrès précédents, on a opposé le scrutin de liste au scrutin d'arrondissement ; je tomberais dans des redites en reproduisant les deux thèses en présence.

Pour la première fois, nous allons examiner la représentation proportionnelle, en abrégé, la R. P. Je sais que beaucoup de nos amis la repoussent. Depuis longtemps, j'en suis le partisan convaincu ; votre Commission la préconise ; vous me permettrez d'en appeler à votre jugement éclairé et de vous exposer avec une entière sincérité les graves raisons qui ont déterminé notre conviction.

La représentation proportionnelle. — La R. P.

La *Déclaration des droits de l'homme et du citoyen*, fondement de la constitution républicaine, proclame le « *droit, pour chaque citoyen, de concourir, personnellement ou par son représentant*, à la formation de la loi et à la détermination de la contribution publique ».

Le système majoritaire, scrutin de liste ou d'arrondissement, qui remet le pouvoir de nommer le représentant à la moitié plus un des votants, et l'enlève à la moitié moins un, est la négation du droit de chaque citoyen.

La Représentation proportionnelle, la R. P. qui fournit à chaque parti la faculté d'être représenté selon son importance numérique, sauvegarde le droit du citoyen et fait respecter la *Déclaration des droits de l'homme*.

Divers procédés d'application ont été présentés. Nous ne les comparons pas entre eux. Nous acceptons celui qui ralliera la majorité. Le plus imparfait donne des résultats plus justes que le procédé majoritaire. La Commission parlementaire a adopté la méthode d'Hondt ou du commun diviseur. Voici les articles qui indiquent le moyen technique de décompte des suffrages et de répartition des sièges.

Art. 8. — La masse électorale de chaque liste est la

somme des nombres de suffrages respectivement obtenus par les candidats appartenant à cette liste.

Art. 9. — Pour répartir les sièges entre les listes, chaque masse électorale est successivement divisée par 1, 2, 3, 4, etc., et les quotients obtenus sont inscrits par ordre d'importance, jusqu'à ce qu'on ait déterminé dans cet ordre autant de quotients qu'il y a de députés à élire dans la circonscription ; le plus petit de ces quotients sert de diviseur commun. Il est attribué à chaque liste autant de députés que sa masse électorale contient de fois le diviseur commun.

Art. 10. — Dans chaque liste, les sièges sont dévolus aux candidats ayant obtenu le plus de suffrages, et en cas d'égalité de suffrages, aux plus âgés.

Quelquefois, on se laisse rebuter par l'apparente aridité du texte et on rejette le système sans vouloir l'étudier. On prétend que la formule est complexe et le calcul ardu. Vérifions-le. Choisissons comme exemple le Morbihan.

Exemple du Morbihan.

Voici les résultats des élections de 1906 :

Lorient :

1re circ. — Guieysse, rad. soc	7.543
Blanc, réac	4.934
2e circ. — Lamy, réac	8.641
3e circ. — Guilloteaux, réac	6.713
Le Rouzic, rad	6.583

Ploermel :

Duc de Rohan, réac	16.992

Pontivy :

1re circ. — De Lanjuinais, réac	9.653
Le Floch, rad. soc	2.591
2e circ. — De Boissieu, réac	5.559
Brard, rad	5.082

Vannes :

1re circ. — De l'Estourbeillon, réac	9.261
Prulhière, rad	3.709
2e circ. — Forest, réac	14.604

M. Guieysse a été le seul républicain élu. Les sept autres députés sont réactionnaires.

Indiquons, d'après ces chiffres, quel aurait été le résultat par la Représentation proportionnelle.

Conformément à l'article 8 du projet de loi, nous faisons d'abord la masse électorale de chaque liste.

Liste réactionnaire		*Liste républicaine*	
De Rohan	16.992	Guieysse	7.543
Forest	14.604	Le Rouzic	6.583
De Lanjuinais	9.658	Brard	5.082
De l'Estourbeillon	9.261	Prulhière	3.709
Lamy	8.641	Le Floch	2.591
Guilloteaux	6.713		
De Boissieu	5.559		25.508
Blanc	4.934		
	76.362		

La masse électorale de la liste réactionnaire est 76.362, la masse électorale de la liste républicaine est 25.508.

Pour répartir les huit sièges entre les deux listes, divisons successivement chaque masse électorale par 1, 2, 3, 4, 5, 6, etc. Nous inscrivons, par ordre d'importance, les quotients obtenus jusqu'à ce que nous ayions déterminé, dans cet ordre, autant de quotients qu'il y a de députés à élire ; le plus petit de ces quotients sert de diviseur commun.

Liste réactionnaire		*Liste radicale*	
1. —	76.362	1. —	25.508
2. —	38.181	2. —	12.754
3. —	25.454	3. —	8.502
4. —	19.090		
5. —	15.272		
6. —	12.727		
7. —	10.906		

Classons ces résultats par ordre d'importance.

1. — 76.362 (réactionnaires).
2. — 38.181 (réactionnaires).
3. — 25.508 (radicaux).
4. — 25.454 (réactionnaires).
5. — 19.090 (réactionnaires).
6. — 15.272 (réactionnaires).
7. — 12.754 (radicaux).
8. — 12.727 (réactionnaires).

Le nombre des députés à élire étant de huit, le chiffre de 12.727 qui est le huitième de la série sera donc le commun diviseur cherché et donnera les résultats suivants :

Réactionnaires.......... 76.362 : 12.727 = 6
Radicaux.............. 25.508 : 12.727 = 2

En conséquence sont élus :

Les 6 réactionnaires ayant obtenu le plus grand nombre de voix de la liste réactionnaire, MM. de Rohan, Forest, de Lanjuinais, de l'Estourbeillon, Lamy, Guilloteaux ;

Et les 2 radicaux ayant obtenu le plus grand nombre de voix de la liste radicale, MM. Guieysse et Le Rouzic.

Il est à remarquer que les radicaux n'ont pas eu de candidats dans trois circonscriptions du Morbihan en 1906. En 1898, où ils ont eu des candidats dans les huit circonscriptions, l'ensemble de leurs suffrages s'est élevé à 53.697 contre 54.458 aux réactionnaires ; avec la représentation proportionnelle, ils auraient eu quatre députés et les réactionnaires quatre.

Le scrutin de liste de 1885.

Pour rendre l'exemple plus sensible encore et montrer la simplicité du calcul et du système de la Représentation proportionnelle, prenons les résultats du scrutin de liste de 1885 dans le même Morbihan.

Les huit réactionnaires furent alors élus. Voyons ce qui serait arrivé avec la R. P. Nous faisons d'abord la masse électorale de chaque liste.

Liste réactionnaire		*Liste républicaine*	
Du Bodan............	60.489	Roux-Lavergne.....	34.605
De Rohan-Chabot...	60.347	Trottier...........	34.536
De Mun.............	60.341	Bourdet...........	34.376
De Lanjuinais......	60.316	Legouruerec.......	34.372
Martin.............	60.282	Juhel.............	34.362
De Lamarzelle......	60.279	Sergent...........	34.330
Lorois.............	60.112	Gressy............	34.221
Caradec............	59.902	Martine...........	34.026
	482.068		274.828

La masse électorale de la liste réactionnaire est 482.068, la masse électorale de la liste républicaine est 274.828.

Pour répartir les huit sièges entre les deux listes, divisons successivement chaque masse électorale par

1, 2, 3, 4, 5, 6, etc. Nous inscrivons, par ordre d'importance, les quotients obtenus jusqu'à ce que nous ayons déterminé, dans cet ordre, autant de quotients qu'il y a de députés à élire ; le plus petit de ces quotients sert de diviseur commun.

<table>
<tr><td colspan="2">Liste réactionnaire</td><td colspan="2">Liste républicaine</td></tr>
<tr><td>1.</td><td>— 482.068</td><td>1.</td><td>— 274.828</td></tr>
<tr><td>2.</td><td>— 241.034</td><td>2.</td><td>— 137.414</td></tr>
<tr><td>3.</td><td>— 160.689</td><td>3.</td><td>— 91.609</td></tr>
<tr><td>4.</td><td>— 120.517</td><td></td><td></td></tr>
<tr><td>5.</td><td>— 96.413</td><td></td><td></td></tr>
<tr><td>6.</td><td>— 80.344</td><td></td><td></td></tr>
</table>

Classons ces résultats par ordre d'importance.

1. — 482.068 (réactionnaires).
2. — 274.828 (républicains).
3. — 241.034 (réactionnaires).
4. — 160.689 (réactionnaires).
5. — 137.414 (républicains).
6. — 120.517 (réactionnaires).
7. — 96.413 (réactionnaires).
8. — 91.609 (républicains).

Le nombre des députés à élire étant de huit, le chiffre de 91.609 qui est le huitième de la série sera donc le commun diviseur cherché et donnera les résultats suivants :

Réactionnaires......... 482.068 : 91.609 = 5
Républicains........... 274.828 : 91.609 = 3

En conséquence sont élus :

Les 5 réactionnaires ayant obtenu le plus grand nombre de voix de la liste réactionnaire, MM. du Bodan, de Rohan-Chabot, de Mun, de Lanjuinais, Martin ;

Et les 3 républicains ayant obtenu le plus grand nombre de voix de la liste républicaine, MM. Roux-Lavergne, Trottier, Bourdet..

Tel est le système dont voici les conséquences immédiates :

L'élection législative se fait en un seul tour de scrutin. Il n'y a plus de majorité absolue, ni de majorité relative : un quotient, unique et uniforme dans chaque circonscription, fournit le diviseur commun. Il n'y a plus de ballottage, mais un amiable partage des sièges suivant ce diviseur commun.

Il n'y a plus d'élections partielles : en cas de vacance

par décès, démission ou autrement, les candidats non élus de chaque liste et classés par ordre de suffrages, remplacent le décédé et le démissionnaire de leur liste.

Le vote avec la R. P.

Première objection : « La R. P. ne bouleversera-t-elle pas le système actuel de constitution des bureaux de vote ? Le décompte des voix et le calcul de la masse électorale et du diviseur commun ne seront-ils pas laborieux et sujets à fréquentes erreurs ? »

Non. Rien n'est changé à la constitution du bureau de vote, ni aux opérations du scrutin et du dépouillement.

Le bureau de vote additionne les bulletins de chaque liste. La Commission de recensement se réunit au chef-lieu du département et répartit les sièges entre chaque liste.

Avec la R. P. comme avec le scrutin de liste et d'arrondissement, on trouvera, en chaque commune, des scrutateurs capables de faire quelques opérations d'arithmétique élémentaire et des contrôleurs pour les surveiller.

La Commission de recensement nomme, pour les opérations techniques, des calculateurs qui l'assistent sous sa surveillance et son contrôle. Leurs honoraires sont fixés par arrêté préfectoral.

Le Français non inférieur aux autres peuples.

Deuxième objection : « L'application de la R. P. heurte de front les habitudes du pays qui a jusqu'ici vécu sous la simple loi du régime majoritaire. Les opérations et les résultats du vote déconcerteront le suffrage universel. L'électeur ne comprendra pas qu'on proclame élu un candidat qui aura obtenu moins de voix qu'un non-élu. »

Ce raisonnement empêcherait tout progrès. Une innovation suscite toujours des inquiétudes et des craintes. Notre parti met son honneur, emploie ses efforts à vaincre le préjugé et à réaliser l'amélioration.

La R. P. est pratiquée en Belgique où elle est encore compliquée du vote plural ; en Suisse, au Danemark, aux États-Unis, dans la République Argentine. L'empereur de Russie l'a introduite, cette année même, en Finlande, en y ajoutant l'électorat et l'éligibilité de la femme.

Est-il un seul d'entre nous qui fera au citoyen français l'injure de lui refuser le degré de capacité et d'esprit politique qui permet, en tant de pays étrangers, de comprendre et de pratiquer la R. P. ?

Le paysan de Flandre, le vacher du canton de Vaud, l'artisan de la Karélie admettent que la moitié plus un des votants ne désigne pas tous les représentants et qu'on fasse la part de la minorité. Personne ne soutiendra ici que le vigneron de Bourgogne, le laboureur de la Beauce et le tisseur lyonnais possèdent une mentalité inférieure et ne s'élèvent pas à cette notion de l'idée de justice.

L'électeur français appliquera la R. P. aussi aisément que le Belge et le Finnois. Notre intelligence n'est pas moins vive que la leur et nous avons moins d'illettrés en France qu'en Belgique, en Finlande, en Suisse. Nous jouissons du suffrage universel depuis bien plus longtemps que ces nations ; elles en ont perfectionné l'usage par la R. P. ; nous leur avons donné l'exemple, elles l'ont suivi et nous ont devancés. Sachons, à notre tour, ne pas rester en arrière ; maintenons notre réputation et allons au progrès.

La loi du nombre. — Le scrutin d'arrondissement.

Nous en recueillerons d'incomparables avantages. Nous commencerons d'abord par sortir de l'arbitraire et de l'abstraction. Nous répétons à l'envi que le suffrage universel est basé sur la loi du nombre, et nous avons imaginé un système qui la foule aux pieds.

Le scrutin d'arrondissement fonctionne d'après la plus absurde délimitation des circonscriptions qu'on puisse concevoir. On écrit couramment que le Français se pique de logique ; nous ne le prouvons guère. Le scrutin uninominal viole constamment cette fameuse loi du nombre dont nous prétendons appliquer le principe. Regardons autour et loin de nous.

Les six départements du sud-est, Basses-Alpes, Hautes-Alpes, Bouches-du-Rhône, Var, Alpes-Maritimes, Vaucluse, ont 1.881.000 habitants et 30 députés. Le Nord, qui compte 1.890.000 habitants, soit 9.000 habitants de plus, n'a que 23 députés, soit 7 députés de moins.

Les Basses-Alpes ont 111.000 habitants et 5 députés, l'Ariège a 205.000 habitants et 3 députés seulement.

Le Var a 325.000 habitants et 4 députés, alors que

les Basses-Alpes avec près de trois fois moins d'habitants ont 5 députés. La voilà, notre loi du nombre ! Continuons.

Avec 420.600 habitants, la Sarthe a cinq députés, un de moins que l'Aube qui en a six pour 242.000 habitants seulement.

Les Côtes-du-Nord ont 613.000 habitants et 9 députés. La Loire-Inférieure avec 606.000 habitants n'a que 8 députés.

Roubaix a 130.000 habitants et un député ; les Basses-Alpes, 111.000 habitants et cinq députés. Notre loi du nombre, c'est l'inégalité.

Dans un même département, on constate d'étranges anomalies. A Belley (Ain), il y a 24.000 électeurs inscrits ; à Gex, 6.500.

Dans la Creuse : à Aubusson (29.493 inscrits), le député est élu par 17.057 voix ; à Bourganeuf (12.480 inscrits), par 4.746 voix.

Dans le Nord, le député de la première circonscription de Cambrai (31.207 inscrits) est nommé par 15.143 voix, le député de la 9e circonscription de Lille (12.382 inscrits), par 6.156 voix.

Dans la Seine, la deuxième circonscription du VIIIe arrondissement a 6.880 inscrits et le député est élu par 3.810 voix, tandis que la deuxième circonscription de Sceaux a 32.920 inscrits et le député est élu par 14.912 voix.

Entre les incohérences du système, on n'a que l'embarras du choix. Prenons cinq circonscriptions : Barcelonnette, Castellane, Sisteron, Briançon et Embrun. Elles ont un total de 26.842 inscrits et leurs cinq députés ont réuni 11.772 voix.

Au contraire : cinq circonscriptions, Nantes (3e circ.), Sceaux (2e circ.), Versailles (1re circ.), La Palisse, Sarlat comptent 167.441 inscrits et leurs cinq députés ont réuni 86.457 voix. Celui d'entre eux qui a obtenu le moins de suffrages (14.912), en a plus à lui seul que les cinq élus de Barcelonnette, Castellane, Sisteron, Briançon et Embrun qui en totalisent 11.772.

Les 591 députés de 1906 ont obtenu 5.209.606 voix. Les voix non représentées s'élèvent à 6.383.852.

La majorité des députés représente la minorité des électeurs : 4.329.000 inscrits ont 288 députés ; 6.648.000 inscrits n'ont que 287 députés.

J'arrête cette énumération qui démontre la fausseté du système. On peut rétablir la vérité mathématique par le scrutin de liste simple en fixant le nombre des députés d'après le chiffre de la population ; mais la justice, l'équité et de sérieuses considérations politiques nous font préférer la Représentation proportionnelle, la R. P.

Le système majoritaire.

« Le défaut du scrutin de liste est de manquer de proportionnalité », a dit justement à la Chambre, en 1885, un député radical-socialiste, M. Courmeaux. Le scrutin d'arrondissement mérite le même reproche. L'un et l'autre émanent du système majoritaire et en ont le vice originel.

Au scrutin d'arrondissement, le candidat l'emporte sur son concurrent à la majorité des suffrages ; au scrutin de liste, la liste l'emporte également sur la concurrente à la majorité.

La moitié des voix, plus une, est tout ; la moitié des voix, moins une, n'est rien.

La moitié des électeurs, plus un, est représentée ; la moitié, moins un, ne l'est pas.

C'est l'élimination brutale du faible par le fort, le dépouillement systématique des droits d'une catégorie de citoyens par une autre catégorie.

C'est dans la circonscription d'arrondissement ou départementale l'écrasement de la majorité moins un par la majorité plus un. C'est le partage de la nation en deux camps, le vainqueur et le vaincu.

C'est l'inégalité et l'injustice.

Les républicains le reconnaissent, en sont attristés, indignés, et hésitent à y remédier. « La foi qui n'agit pas n'est pas une foi sincère. »

Le scrutin de liste qui opère par masses met davantage en évidence cette tare du système majoritaire.

L'iniquité du scrutin de liste.

Admettons qu'on rétablisse le scrutin de liste comme en 1885, et votons. Nous aboutirons à l'iniquité.

La Seine aura 52 députés. D'après les élections de 1906, on y compte 215.000 socialistes, 212.000 radicaux et radicaux-socialistes, 200.000 progressistes, nationalistes et réactionnaires.

La liste radicale et radicale-socialiste, qui a 3.000 voix de moins que la liste socialiste, se désiste au second tour et fait bloc, sur la liste socialiste, contre la liste de droite. Les 52 socialistes sont élus. La République triomphe et nous nous en réjouissons tous ; mais les principes de la *Déclaration des droits de l'homme* sont méconnus.

Les 215.000 suffrages socialistes accaparent les 52 mandats. Les 212.000 suffrages radicaux et radicaux-socialistes ne possèdent pas un seul représentant et ne valent que comme appoint. Les 200.000 suffrages de droite, fournis par des électeurs qui ont théoriquement les mêmes droits et sont assujettis aux mêmes devoirs que les autres citoyens français, n'ont également pas un seul représentant.

Ce résultat est monstrueux. Examinons ce qui se passera dans le Nord où il y aurait à élire 25 députés.

D'après les élections de 1906, on compte dans le Nord 108.038 radicaux et radicaux-socialistes, 105.887 socialistes unifiés, 180.965 progressistes, nationalistes et réactionnaires. La liste socialiste qui a 2.151 voix de moins que la liste radicale et radicale-socialiste se désiste au second tour et fait bloc sur la liste radicale et radicale-socialiste, contre la liste de droite. Les 25 radicaux et radicaux-socialistes sont élus.

Victoire de la République, mais défaite de l'idéal républicain.

Les 108.038 radicaux et radicaux-socialistes détiennent tous les mandats. Les 105.887 socialistes n'en ont pas un, parce qu'il leur a manqué, au premier tour, 2.152 voix pour les avoir tous. Les 180.965 électeurs de droite, qui sont en minorité de 32.960 voix sur les suffrages réunis de gauche, comptent pour zéro, ne sont pas représentés du tout, tandis qu'ils auraient pris les 25 sièges, s'ils avaient eu 16.481 voix de plus et les républicains 16.479 voix de moins.

Dans le Pas-de-Calais, il y aura 12 députés à élire. En 1906, il y a eu 58.000 voix radicales et radicales-socialistes, 56.000 socialistes, 84.000 progressistes, nationalistes et réactionnaires.

Les 56.000 socialistes étant 2.000 de moins, se désistent en faveur des 58.000 radicaux et radicaux-socialistes qui s'emparent des 12 mandats. Les 84.000 électeurs de droite sont logés à la même enseigne que les 56.000 socialistes et n'ont pas un député.

Tel est le pitoyable résultat du système majoritaire. Au mépris du droit et de la justice, la minorité des citoyens est privée de la représentation qu'absorbe la majorité.

La minorité contre la majorité.

En apparence, c'est bien à la majorité des électeurs qu'est dévolu ce privilège ; en réalité, c'est à la majorité de la majorité, c'est-à-dire à la minorité.

Les 215.000 socialistes de la Seine possèdent les 52 mandats parce que, au premier tour, ils ont eu 3.000 voix de plus que les 212.000 radicaux et radicaux-socialistes contre 200.000 suffrages de droite.

Les 25 sièges du Nord appartiennent aux 108.038 radicaux et radicaux-socialistes, parce que ceux-ci ont réuni, au premier tour, 2.151 voix de plus que les 105.887 socialistes contre 180.965 suffrages de droite.

Les 58.000 radicaux et radicaux-socialistes du Pas-de-Calais possèdent les 12 mandats, parce qu'ils ont obtenu, au premier tour, 2.000 voix de plus que les 56.000 socialistes contre les 84.000 suffrages de droite.

En fait, les 52 députés de la Seine seront les élus de la majorité socialiste, minorité des électeurs, à l'exclusion de la minorité radicale et radicale-socialiste et de la minorité de droite qui sont la majorité électorale. Les 25 députés du Nord et les 12 députés du Pas-de-Calais seront les élus de la majorité radicale et radicale-socialiste, minorité des électeurs, à l'exclusion de la minorité socialiste et de la minorité réactionnaire qui sont la majorité des électeurs.

Or, les 52 députés socialistes de la Seine n'ont obtenu qu'une majorité infime sur la minorité radicale et radicale-socialiste, de même que les 25 députés radicaux et radicaux-socialistes du Nord et les 12 du Pas-de-Calais sur la minorité socialiste, — à peine, les uns et les autres, un dixième en plus. Ces élus n'étant que la majorité de la majorité ne représentent directement qu'un peu plus du tiers des votants. Ce n'est même pas la majorité des opinions que fait déléguer le système majoritaire ; c'est à la minorité qu'est attribué le privilège de la représentation.

La solution logique et unique.

« Atténuons, conjurons le mal, projettent nos amis. Au lieu d'avoir un vaste département comme circonscription unique au scrutin de liste, découpons la Seine en huit tranches, le Nord en quatre, le Pas-de-Calais en trois. »

Vous n'atténuez et ne guérissez pas. Vous aurez dans vos huit, quatre et trois tranches la même situation que dans votre circonscription unique. Que ce soit au scrutin de liste dans 85 départements formant chacun une circonscription ou en formant 130 ; que ce soit au scrutin d'arrondissement dans vos 575 circonscriptions continentales : vous rencontrerez mêmes difficultés et consacrerez la même iniquité.

Le système majoritaire, qui confie le monopole de la représentation nationale à la majorité plus un et confisque le droit de la majorité moins un, est rudimentaire, brutal et injuste. Nous proposons d'y introduire plus de raison, de sincérité et d'équité.

Dans l'intérêt de tous, nous voulons faire représenter à la Chambre les minorités qui atteignent le quotient électoral. La R. P. substituera la justice à l'arbitraire, la vérité à la convention.

La R. P. nous procure d'autres avantages inestimables.

La situation. — Plaintes de nos comités.

Aux Congrès de Paris, de Lyon et de Marseille, nous avons été à peu près unanimes à reconnaître les dangers du scrutin d'arrondissement et à voter son remplacement. La situation n'a pas changé, elle a plutôt empiré.

Gambetta s'écriait éloquemment qu'en fractionnant le pays en petites circonscriptions, « l'élu n'est pas le mandataire de la France, mais il est le procureur fondé de pouvoirs, nommé par un nombre infime et intéressé d'électeurs dans une circonscription. » Et notre regretté ami René Goblet résumait en ces termes notre pensée commune : « Le scrutin uninominal est la guerre des personnes, le scrutin de liste celle des idées. »

La malfaisance n'est pas ici imputable aux hommes, mais au système. En poussant au développement exagéré de l'esprit de clocher, le scrutin d'arrondissement relègue à l'arrière-plan les questions nationales. Trop souvent, l'électeur et l'élu d'une circonscription restreinte songent d'abord à eux et à leurs affaires particulières et perdent de vue les intérêts généraux du pays.

Nos comités nous font entendre des plaintes douloureuses. Tel député représente un arrondissement où sa majorité est précaire. Sa réélection dépend de trois ou quatre hommes dits influents, conseillers généraux, maires, et pour conserver leur concours, il subordonnera sa conduite à leurs désirs. Le mandataire perd son indépendance, est ligotté par quelques tyranneaux de canton.

Ailleurs, un élu s'imagine naïvement incarner la République. L'action des comités qui lui fournissent un appui, mais prétendent à un contrôle, lui porte ombrage ; il n'en favorisera ni la création, ni le développement et, parfois, l'entravera. La crainte du concurrent le hante. La moindre réclamation d'électeurs qui n'approuvent pas docilement ses votes l'horripile. Ce mandataire en arrive à considérer témoignage de défiance ou signe d'hostilité le libre examen de ses actes par ses mandants qu'il traitera, dès lors, en ennemis.

Pour consolider son influence, ce député s'immisce à tous les détails de l'administration de sa circonscription. Il émet la prétention qu'on n'y nomme pas un seul fonctionnaire sans son agrément, et du modeste cantonnier et facteur à l'agent voyer et au sous-préfet, il entend faire sentir son omnipotence. Sa préoccupation est de se composer une clientèle et de l'accroître. On le voit recommander des réactionnaires qu'il espère désarmer et s'attacher, tandis qu'on l'entraînera à satisfaire des rancunes et à exercer des vexations sur d'autres citoyens.

Cette détestable politique de servitude, de brimades et de personnes ne contribue guère à répandre les principes démocratiques ni à faire aimer le régime. Les radicaux et radicaux-socialistes la condamnent en condamnant le scrutin d'arrondissement. La R. P. sera la délivrance.

La libération par la R. P.

La R. P. répond à une de nos plus anciennes réclamations.

Le député d'arrondissement a trop de choses à régler avec le pouvoir exécutif de qui dépendent les affaires qu'il traite. Un pacte tacite s'établit entre l'élu et le ministre. L'élu hésite à se montrer censeur vigilant et à contrecarrer la politique d'un cabinet dont il a besoin. Le gouvernement lui accorde, en échange, des faveurs de toutes sortes et, quand viendra la réélection, cédera fatalement à la tentation de pratiquer la candidature officielle au profit de cet ami complaisant.

Mieux que le scrutin de liste, la R. P. fait disparaître

ce marchandage et supprime la candidature officielle. Elle rend l'indépendance à l'élu vis-à-vis du pouvoir et de l'électeur.

Nous sommes affligés du rôle inférieur auquel le scrutin uninominal réduit le représentant. On le harcèle, on le tiraille en tous sens. Son temps est employé à une besogne de commissionnaire. Le matin, il court les ministères ; l'après-midi, il expédie lettres sur lettres aux solliciteurs. Il abandonne la Chambre pour assister à une foire ou à une cérémonie communale. On ne lui laisse pas le loisir de suivre les débats parlementaires et de s'occuper des affaires publiques.

La R. P. libérera le représentant du peuple en même temps qu'elle agrandira l'horizon de l'électeur et l'affranchira de l'esprit de clocher. L'un et l'autre seront arrachés au joug des minuscules et obscures influences.

La R. P. est le scrutin moralisateur.

Le système majoritaire du scrutin de liste et du scrutin d'arrondissement qui annihile les minorités exaspère l'ardeur des luttes électorales.

Le sort d'une députation ou d'un département peut dépendre de quelques voix. La moitié, plus un, possédant tous les mandats et la moitié, moins un, n'en obtenant aucun, il s'agit, avant tout, de conquérir cette voix en plus. La préoccupation de l'emporter fait taire les scrupules, justifie les équivoques, et il n'est aucune manœuvre à laquelle se refuse un parti pour écraser ses adversaires.

De là, l'emploi de moyens odieux contre lesquels vous avez vainement protesté : les compromissions de principes, les tentatives d'intimidation et de corruption, le boycottage, l'embrigadement des votants, la fabrication des faux électeurs, la fraude du scrutin, le flot des calomnies et des diffamations, la surenchère des promesses.

Les contraires se marient. Des coalitions immorales se nouent où les extrêmes se touchent. Notre parti en a souffert et les a flétries ; nous en subirons encore le grave préjudice si l'on maintient le système majoritaire. On est porté à se livrer à ces actes répréhensibles quand on est mû par la nécessité de composer, à tout prix, une majorité ; on est excité à les accomplir quand, au scrutin de liste comme au scrutin

d'arrondissement, la majorité seule existe et être en
minorité d'une voix, c'est ne pas être.

Que ne fait-on pas pour ne pas être cette minorité,
pour réunir cette majorité quand même !

La R. P. diminue la valeur de l'enjeu et amortit le
choc des combattants. Elle donne à chaque opinion ce
qui lui revient. Elle assure aux partis une représentation en rapport avec leur force réelle. Tous les
groupes suffisamment nombreux étant certains d'avoir
les députés auxquels ils ont droit, il sera inutile d'employer les procédés dolosifs que nous réprouvons. Les
luttes électorales perdront de leur acuité, les mœurs
publiques gagneront en douceur et dignité, le suffrage
universel en liberté et sincérité.

Les injustices ne constituent pas la justice.

« Vous exagérez, objecte-t-on. Les minorités sont
représentées dans le système majoritaire. Il faut envisager l'ensemble du corps électoral et ne pas juger
d'après une fraction. On n'est pas le député d'un département, mais de toute la France. Les inégalités se
balancent dans une élection générale. Le parti, privé
de toute représentation dans certaines circonscriptions,
obtient dans d'autres la totalité de la députation. Le
vaincu se console de sa défaite en pensant aux victoires
de ses idées sur d'autres champs de bataille. »

Le vaincu trouve l'argument médiocre et la conso-
tation insuffisante. La minorité républicaine du Morbihan n'est pas représentée par les députés réactionnaires contre lesquels elle a voté, et contre lesquels
elle votera encore. Elle applaudit au succès des radicaux de la Corrèze, mais ne les tient pas pour ses délégués. Elle pense à ce sujet comme Louis Blanc dont
l'argument n'a jamais été réfuté : « L'étouffement de
la minorité ici ne cessera pas d'être regrettable parce
qu'il y aura étouffement de la minorité en sens inverse.
Un mal donné pour correctif d'un autre mal ne saurait
tenir lieu de remède. »

On persuadera difficilement au radical d'Hazebrouck
qu'il est représenté par le député de Toulouse, au radical de Nantes qu'il est représenté par le député de
Nancy, au radical de Rodez qu'il est représenté par le
député de Paris. Chaque député a déjà bien assez à
faire avec les intérêts de sa circonscription. Et il sem-
blera quelque peu paradoxal de soutenir que les ini-
quités, les inégalités et les absurdités du système majo-

ritaire dans chaque département donneraient un résultat d'ensemble juste, équitable et vrai.

La R. P. fournit ce résultat. Grâce à elle, partout, la majorité est représentée par une majorité, et la minorité par une minorité. En faisant la part de chacun, elle sauvegarde les droits de tous.

La cohésion des partis par la R. P.

« Cet avantage présente un grand inconvénient, fait-on observer. La R. P. favorise la pullulation des groupes. Elle poursuit la chimère de faire des minorités dans le pays, une majorité au Parlement. Elle empêche la constitution d'une majorité suffisamment nombreuse et compacte pour gouverner. »

Le système majoritaire n'a donc pas produit l'éclosion des groupes et sous-groupes qui ont fleuri et fleurissent à la Chambre ? La R. P. aura pour effet certain d'en diminuer plutôt que d'en augmenter le nombre. L'intérêt politique et privé bridera les partis. Leur tendance à s'émietter aura pour remède et pour frein l'impuissance des fractions trop petites à obtenir une part quelconque de représentation.

Un de nos principaux griefs contre le scrutin uninominal est précisément de favoriser à outrance l'individualisme et de conduire au fractionnement des partis. La R. P. entraîne leur cohésion.

« Mais, réplique-t-on, les brouillons, les intransigeants, les fumistes même trouveront le chiffre de mécontents nécessaire pour obtenir un siège, en tant que représentants d'une minorité. »

Cette variété de citoyens n'a-t-elle jamais eu de représentants à la Chambre ? Il serait irrévérencieux d'en douter. Si le fait se produit, cette fantaisie du suffrage universel n'aura guère d'importance.

La R. P. et l'organisation des partis.

L'existence d'une majorité de gouvernement dépend des citoyens. Avec n'importe quel système, s'il n'y a pas de majorité dans le pays, il n'y en aura pas au Palais-Bourbon. Nous nous efforçons d'en amener une; appliquons la R. P. dont la conséquence directe, immédiate, certaine, sera d'obliger les partis à s'organiser et à se constituer fortement.

La R. P. réalisera ainsi nos vœux les plus chers. Les individualités ne feront liste, ne se présenteront devant le corps électoral que comme les représentants d'un parti. Un parti n'existera que suivant un programme précis. Des idées communes uniront tous les membres. Chacun saura exactement pourquoi il vote et, s'il n'est satisfait des doctrines d'une liste, portera son suffrage sur une autre, étant assuré de posséder un député de son opinion, pourvu qu'elle rallie un nombre suffisant d'électeurs.

A la confusion des principes succédera la clarté, à l'éparpillement des individus le groupement. Une puissante organisation deviendra la condition essentielle de la victoire. Nos comités et fédérations augmenteront en nombre et importance. Leur rôle sera décisif.

La R. P., c'est la sécurité.

Le scrutin majoritaire permet à quelques centaines de voix de déplacer la majorité dans plusieurs circonscriptions dont les élus peuvent déplacer la majorité au Parlement. La R. P. obvie à cet inconvénient.

Dans un département, une liste hostile atteindra le quotient diviseur suivant le changement d'orientation d'une quotité d'électeurs ; il n'y aura qu'un ou deux sièges perdus. La majorité parlementaire augmentera ou diminuera suivant les variations réelles de l'opinion dans l'ensemble du pays. Pour la renverser, il faudra un mouvement profond et général des esprits.

Ainsi, la majorité parlementaire sera plus stable, la vie politique non moins active, mais plus noble. Le stimulant électoral ne manquera pas. On luttera pour déplacer le nombre de voix suffisant à modifier les effets du commun diviseur. Un changement de majorité se produira à la Chambre lorsqu'il y aura un changement de majorité dans la nation.

L'action des partis.

Suivant une parole célèbre, « l'action des partis constitue la vie honorable des nations ». La R. P. offre à chaque parti le moyen d'entrer loyalement en lutte en conservant son caractère propre.

Il y aura à la Chambre autant de groupes qu'il y aura de minorités, comme aujourd'hui. Mais chaque minorité ne peut être représentée qu'à la condition d'atteindre le quotient électoral et ne l'atteindra qu'à la condition d'observer une stricte discipline ; elle ne peut observer cette discipline qu'à la condition d'avoir sa physionomie distincte, son programme net et particulier.

La majorité, astreinte aux mêmes obligations, deviendra plus cohérente, plus solidaire. La R. P. subordonne l'action des individualités à celle des partis. L'idée domine la personne.

La R. P. diminue les abstentions.

La R. P. établit la concurrence des listes et des opinions et réserve à chacune d'elles sa part de représentation. Elle diminue ainsi le nombre des abstentions et amène au vote un contingent de citoyens qui, appelés à choisir entre deux hommes par le système majoritaire, dédaignaient un geste vain ou ne pouvaient se prononcer pour un candidat de leur nuance.

Les droits des minorités.

La majorité vise la totalité des sièges. Elle oublie trop aisément que les minorités ont des droits. Elle traite en factieux ceux qui lui résistent et elle en fera volontiers des victimes.

Le suffrage universel ne saurait être un despote qui s'arroge le pouvoir de faire taire ses contradicteurs. Le droit de décision appartient à la majorité, le droit de représentation appartient à tous. On confond généralement deux droits si différents.

Vous convoquez l'universalité des citoyens à déposer leurs bulletins dans l'urne, mais vous ne tenez aussitôt aucun compte de la moitié moins un de ces votants et vous interdisez l'accès du Parlement aux mandataires qu'ils ont choisis ! C'est injustice et dérision.

L'exclusion des minorités.

Au scrutin de liste de 1885, les républicains obtiennent 125.000 voix dans le Nord, 76.000 dans le Pas-de-Calais, 50.000 dans la Manche et n'ont pas un élu.

Les conservateurs qui réunissent 110.000 voix dans la Seine, 72.000 dans la Gironde, 61.000 dans la Seine-Inférieure, n'ont également pas un élu.

Le scrutin de liste passe sur les minorités républicaines et réactionnaires comme une meule sur le grain. A toutes les élections qui ont eu lieu avant et depuis 1885 au scrutin d'arrondissement, s'est renouvelé le même écrasement, s'est consommée la même iniquité.

En 1906, les républicains obtiennent 23.000 voix dans la Mayenne, 17.000 dans l'Orne et n'ont pas un représentant ; 46.700 voix dans la Loire-Inférieure, 27.000 dans la Maine-et-Loire, 25.500 dans le Morbihan et n'y ont qu'un représentant ; 40.000 voix dans l'Aveyron et n'y ont que deux représentants.

Les réactionnaires obtiennent 38.000 voix dans le Loiret, 18.500 dans le Puy-de-Dôme, 18.400 dans le Tarn-et-Garonne et n'ont pas un élu.

L'injustice est flagrante. En la perpétuant, un régime démocratique attente à ses principes.

Les minorités fortes dans l'intérêt général.

L'accaparement des mandats par la moitié plus un des votants contre la moitié moins un peut très bien aboutir à la victoire ou à la défaite gouvernementales dans toutes les circonscriptions et à l'élimination totale de l'opposition ou de la majorité. Ce serait ici péril pour la République, et là grand dommage pour la chose publique.

L'idéal républicain n'est pas davantage de réduire l'adversaire à un nombre infime et à une impuissance absolue. L'intérêt général et l'intérêt privé éprouveraient un grave préjudice de la nomination d'un Parlement où une minorité ne se dresserait pas devant la majorité.

La minorité contrôle et contredit, fait naître la libre et loyale discussion. La majorité soutient sa thèse, réplique, décide, gouverne.

Les majorités n'ont que trop de penchant à se croire infaillibles et omnipotentes et à ne pas se soucier de l'opinion et des droits des autres. L'insuffisance d'une minorité est déjà un danger. Une majorité sans minorité serait une calamité.

Et par insuffisance et absence de minorité, il ne faut pas entendre seulement le nombre. La qualité n'importe pas moins. L'intérêt national exige que pénètrent au Parlement les personnalités remarquables par l'intelligence, le caractère, l'éloquence et le savoir.

L'esprit de parti s'est réjoui de l'échec de M. Ribot en 1885, de Jules Ferry en 1889, de Charles Floquet et de M. de Mun en 1893, de René Goblet, MM. Jules Guesde et Jaurès en 1898, de MM. Henri Brisson et Mesureur en 1902. Leur insuccès qui éloignait du Parlement une lumière et une force préjudiciait à tous les Français.

Le système majoritaire favorise ces déplorables exclusions. La R. P. les rend très rares et à peu près impossibles.

Dans chaque circonscription, pour réunir le maximum de chances de posséder un ou plusieurs représentants, les partis devront inscrire sur leurs listes leurs candidats les plus capables et les plus connus. Ce sera la défaite des médiocrités, le triomphe des talents.

Au Parlement siégeront ainsi, comme nous le souhaitons tous, une majorité forte, compacte et disciplinée, et une minorité nombreuse, ardente et vigilante, qui formeront l'élite des citoyens.

La R. P. facilite les réformes.

L'indépendance de l'électeur et de l'élu sera réciproque. On pourra enfin aborder toutes les réformes inscrites au programme de notre parti, décentraliser, supprimer les rouages inutiles et les fonctions parasitaires, nous débarrasser de l'onéreux, archaïque et compliqué appareil administratif, judiciaire et fiscal qui conserve la France dans un moule coulé par le Premier Consul. La R. P. détruit le barrage de l'intérêt de clocher, fait prévaloir l'intérêt général.

L'influence des appoints.

Citoyens, si vous hésitez encore à établir la R. P., veuillez songer à ce qui s'est passé en 1906 et hier et à ce qui se passera demain.

Nous recherchons la clarté des doctrines et la loyauté des engagements ; le système majoritaire n'en a qu'un médiocre souci. En de multiples circonscriptions, les partis se composent de minorités inégales ; un parti n'obtient la majorité des suffrages qu'en additionnant au premier ou au second tour les voix d'un autre parti. Cette nécessité détermine la tactique électorale et adultère les programmes.

Les candidats sont à la recherche de leur appoint et, pour l'acquérir, consentent de fâcheuses concessions. Beaucoup louvoient, biaisent, évitent les déclarations catégoriques, se colorent ou se décolorent selon les circonstances et les milieux. Loin de défendre la thèse de leur parti et d'opposer doctrine à doctrine, leur principale préoccupation est de ménager l'opinion voisine et même adverse et de se concilier cet appoint indispensable au succès.

Quand ces candidats sont élus, on ne sait comment les classer et on est très surpris de leurs votes. On s'imaginait que le pays avait envoyé une majorité solide et on s'aperçoit avec stupeur qu'elle est flottante sur des questions où elle devrait montrer le plus de fermeté.

C'est ainsi qu'aux dernières élections, des modérés se sont tournés vers les réactionnaires, des radicaux et radicaux-socialistes vers les modérés ou vers les socialistes, des socialistes vers les radicaux et radicaux-socialistes et vers les modérés. Ces candidats s'évertuaient à ramener dans leurs filets la minorité qui, s'ajoutant à la leur, leur procurerait la majorité.

Mais, après s'être lancés à la recherche, les élus risquent de se mettre à la remorque de leur appoint. Ils appréhendent que, si cette fraction les abandonne, leur réélection soit compromise. Cette crainte inspire leur conduite.

La R. P. redressera ces écarts, empêchera ces calculs. Une direction différente sera imprimée. Le parti radical et radical-socialiste imposera à tous ses candidats un programme général, uniforme et précis. Ses élus, qui auront combattu énergiquement les autres partis pour atteindre le quotient électoral et augmenter leurs chances, devront rester des radicaux et radicaux-socialistes pour être réélus. Ce sera la fin de la compromission des personnes et de la confusion des doctrines.

Nouvelle orientation par la R. P.

A cette tactique nouvelle qui dirigera les combats du suffrage universel correspondra une nouvelle orientation.

Avec le système majoritaire, les partis font la politique générale de leur politique électorale ; c'est-à-dire qu'ils sont tenus constamment à ne pas mécontenter et à satisfaire l'appoint qui a assuré la nomination de leurs candidats.

Avec la R. P. les partis feront la politique électorale de leur politique générale ; ils ne seront pas enclins à sacrifier un principe à un appoint dont ils n'ont pas besoin ; ils seront libres d'éviter ces deux redoutables écueils, la surenchère et le recul.

La R. P. stimule la propagande.

La R. P. fournit le meilleur instrument de propagande démocratique.

Le scrutin de liste simple priverait de toute représentation républicaine la Loire-Inférieure, le Maine-et-Loire, le Morbihan, la Vendée, l'Ille-et-Vilaine, l'Aveyron, etc., et nous ferait perdre, en ces départements, le bénéfice de 37 années de luttes.

Au scrutin d'arrondissement, il n'y a pas de candidat républicain à Ancenis, à Châteaubriant, à Cholet 2e, à Brest 2e et 3e, à Morlaix 2e, à Argentan, à Vannes 2e, à Vitré, à Mortain, à Saint-Lô, etc. Le clergé et les hobereaux dominent ces circonscriptions. Des minorités républicaines y existent, la certitude de l'échec les éloigne de la lutte.

La R. P. unira ces minorités et les entraînera au combat. Les républicains étant certains d'avoir des représentants braveront les brimades, se choisiront des défenseurs contre une majorité oppressive. Leur nombre s'accroîtra à chaque bataille. Le remplacement du système majoritaire stimulera l'ardeur et assurera la protection de ces fils de la Révolution.

La R. P. désagrège le bloc de droite.

Pour des causes diverses qu'il serait trop long de rappeler — mon rapport au Congrès de Lille de 1906 sur la propagande et l'organisation du parti entre dans les détails — la République a perdu du terrain dans plusieurs départements.

Nous avons eu 3 députés républicains sur 7 et 12 conseillers généraux républicains sur 34 dans Maine-et-Loire ; 3 députés républicains sur 8 et 18 conseillers généraux de gauche contre 19 de droite dans le Morbihan. Nous n'avons plus aujourd'hui qu'un député et cinq conseillers généraux républicains dans Maine-et-Loire, un député et treize conseillers généraux républicains dans le Morbihan.

Dans l'Ille-et-Vilaine représentée actuellement par 5 sénateurs réactionnaires, 5 députés du bloc de droite et 3 du bloc de gauche, nous avons eu tous les sièges sénatoriaux et 7 députés républicains sur 8.

Je ne prolonge pas cette revue. La constatation est douloureuse. Il s'agit de remédier au mal.

D'autre part, nous ne pouvons demeurer indifférents au spectacle des partis à la Chambre et dans le pays.

Nous avons déploré la coupable erreur des progressistes lors de l'affaire Dreyfus et leur opposition systématique au cabinet Waldeck-Rousseau. Parmi eux se trouvaient des républicains d'origine et, derrière eux, des électeurs républicains. Quelques-uns sont revenus à gauche, les autres sont restés à droite.

En 1902 comme en 1906, ces derniers ont fait alliance avec les nationalistes, les réactionnaires et les cléricaux et sont les élus d'une majorité républicaine et d'une minorité réactionnaire ou même d'une majorité réactionnaire et d'une minorité républicaine. La sage administration consiste à séparer le bon grain de l'ivraie et à le récolter ; la bonne politique, à diviser ses adversaires et à les mettre aux prises. L'intérêt républicain le plus évident est de disloquer le bloc de droite et de fortifier le bloc de gauche.

Nous avons proclamé que nous n'avions pas d'ennemis à gauche et nous nous sommes alliés aux socialistes. Nous regrettons que beaucoup d'entre eux se tiennent maintenant à l'écart et se refusent à observer la discipline républicaine et à reconnaître les obligations envers la patrie. Résolus à repousser toutes concessions de principes et à faire exclusivement notre politique, nous sommes prêts à y collaborer avec tous ceux qui nous apportent loyalement leur appui.

Ennemis des anathèmes et des exclusions, nous ne les admettons pas plus à l'égard des socialistes que des progressistes qui sont tentés de coopérer avec nous et libres de le faire ou de ne pas le faire. Notre méthode et notre objectif sont invariables : nous opérons la concentration à gauche pour réaliser les réformes inscrites au programme du parti radical et radical-socialiste.

La R. P. produit cette concentration. C'est ne pas connaître la situation électorale que ne pas prévoir ce qui adviendrait. Dans tels et tels départements — je ne les nomme pas à dessein — où le radical et radical-socialiste succombe devant la coalition de droite, l'élément réactionnaire formerait une liste et en excluerait immédiatement son compagnon d'aujourd'hui, le progressiste, qu'il traiterait aussi durement qu'au Seize Mai et en 1885. Rejetés à gauche, la plupart des progressistes s'incorporeraient naturellement aux républicains de gauche. Les troupes, sinon les états-majors, rentreraient dans la République, nous reviendraient.

Le bloc de droite tomberait en poussière. Dans l'Ouest de la France comme dans des circonscriptions du Nord et du Midi, du Centre et de l'Est, la famille républicaine se retrouverait au complet.

La R. P. évite une aventure et un désastre.

Si la R. P. n'est pas établie, nous rencontrerons des difficultés inextricables.

Aux élections précédentes, de nombreux candidats radicaux et radicaux-socialistes ont bénéficié d'un appoint de voix socialistes, et réciproquement. Comment se composeront-ils une majorité en 1910 ?

Avec le système majoritaire, ces candidats devront rechercher leur appoint à droite ou à gauche. A droite, ils le paieraient inévitablement de l'abandon partiel ou total de leurs principes ; c'est trop cher, et ils ne seraient plus des radicaux et radicaux-socialistes. A gauche, on peut le leur refuser ou leur imposer des conditions qui équivaudraient à un refus ou professer de meurtrières doctrines de grève générale et d'insurrection en cas de guerre qui interdisent à un républicain de se prêter à une tractation électorale.

Je ne crois pas que les socialistes unifiés aient eu raison de rompre leur engagement avec notre parti, mais ils ont rompu. C'était leur droit et c'est un fait. Ils ont même accentué la rupture. Il serait puéril d'en nier l'importance et de ne pas en mesurer les conséquences.

Contrairement à notre ancienne convention et à la discipline républicaine, la Fédération socialiste unifiée de la Seine a maintenu, au second tour, ses candidats aux élections municipales complémentaires de Paris et son candidat aux trois tours de scrutin de la récente élection sénatoriale de la Seine.

Aux dernières élections cantonales, des comités socialistes unifiés ont maintenu, au second tour, leurs candidats contre les radicaux et radicaux-socialistes plus favorisés au premier tour et, en divers endroits, ont fait ouvertement alliance avec les réactionnaires.

Les socialistes unifiés ont tenu en août, ici même, à Nancy, un Congrès où ils ont voté des motions qui les éloignent encore davantage du bloc de gauche et de la tradition du socialisme et de la Révolution. Plusieurs d'entre eux, députés, écrivains, orateurs, militants, répètent à l'envi que nous n'avons plus à compter à l'avenir sur les suffrages de leur parti qui s'abstiendra ou maintiendra ses candidats au second tour. C'est à nous de prendre virilement la résolution que comportent ces actes et ce langage.

On peut fermer les yeux à l'évidence, dire que cela s'arrangera, qu'on se débrouillera. Cet optimisme béat prépare le désastre.

Et si cela ne s'arrange pas ? On se débrouillera au fond du fossé où l'on aura culbuté.

Un grand parti ne va pas à l'aventure à une élection générale. Il faut que le nôtre mette les chances de son côté, arrête à l'avance ses dispositions de combat. La première condition est que le succès de nos candidats ne soit pas livré au hasard, ne dépende pas d'un appoint hypothétique. La R. P. nous dispense de recourir à qui que ce soit. La R. P. nous assure indépendance et sécurité. Si elle ne fonctionne pas, comment nous tirerons-nous d'affaire ?

Question bien posée.

M. Jaurès écrivait, il n'y a pas longtemps, que l'heure était propice au vote de la R. P. dont il démontrait, avec une grande largeur de vues, l'urgence et les avantages. Voici sa conclusion :

« C'est par leur union, quelquefois au premier, toujours au second tour de scrutin, que socialistes et radicaux ont refoulé la réaction nationaliste et cléricale. Mais bien aveugle qui ne voit pas se multiplier les symptômes d'une situation nouvelle, et bien enfant qui se bornerait à gémir ou à prêcher.

« En fait, par la force des choses, par un mouvement qu'il faut prévoir pour en écarter ou en atténuer les périls possibles, les rapports entre socialistes et radicaux deviennent tous les jours plus difficiles... Avec le scrutin d'arrondissement ou même avec le scrutin de liste majoritaire, ces conflits d'idées entre socialistes et radicaux se compliqueront de compétitions furieuses : et l'union finale deviendra tous les jours plus malaisée.

« Quand les socialistes auront dénoncé les radicaux comme des conservateurs, quand les radicaux auront dénoncé les socialistes comme des anarchistes et des fous, comment se fera l'accord au second tour de scrutin ? Entre les deux fragments de l'ancien bloc la réaction se glissera, et c'est elle qui arrivera au but.

« Au contraire, lorsque la représentation proportionnelle fonctionnera, les radicaux, dans chaque département, auront leur liste ; les socialistes auront la leur. Et le nombre de députés attribué à chaque parti sera proportionné au nombre de suffrages recueillis au premier tour par chaque liste.

« Il n'y aura pas de second tour. Il n'y aura lieu à aucune

combinaison, à aucun marchandage, et aucune force de la démocratie ne sera perdue. Il n'y aura ni déchet ni compromission.

« Si le parti radical était bien inspiré, c'est maintenant, c'est quand il est encore en pleine force politique, qu'il devrait adopter la proportionnelle. Plus tard, il sera trop tard. Et en ajournant cette résolution nécessaire, il n'aura pas servi sa propre cause. Il aura fait, sans le vouloir, le jeu de la réaction la plus brutale. »

Rien de plus vrai, et on ne saurait mieux dire.

Nos Pangloss trouvent que tout va pour le mieux avec un mode de scrutin ayant assuré leur élection. Cet avertissement de M. Jaurès sonne à leurs oreilles comme un glas. Les écailles leur tomberont-elles des yeux et persévéreront-ils dans leurs illusions aussi dangereuses pour eux que pour leur parti ?

Citoyens, nous aurons beau tourner et retourner la question capitale de l'appoint des candidats, nous ne la trancherons honorablement que par la R. P. ; nous ne ferons preuve de prévoyance qu'en adoptant cette réforme. N'y font obstacle que les égoïsmes et les préjugés.

L'intérêt général doit prévaloir.

La discussion dissipe les préjugés et de bonnes raisons modifient les convictions. Les égoïsmes opposent une tenace résistance.

Des représentants et des candidats tiennent un raisonnement très humain. Voici un département dont la représentation est exclusivement radicale et radicale-socialiste. La R. P. éliminera sûrement un de ces députés. Chacun d'eux se dit : « Ce sera peut-être moi » et n'est pas tenté de courir cet aléa. Ailleurs, un candidat a jeté son dévolu sur une circonscription où il croit avoir des chances de l'emporter. Sa sympathie n'est pas acquise à la R. P. qui dérange ses desseins.

Ne considérons les choses qu'au point de vue de la justice et de l'intérêt général. Toute réforme lèse des intérêts privés. Une iniquité sera abolie, l'ensemble des citoyens profitera du remplacement du système majoritaire : cela suffit à nous déterminer. Selon les traditions de notre parti, prononçons-nous pour la justice et l'intérêt général. Faisons la réforme.

D'ailleurs, si nous perdons ici un siège, nous en gagnerons un plus loin. Il y aura compensation. Et puis, il faut songer à l'avenir. Nous avons délogé l'adversaire d'un département ; nos amis peuvent être évincés à leur tour. Là, ils se félicitent de n'avoir pas eu besoin d'un appoint en 1906 ; en sera-t-il de même dans trois ans, dans sept ans ?

Après avoir été longtemps minorité, nos candidats ont conquis la majorité ; nous souhaitons qu'ils la conservent, et non qu'ils conservent le système majoritaire où les uns sont tout et les autres rien.

La R. P. les met à l'abri des coalitions qui les ramèneraient au néant.

La R. P. les soustrait à la nécessité de contracter des alliances qui font disparaître l'intégrité des programmes et la dignité des partis.

La R. P. fait à chacun sa part équitable. La leur, la plus large aujourd'hui, sera sauvegardée ; ils n'ont droit à rien de plus et à rien de moins.

Les résultats de la R. P.

En terminant, je réponds à une question qu'on me pose fréquemment. Quels seront les résultats généraux de la R. P. ? Le bloc de gauche ne sera-t-il pas affaibli et le bloc de droite renforcé ? La majorité radicale et radicale-socialiste ne sera-t-elle pas amoindrie ?

J'ai lu avec attention les travaux des statisticiens et les ai contrôlés ; il serait trop long d'en faire ici la critique. De l'étude minutieuse du scrutin de 1906, il résulte :

La R. P. ne changera pas très sensiblement les forces respectives des partis à la Chambre.

Le bloc de gauche sera à peu près aussi nombreux, mais plus compact.

La majorité radicale et radicale-socialiste comprendra 300 à 310 membres qui ne seront que des radicaux et radicaux-socialistes.

Notre parti gagnera en indépendance et cohésion, en discipline et solidarité.

Ne nous laissons pas hypnotiser par la vision d'une majorité de 150 voix à la Chambre ; cette grosse masse tend à l'inertie. Les cabinets Waldeck-Rousseau et Combes ont fait une œuvre admirable avec une majorité moins nombreuse. La présence au Palais-Bourbon de 300 à 310 radicaux et radicaux-socialistes sincères nous garantirait l'exécution intégrale de notre programme.

Les partisans de la R. P.

Je n'insiste pas sur d'autres avantages inestimables : établissement d'un gouvernement stable, constitution normale des partis, triomphe de la tolérance et de la liberté, apaisement des esprits. La R. P. ne réalise pas la justice absolue, mais elle s'en approche mieux que tout autre système.

Nous avons la bonne fortune de la recommander avec une élite d'hommes de tous les partis. Dans le nôtre, MM. Ferdinand Buisson, Messimy, Guieysse, Louis Martin, Ajam, Carpot, Bouyssou, Cazeneuve, Brunard, Poisson, J. Godard, députés, nos collègues du Comité exécutif du parti radical et radical-socialiste, et MM. Charles Deloncle, Cosnard, Réveillaud, Vazeille, Magnaud, Chailley, etc., ont signé la proposition de loi tendant à établir la R. P. Au Sénat, notre éminent ami M. Léon Bourgeois y est, notamment, très favorable.

Dans la dernière législature, M. Ch. Benoist avait présenté à la Chambre un remarquable rapport qui n'est pas venu en discussion. Dans la législature actuelle, la Commission parlementaire a confié le rapport à M. Flandin avec mandat de proposer la R. P.

La Ligue de la R. P. a entrepris une active propagande. L'opinion publique s'y intéresse de plus en plus. À l'unanimité en 1898, à l'unanimité moins cinq voix en 1906, le Convent maçonnique, congrès annuel des délégués des loges du Grand Orient de France, a voté un ordre du jour fortement motivé en faveur de la R. P.

La Fédération radicale et radicale-socialiste de la Seine a inscrit la R. P. dans son programme de 1906. Des comités radicaux et radicaux-socialistes de Paris et de province la préconisent avec ardeur. Le nombre de ses partisans augmente tous les jours.

La réforme électorale par la R. P.

Nous ne faisons pas l'épreuve de la réforme. D'autres peuples l'ont tentée avec succès, nous profitons de leur expérience.

La R. P. évite les dangers du système majoritaire, scrutin de liste ou d'arrondissement, et corrige les vices du scrutin de liste. La R. P. présente les avantages qu'indiquent ses partisans et n'offre pas les inconvénients que lui attribuent ses adversaires.

L'histoire du régime parlementaire nous apprend que

les lois électorales se modifient suivant les nécessités de l'époque, se conforment aux évolutions de l'esprit public et aux intérêts du pays. Il y a unanimité à reconnaître les défauts du système en vigueur et l'urgence de le transformer : ayons le courage de remplir notre devoir. Le statu quo est la plus détestable des solutions.

La R. P., c'est l'exercice de la souveraineté nationale.

Citoyens,

Les censitaires ont longtemps exercé le monopole du vote et accaparé le pouvoir ; il a fallu une révolution pour le leur arracher. Le suffrage universel fonctionne avec un mode imparfait, les minorités réclament la sauvegarde de leurs intérêts et de leurs droits contre la tyrannie toujours possible de la majorité. Minorité hier, majorité aujourd'hui, nous pouvons redevenir demain minorité. La garantie légale des droits d'autrui est notre meilleure garantie personnelle.

Le parti radical et radical-socialiste s'est toujours honoré de se laisser guider par l'équité et la justice. Veut-il être taxé d'iniquité ou accusé d'aveuglement, s'il repousse une réforme que les minorités éclairées propagent et dont beaucoup de ses membres demandent l'application ? C'est parmi nous que la R. P. devrait rencontrer les plus solides et les plus nombreux appuis.

N'oublions pas enfin que la République est le gouvernement de tous par tous et pour tous ; le système majoritaire du scrutin de liste et d'arrondissement en fait le gouvernement de la majorité plus un à l'exclusion de la majorité moins un. La R. P. supprime cette injustice. La R. P. associera tous les citoyens français à l'exercice réel de la souveraineté nationale et elle assurera le gouvernement du peuple par tout le peuple également représenté.

En conséquence, au nom de la « Commission des réformes électorales, administratives et judiciaires », j'ai l'honneur de vous proposer la motion suivante :

« Le Congrès du parti radical et radical-socialiste siégeant à Nancy émet le vœu que la Chambre discute prochainement la Réforme électorale et vote le scrutin de liste avec représentation proportionnelle. »

RAPPORT de M. Bouillard,
au nom de la Commission des réformes électorales du Congrès

M. Bouillard, *rapporteur*. — Citoyens, hier à midi, après deux séances de discussion approfondie je sortais de la Commission des réformes électorales, avec le mandat, très honorable mais périlleux, de vous présenter un rapport sur la grave question du mode de votation. Vous voyez qu'il me restait bien peu de temps pour accomplir ma tâche, d'autant plus que, pour rien au monde, je n'aurais pas voulu ne pas prendre, par mon vote, ma part de responsabilité dans les patriotiques et républicaines décisions qui ont hier obtenu l'unanimité du Congrès. Ceci dit, citoyens, pour excuser la brièveté de ce rapport et ses imperfections ; pour une fois vous voudrez bien, je l'espère, donner tort à Alceste et trouver que le temps fait quelque chose à l'affaire.

Au nom de la Commission identique du Comité exécatif, notre distingué collègue, M. L. Bonnet, avait rédigé un rapport dont les conclusions étaient condensées dans la motion suivante :

« Le Congrès du Parti radical et radical-socialiste
« siégeant à Nancy, émet le vœu que la Chambre dis-
« cute prochainement la réforme électorale et vote le
« scrutin de liste avec représentation proportion-
« nelle. »

Ce rapport, étudié très consciencieusement, rempli à la fois des considérations philosophiques les plus élevées et des précisions les plus mathématiques, est une œuvre considérable par les recherches qu'elle a imposées à son auteur et par la clarté avec laquelle ont été exposés les fruits de ces investigations. Il a été imprimé et distribué à nos collègues ; vous l'avez lu pour la plupart et le soin que vous avez apporté à cette lecture rend ma tâche plus facile.

Votre Commission a examiné tout d'abord la question du scrutin de liste avec R. P., puis elle a étudié le scrutin uninominal, enfin elle a terminé ses travaux en concluant à l'adoption du scrutin de liste pur et simple avec une modification qui n'en altère pas le caractère et qui en facilite le fonctionnement.

I. — SCRUTIN DE LISTE
AVEC REPRÉSENTATION PROPORTIONNELLE

Notre collègue, M. L. Bonnet, met son projet de réforme sous l'égide de la *Déclaration des droits de l'homme et du citoyen* qui proclame « *le droit, pour chaque citoyen, de concourir personnellement ou par son représentant* à la formation de la loi et à la détermination de la contribution publique. »

Et, comme le système électoral actuel semble enlever aux citoyens qui forment la minorité l'exercice de ce droit, notre honorable contradicteur conclut que « le système majoritaire est la négation du droit de chaque citoyen ».

Cette conclusion n'est-elle pas excessive ? Où voit-on la négation du droit de chaque citoyen ? Sans doute celui-ci est privé de l'exercice de ce droit, et encore momentanément ; il peut, en effet, si la cause qu'il défend est juste et conforme aux inéluctables nécessités du progrès humain, prétendre concourir à la formation de la loi par son représentant.

Et, dans une démocratie comme la nôtre, où s'épanouissent toutes les libertés : liberté de la presse, de réunion, d'association, on doit garder l'espoir de ramener à soi l'opinion, si, bien entendu, on veut servir les intérêts du peuple qui fait cette opinion. Notre parti, si puissant aujourd'hui, n'a-t-il pas prouvé la légitimité de ces espérances ? Combien d'années depuis le 20 février 1876, n'avons-nous pas été les membres harcelés d'une minorité toujours laborieuse, aspirant à la réalisation des réformes qui n'apparaissaient que dans un horizon obscurci de brumes, dont quelques-unes — et non des moins importantes — sont en vigueur dès aujourd'hui, dont les autres, encore sur le chantier, sont sur le point de passer dans les faits ?

De minorité, qui n'avait que le *droit* mais non l'*exercice* de ce droit, nous sommes devenus majorité et nos représentants font les lois et votent les impôts.

Que ceux que nous avons dépossédés par une propagande inlassable imitent notre exemple et, s'ils veulent sincèrement le bien du peuple français et non servir exclusivement leurs intérêts personnels, ils participeront à l'exercice du pouvoir puisqu'ils accroîtront la majorité.

J'entends bien que ce ne sont là que perspectives

d'avenir et notre contradicteur veut dès maintenant « sauvegarder les droits de la minorité et ainsi assurer la justice ». Pour atteindre cet idéal, ou seulement s'en rapprocher, notre collègue nous propose d'adopter le système d'Hondt qui organise le scrutin de liste avec R. P.; mais il confesse que ce système est imparfait et qu'ainsi le rêve d'équité absolue qu'il poursuit ne se transformera pas en réalité.

Cette justice approximative vaut-elle que nous passions sur les imperfections avouées du système ?

Ce serait le lieu d'examiner en détail ce système et de s'assurer si son fonctionnement peut s'accommoder avec notre caractère national, épris de clarté et de vraie justice, si jamais il pourra se plier à nos mœurs électorales. Mais vraiment le temps me fait défaut et aussi je suis effrayé par l'aridité des commentaires que j'aurais à fournir.

Cependant je veux retenir une des conséquences du système que M. Bonnet veut bien lui-même mettre en lumière. A la page 2 de son rapport, notre collègue, prenant les chiffres des élections dans le Morbihan, lors des élections au scrutin de liste de 1885, nous montre le résultat qu'aurait donné son système de R. P. Ce résultat vaut qu'on le retienne. Le voici : deux listes étaient en présence, les huit candidats de l'une obtiennent, le premier, 60.489 suffrages, le dernier, 59.902, soit, en chiffres ronds, 60.000 voix ; sur l'autre liste, les huit candidats arrivent, le premier, à 34.605 voix et le dernier à 34.026, soit, en chiffres ronds, 34.000.

Eh bien ! l'application du système d'Hondt, exposée par M. Bonnet, fait entrer à la Chambre cinq candidats de la première liste qui ont, chacun, 60.000 voix et trois candidats de la seconde liste qui n'ont obtenu, chacun que 34.000 suffrages, tandis que les trois derniers candidats de la première liste verront passer devant eux des élus qui auront eu 26.000 voix de moins. Notre collègue aura beau dire que c'est là « un partage amiable des sièges suivant un diviseur commun », il fera difficilement admettre par l'électeur français qu'on fait œuvre de justice en faisant entrer à la Chambre des candidats qui ont 34.000 voix alors qu'on laisse à la porte des candidats qui, eux, ont obtenu 60.000 suffrages !

Notre contradicteur prévoit la difficulté de faire comprendre à l'électeur les beautés d'un système qui aboutit à de tels résultats ; mais, dit-il, « ce raisonnement (celui de l'électeur qui ne comprendra pas qu'on proclame élu un candidat qui aura obtenu moins de voix qu'un non élu), ce raisonnement empêcherait tout progrès ».

Progrès ! un pareil résultat. Le suffrage universel n'en réclame pas de pareils, je crois, et verra dans cette « amélioration » de la justice à rebours.

La mise en vigueur du système est si compliquée que les électeurs dans nos communes n'y suffiront pas ; le rapport nous enseigne que « la Commission de recensement nomme, pour les opérations techniques, des calculateurs qui l'assistent, sous sa surveillance et son contrôle. Leurs honoraires sont fixés par arrêté préfectoral ».

Opérations techniques, calculateurs, honoraires, ce sont là des mots inconnus jusqu'ici dans le langage électoral. Les difficultés nouvelles imposées à l'électeur pour qu'il puisse connaître le résultat du scrutin constituent-elles un progrès ?

Votre Commission ne l'a pas pensé et elle a repoussé à l'unanimité, moins une voix, le scrutin de liste avec R. P. malgré les innovations qui lui faisaient cortège.

II. — Scrutin d'arrondissement

Malgré les efforts de très énergiques défenseurs, le scrutin uninominal n'a pas trouvé grâce devant la majorité de votre Commission. Il convient de dire, pour être exact, que cette majorité a été très minime. Les raisons qui l'ont déterminée, vous les connaissez tous. Il serait inutile de les énumérer une fois de plus : rappelons seulement les violations de la loi du nombre ; ainsi les Basses-Alpes, qui comptent 111.000 habitants, ont 5 députés et l'Ariège qui a 205.000 habitants n'en a que 3. Je pourrais multiplier les exemples. Rappelons aussi le pouvoir excessif de l'argent, la constitution des fiefs électoraux que le fils trouve dans la succession de son père. Montrons aussi le député diverti de ses travaux législatifs pour perdre son temps et aussi quelque peu de son indépendance en démarches multiples auprès des administrations, en sollicitations répétées auprès des ministres.

Mais à quoi bon insister ? Tous ces inconvénients,

tous ces dangers même sont connus de la plupart. Un certain nombre d'entre nous les nient avec une entière bonne foi.

Je me borne à exposer les résolutions de votre Commission.

III. — SCRUTIN DE LISTE

Après avoir écarté les deux précédents modes de votation, votre Commission s'est arrêtée au scrutin de liste pur et simple. Elle a toutefois introduit une légère modification au fonctionnement connu, elle vous demande de vouloir bien émettre le vœu que les départements très peuplés soient divisés en sections lors de l'application du scrutin de liste. Il lui a apparu qu'il était difficile à l'électeur de connaître 50, ou 25, ou même 20 députés et par suite d'en apprécier les mérites. Par la séparation en sections de ces grandes agglomérations départementales, on rendra plus facile le devoir de l'électeur.

Tout a été dit sur les mérites et les inconvénients du scrutin de liste. Je ne vous infligerai pas, mes chers collègues, l'ennui d'entendre des redites. Je dois ajouter néanmoins que la Commission a été saisie d'une importante proposition consistant au renouvellement de la Chambre par moitié tous les trois ans et, par suite, à une prolongation à six années de la durée des législatures. La Commission a été favorable à la proposition.

Enfin un de nos collègues, l'honorable M. Cosnier, député de l'Indre, a déposé en son nom et au nom du Comité radical et radical-socialiste de Châtillon-sur-Indre, les deux propositions suivantes :

1° Les élections cantonales pour le renouvellement des conseillers généraux et d'arrondissement auront lieu au mois de mai ;

2° Les sénateurs et députés font partie de droit du Conseil général de leur département.

Si un sénateur ou un député appartient déjà au Conseil général avant son élection au Parlement, le canton qu'il représente nommera un autre conseiller pour le remplacer au sein de l'Assemblée départementale.

Vu l'heure tardive, votre Commission n'a pu en délibérer. La courtoisie nous faisait un devoir de vous signaler ce double vœu.

Au nom de la « Commission des réformes électorales, administratives et judiciaires »; j'ai l'honneur de vous proposer la motion suivante :

« Le Congrès du Parti radical et radical-socialiste, « siégeant à Nancy,

« Émet le vœu :

« 1° Que le scrutin d'arrondissement soit supprimé « et remplacé par le scrutin de liste pour l'élection des « députés ;

« 2° Que les circonscriptions électorales soient éta- « blies par département ; en sectionnant toutefois ceux « dont la population est très considérable et en main- « tenant la proportionnalité des élus avec le nombre « des électeurs.

M. F. BUISSON, *député*. — La journée d'hier a été remplie et bien remplie. Nous n'avons donc aucun reproche à nous faire. Il n'en est pas moins vrai que plusieurs d'entre nous ont été empêchés de participer aux travaux des Commissions dans lesquelles ils auraient voulu porter leur effort, précisément parce qu'ils étaient retenus à la séance plénière par la grave, la capitale question que vous avez si honorablement et si politiquement tranchée. (*Très bien ! Très bien !*) C'est pour ce motif, et je m'en excuse, que, malgré mon vif désir de participer aux travaux de la Commission de la réforme électorale, je n'ai pu le faire.

Cette Commission a évidemment été obligée de travailler dans des conditions qui ne sont pas les meilleures pour un travail aussi considérable et d'une aussi grande portée. Je suis fort loin de blâmer ce qu'elle a fait. Et, comme vous, je remercie avant tout le rapporteur qui a donné un exemple de courage et d'énergie en venant défendre devant vous son rapport, rédigé avec tant de talent. (*Applaudissements.*)

Mais il me semble qu'il y a de fortes raisons pour que l'Assemblée n'entreprenne pas d'aborder le fond du débat.

La question de la réforme électorale est une question d'une importance politique essentielle, sur laquelle nous ne sommes pas d'accord. Votre Comité exécutif vous a soumis hier un projet de programme que vous avez adopté et qui est maintenant le seul texte officiel qui nous lie tous. Or, dans ce texte, à bon escient, on a renoncé à trancher la question du scrutin de liste et du scrutin uninominal, celle du renouvellement partiel, celle de la représentation proportionnelle. Vous avez voté un paragraphe 4 que je vous demande la permission de vous relire, puisque c'est la loi que vous vous êtes donnée à vous-mêmes :

« 4° Le Parti radical demande la réforme électorale,
« intimement liée à la refonte de notre système admi-
« nistratif. Elle doit assurer la consultation du peuple
« dans des conditions telles que les électeurs se déter-
« minent sur des programmes bien plus que sur des
« personnalités. Une nouvelle et équitable répartition
« des sièges législatifs assurera à chaque région une
« représentation numérique en rapport avec l'impor-
« tance de sa population. »

Voilà à quels termes prudents et réservés vous avez cru hier pouvoir vous arrêter. Aujourd'hui, après qu'il nous a été matériellement impossible de nous livrer à l'immense débat que soulèvent ces trois grosses questions, surtout celle du renouvellement partiel, on vous demande de prendre en quelques minutes une décision qui exigerait, pour être mûrement prise, plusieurs heures d'une sérieuse délibération. La proposition que je présente ne préjuge rien ; elle ne coupe court à aucune espérance, à aucune vue de réforme dans un sens ou dans l'autre.

J'ai l'honneur de proposer au Congrès, étant données les circonstances matérielles qui ne permettent pas une délibération suffisamment approfondie, d'adopter une résolution du genre de celle-ci :

« Le Congrès, s'inspirant de la déclaration contenue dans le programme du Parti, considérant que le scrutin de liste, qui a été longtemps le seul mode électoral admis par le parti républicain, est encore réclamé par une fraction considérable de ce parti (je réserve les droits de ceux, dont je suis, qui soutiennent le scrutin de liste) ; que, pour en faciliter le fonctionnement, divers groupes proposent d'y introduire une représentation des partis, proportionnelle à leur importance numérique dans le pays (*Interruptions diverses*) ;

« Considérant, d'autre part, que la question mise à l'ordre du jour du présent Congrès n'a pu être suffisamment élaborée par les Fédérations et les Comités dont un grand nombre ont répondu en se déclarant hors d'état d'émettre un avis, et que cette question n'a pu être traitée à fond devant le Congrès par suite de la multiplicité des travaux qui ont occupé ses séances,

« Décide que la question sera reportée à l'ordre du jour du prochain Congrès (*Interruptions*) et charge le Comité exécutif d'en poursuivre l'étude en fournissant à toutes les organisations du Parti les documents et renseignements nécessaires pour leur permettre de donner leur avis en connaissance de cause. »

J'ajoute qu'au cas où le Congrès ne consentirait pas à cette prolongation d'une étude que je crois nécessaire, je m'inscris immédiatement pour la discussion immédiate, en regrettant, d'ailleurs, les conditions fâcheuses dans lesquelles le débat se produirait.

M. SCHMIDT. — Il est regrettable que M. Buisson n'ait pas pu assister aux travaux de la Commission. Cette réunion a été des plus sérieuses ; la discussion a été très longue, et nous avons pu nous rendre compte que, dans les Fédérations et les Comités, la question de la réforme électorale qui n'est pas une nouveauté, a été traitée avec tous les développements qu'elle comporte. Il n'est pas un républicain s'occupant sérieusement de politique, qui ne se soit préoccupé de cette question. Aussi, je demande la discussion immédiate et j'aurai à cœur de présenter devant vous la défense d'un mode de scrutin que nous semblons beaucoup oublier, bien qu'il nous ait donné des victoires éclatantes, je veux dire le scrutin d'arrondissement.

M. J.-L. BONNET. — La Commission a délibéré hier matin pendant que les autres Commissions fonctionnaient de leur côté. J'avoue que je n'ai pu m'apercevoir de la présence des délégués des Fédérations, parce que nous étions exactement 17 à la Commission. (*Très bien !*)

M. SCHMIDT. — Nous étions 22 ou 23.

M. J.-L. BONNET. — Soit ! Mais les délégués des Fédérations brillaient par leur absence.

Je m'associe entièrement à la motion présentée par mon éminent collègue et ami M. Buisson. J'ai dépouillé les rapports des Comités et Fédérations, et le Congrès me permettra de formuler à ce sujet une légère critique. J'ai constaté avec infiniment de regret que les Fédérations et les Comités avaient insuffisamment répondu à l'appel du Comité exécutif. Beaucoup de Comités et Fédérations ont gardé un silence trop prudent. Nous les invitions à faire connaître leur avis, nous sommes désolés qu'ils l'aient réservé. A peine 50 ou 55 Comités et Fédérations ont envoyé leur opinion. C'est peu sur un millier de groupements adhérents. (*Applaudissements.*)

J'ai été très frappé d'une observation présentée par les trois quarts de ceux qui ont répondu. Nous ne connaissons pas bien la question de la représentation proportionnelle, ont-ils écrit ; nous n'avons pas eu les documents nous permettant de nous faire une opinion raisonnée. Aussi, citoyens, le rapport que j'ai rédigé et qui vous a été distribué avait surtout pour objet, dans la pensée de la Commission du Comité exécutif, d'éclairer les Comités et Fédérations et de leur fournir le moyen d'aborder cette étude avec fruit. J'ai fait une œuvre de bonne foi et de conscience. (*Très bien ! Très bien !*) Les Comités et Fédérations, qui ne connaissent pas ce rapport, puisqu'il a été distribué seulement il y a trois jours, en seront saisis ; ils pourront mettre la question à l'étude dès qu'ils se réuniront et la poursuivre dans leurs séances de l'année prochaine, procédant comme dans la franc-maçonnerie, où la question a été débattue pendant deux ans dans les loges avant d'être discutée au convent. (*Applaudissements.*)

Je ne pense pas que le Congrès puisse se prononcer dès aujourd'hui, puisque la plupart des Comités et Fédérations n'ont pas étudié la question. (*Si ! Si !*) Comment ! sur 50 ou 55 réponses parvenues au Comité exécutif, il en est 40 dans lesquelles on déclare ne pas connaître la question...

M. Myard. — Si certains Comités n'ont pas envoyé de rapport, cela ne prouve pas qu'ils n'aient pas étudié la question.

M. J.-L. Bonnet. — Presque tous ceux qui ont répondu déclarent qu'ils l'ignorent. Les autres ne sont pas mieux informés. Afin que notre Parti puisse se prononcer en connaissance de cause, je vous demande, citoyens, de voter la motion Buisson. (*Interruptions en sens divers.*)

Vous posséderez tous les éléments d'appréciation et, l'année prochaine, après avoir envoyé au Comité exécutif les rapports qui permettront à la Commission de faire un nouveau travail, vous serez en mesure de discuter utilement et de vous prononcer sur le fond de la question avec l'autorité que vous donnera la délibération de tous les Comités adhérents. (*Vifs applaudissements.*)

M. Bouillard, *rapporteur*. — Permettez-moi d'accomplir ma tâche jusqu'au bout. La Commission m'a confié le périlleux honneur de rédiger ce rapport et de vous le soumettre. Elle m'a chargé de demander la discussion immédiate de ses propositions.

Les arguments présentés par les très distingués orateurs qui viennent de parler, ne m'ont pas convaincu. Il est clair que, depuis que nous sommes réunis en Congrès, nous n'avons pas eu le temps d'approfondir les questions si importantes qui sont soumises à vos délibérations. Mais véritablement, que faisons-nous au cours de l'année, nous qui sommes ici les délégués des militants les plus énergiques du Parti radical et radical-socialiste ? Nous nous préoccupons constamment des importants problèmes politiques et sociaux qui doivent être soumis à notre grande Assemblée annuelle, et chacun de nous, instruit par les conseils de son Comité ou de sa Fédération, sait, en arrivant ici, quelles indications il doit apporter au Congrès.

Prétendre que le temps nous fait défaut pour statuer sur des questions de cette nature, c'est, me semble-t-il, bâtir un peu sur le sable. Nous avons tous notre opinion sur les systèmes électoraux. (*Très bien ! Très bien !*) Je ne ferai pas à l'éminent collègue qui a demandé l'ajournement, l'injure de dire qu'il propose un enterrement de première classe. Mais je me demande pourquoi, l'année prochaine, nous serions en meilleure posture parce que 365 jours de plus se seront écoulés, pour mieux élucider et résoudre une question depuis si longtemps à l'étude. (*Applaudissements.*)

M. Gigon. — Tout en rendant hommage à l'importance et à la valeur du travail de M. J.-L. Bonnet, je me permettrai de ne pas être de son avis. Je crois devoir faire remarquer que, puisqu'il nous a distribué son rapport et propose des conclusions, c'est apparemment qu'il entendait que la discussion s'ouvrît dès aujourd'hui. Si les conclusions de notre ami Bonnet avaient été admises par la Commission du Congrès, il est à croire qu'on ne demanderait pas l'ajournement.

M. LOUIS MARTIN. — Ce ne seraient pas les mêmes, voilà tout. D'autres le demanderaient.

M. GIGON. — Je me suis permis de fournir quelques arguments contre la représentation proportionnelle. Si j'entrais dans le détail... (*Interruptions.*)

Voix diverses. — C'est le fond.

LE PRÉSIDENT. — Nous discutons en ce moment sur une motion d'ajournement. Si cette motion est repoussée, nous discuterons au fond.

M. LOUIS TISSIER. — Je demande la parole contre l'ajournement.

L'année dernière, la question s'est posée, et le Congrès de Lille a refusé de passer à la discussion. Il a même refusé de décider que le Comité exécutif consulterait officiellement les Fédérations, pour ne pas faire croire au pays, par une agitation partant du Congrès et du Comité exécutif, que le Parti radical est favorablement disposé, en ce qui concerne la représentation proportionnelle, qu'il est enclin à favoriser ainsi la besogne des partis de droite et de gauche qui ne sont partisans de cette représentation proportionnelle que pour nous écraser. Je demande que le Congrès de Nancy se maintienne dans les termes de la décision du Congrès de Lille, afin que cette question soit tranchée une fois pour toutes.

M. F. BUISSON, *député*. — Je voudrais bien qu'il n'y eût pas d'équivoque. Nous ne nous refusons nullement à la discussion immédiate, mais je soumets respectueusement au Congrès une simple observation.

On paraît vouloir détacher de tout l'ensemble de la réforme électorale une question spéciale sur laquelle il est très facile de soulever les passions les plus légitimes, mais les plus vives, celle de la représentation proportionnelle. Si cette question était seule en jeu, nous pourrions la trancher assez vite, non pas cependant sans un débat que vous ne voudrez certainement pas restreindre. Mais ce n'est pas de cela qu'il s'agit.

Faites attention, citoyens, à la grande portée des verses questions dont la représentation proportionnelle n'est qu'un point secondaire. Je me suis permis de vous lire tout à l'heure un texte qui n'est pas de moi, celui que vous avez voté hier. Hier vous avez refusé de faire de tel ou tel mode de scrutin la règle générale de votre parti. Voulez-vous décider le contraire aujourd'hui, trancher sur-le-champ une question qui nous divise depuis longtemps et profondément, celle du scrutin de liste ou du scrutin d'arrondissement ? Voulez-vous que nous tranchions par surcroît avec la même précipitation la question non moins difficile du renouvellement partiel, sur laquelle il est peut-être encore plus malaisé de réunir les adhésions de tous ? (*Oui ! oui ! sur divers bancs.*)

On ne peut raisonnablement contester qu'à la suite d'un tel vote notre Parti serait dans une situation étrange. Car il avouerait qu'aussitôt après avoir, à tête reposée, déclaré hier que la question doit être réservée il se décide tout à coup par une délibération forcément hâtive, à donner à l'un des systèmes en présence son estampille pour ainsi dire générale et collective. Est-il donc si intéressant et si urgent pour notre Parti d'afficher le régime même du suffrage universel un dissentiment profond entre nous ou bien de le trancher par un vote sommaire ?

Tout à l'heure quelques-uns de nos amis déclaraient qu'ils entendent défendre le scrutin d'arrondissement. C'est leur droit, et nul ne les empêchera de donner à leur thèse tous les développements nécessaires. La thèse contraire sera non moins vivement soutenue. Il faudra donc, ou bien ouvrir une discussion très étendue pour le temps dont le Congrès dispose ou bien l'écourter et en quelques minutes vous faire juges d'une question sur laquelle vous n'avez pour ainsi dire pas de rapport. (*Exclamations.*)

J'ai assez rendu justice, citoyens, aux explications si courageuses et si loyales de votre rapporteur pour que vous ne donniez pas à mes paroles un sens qu'elles n'ont pas. Le rapporteur a réussi à condenser en quelques pages la quintessence de ses observations. Mais, lui-même vous a dit et vous redirait au besoin que ce travail ne peut pas être considéré comme un document complet et suffisant sur un aussi vaste sujet que celui qui embrasse à la fois la discussion des modes de scrutin, la comparaison des systèmes majoritaire et proportionnel, l'option motivée entre le renouvelleme intégral et le renouvellement partiel, questions qu'il n'a pu approfondir et qui supposent un grand, un long débat.

Dans ces conditions, j'estime qu'il y aurait quelque péril pour le Parti à voter précipitamment l'adoption définitive, officielle et obligatoire de tout un système électoral alors qu'il est manifeste que nous sommes profondément divisés. (*Applaudissements sur divers bancs.*)

M. LOUIS TISSIER. — Il y a deux questions. D'abord celle du scrutin de liste ou du scrutin uninominal. Elle est en discussion depuis plus de 30 ans. Il peut y avoir des divergences d'opinions, il peut même y avoir des circonstances où l'on a intérêt, pour sauver la République, à avoir tel avis plutôt que tel autre. Mais c'est évidemment une question sur laquelle chacun a son opinion.

Il y a une autre question, très grave, celle de la représentation proportionnelle. Pour moi elle est tranchée d'avance.

UN DÉLÉGUÉ. — Nous voulons l'enterrer.

M. LOUIS TISSIER. — Pourquoi énerver notre Parti au profit des autres en agitant sans cesse cette question ? La discussion immédiate a autant de raison d'être aujourd'hui que dans un an. Vous pourrez, en discutant immédiatement, adopter ou rejeter la représentation proportionnelle, adopter ou rejeter le scrutin de liste, vous pourrez même, si vous n'êtes pas suffisamment éclairés, renvoyer la question pour supplément d'enquête. Mais je crois qu'il est nécessaire de ne pas laisser croire que la représentation proportionnelle puisse avoir une grosse majorité dans ce pays. Aussi je demande que le Congrès discute immédiatement.

LE PRÉSIDENT. — Le Congrès est en présence de deux propositions : une proposition d'ajournement présentée par MM. Buisson et Bonnet, et une autre proposition qui consiste à séparer la question de la représentation proportionnelle des autres et à la faire venir immédiatement en discussion.

M. BUISSON. — Ce n'est pas possible !

LE PRÉSIDENT. — Je mets d'abord aux voix la proposition d'ajournement.

(L'ajournement n'est pas prononcé.)

LE PRÉSIDENT. — On a demandé que la question de la représentation proportionnelle soit détachée des autres et discutée immédiatement.

M. BUISSON. — Je proteste contre cette division. Je comprends très bien que le Congrès se soit prononcé contre l'ajournement, mais il n'est pas possible de scinder le rapport de la Commission et d'en discuter isolément une des parties, celle qui a trait à la représentation proportionnelle.

M. LOUIS TISSIER. — Je crois qu'on ne m'a pas bien compris. J'ai demandé la discussion immédiate de toute la question, et j'ai dit que l'assemblée pourra, ayant discuté sur le tout, faire œuvre utile en écartant une des parties et en réservant ou adoptant les autres.

(Le Congrès décide que la discussion continuera à l'ouverture de la séance de l'après-midi.)

Nomination des délégués au Comité exécutif pour l'exercice 1907-1908

LE CITOYEN DELMAS, *rapporteur de la Commission de contrôle des propositions*, donne lecture des noms des délégués pour les départements qui suivent et sur lesquels il n'y a pas de contestation : Ain, Aisne, Allier, Basses-Alpes, Hautes-Alpes, Alpes-Maritimes, Ardèche, Ardennes, Ariège, Aube, Aude, Aveyron, Bouches-du-Rhône, Calvados, Cantal, Charente, Charente-Inférieure. *(Adoptés.)*

UN CONGRESSISTE. — Nous sommes deux délégués de la Charente-Inférieure ; nous nous sommes mis d'accord sur une liste qui n'est pas celle qui vient d'être lue. Je serais heureux de connaître le signataire de cette dernière liste.

(La délégation de la Charente-Inférieure est réservée.)

LE RAPPORTEUR. — Cher. *(Adopté.)*

M. TAVE, *député*. — Nous avons envoyé pour la Corrèze une liste qui a été établie par la Fédération des Comités radicaux, ce n'est pas celle qui a été lue. *(Réservé.)*

M. Lafferre. — Nous demandons que la Commission nous fasse connaître la méthode qu'elle a suivie pour établir ces listes.

Le rapporteur. — Nous avons suivi une méthode très simple. Lorsqu'il n'y avait qu'une liste, nous l'avons présentée...

M. Lafferre. — A-t-on contrôlé les signatures de ceux pui présentaient ces listes ?

Le rapporteur. — Ce contrôle était impossible. Mais les délégués qui sont présents sont connus.

M. Lafferre. — La question est fort claire. S'est-on assuré que ces listes étaient bien présentées par les délégués du département intéressé et non par d'autres ?

Le président. — En ce moment, la meilleure procédure à suivre est la suivante : adopter les délégations à propos desquelles aucune protestation ou observation n'est formulée et réserver toutes les délégations à propos desquelles une simple observation est présentée. Les protestataires se rendront à la Commission. (*Applaudissements.*)

M. Eugène Lion, *président de la Commission.* — Il est de toute nécessité que nous fassions connaître au Congrès la méthode que nous avons employée.

Nous avions décidé que toutes les listes devaient être remises au plus tard à 8 heures et demie ce matin et que nous commencerions le dépouillement à 9 heures. Nous sommes venus à l'heure fixée, nous avons pensé que certains amis avaient pu ne pas avoir le temps de préparer leur liste et nous avons prolongé le délai jusqu'à 9 heures et demie. Nous avons convenu d'opérer de la façon suivante : Lorsqu'il y a une seule liste, nous la présentons. Il est bien entendu que nous ne faisons nullement une proposition. Nous disons seulement : voici la liste qui nous a été remise ; mais nous ne proposons nullement les candidats ; les propositions ne sont pas faites par nous, mais par les délégués. Dans le court laps de temps, qui nous était imparti, nous avons cherché à vérifier les signatures. Mais, quel moyen avions-nous de savoir si ces signatures étaient-les vraies ? Je puis dire que nous avons eu des listes manifestement signées par la même personne et portant des noms différents. (*Exclamations.*)

Nous avons donc décidé que, lorsqu'il y aurait plusieurs listes, nous donnerions toutes les listes, à moins pourtant que sur les listes divergentes, il n'y eût plusieurs noms qui fussent reproduits, ce qui simplifiait la tâche. Aussitôt qu'un incident s'est produit, par exemple, à propos d'un nom inconnu des délégués du département intéressé, nous avons fait toutes réserves. Nous avons fait notre travail de bonne foi. (*Très bien ! Très bien !*)

Je dois même ajouter que plusieurs amis sont venus à la Commission et ont demandé que tel ou tel changement fût fait sur une liste. Au risque de m'aliéner certaines amitiés, j'ai prié nos collègues de se retirer et de laisser les listes telles qu'elles étaient préparées. (*Applaudissements.*)

Le rapporteur continue la lecture des listes proposées; les délégations sont ratifiées, à l'exception des suivantes qui sont réservées : Doubs, Eure-et-Loir, Gard, Hérault, Indre, Loire, Maine-et-Loire, Haute-Marne, Meurthe-et-Moselle, Meuse, Puy-de-Dôme, Basses-Pyrénées, Pyrénées-Orientales, Haute-Saône, Somme, Vosges, Oran, Martinique.

La séance est levée à midi.

CINQUIÈME SÉANCE

Samedi 12 octobre. — Après-midi

La séance est ouverte à 2 heures et demie, sous la présidence de M. Berteaux, député.

On propose pour la présidence les citoyens Fernand Dubief et Henri Michel. La séance sera longue. Elle sera probablement coupée par une suspension de séance. L'assemblée pourrait décider que notre ami Dubief présidera la première partie de la séance et notre ami Henri Michel la seconde. (*Acclamations.*)

Le bureau de la séance est composé ainsi qu'il suit :

Président : M. Fernand DUBIEF, ancien ministre, député de Saône-et-Loire.

Vice-présidents : MM. BOURELY, député de l'Ardèche ; BIZOT DE FONTENY, sénateur de la Haute-Marne ; Louis BLANC, sénateur de la Drôme : GODET, député de la Vienne ; Emile CHAUVIN, député de Seine-et-Marne ; MESSIMY, député de la Seine ; BAUDON, député de l'Oise ; Paul MEUNIER, député de l'Aube ; DEHOVE, député du Nord ; Général ANDRÉ, délégué de la Côte-d'Or ; J.-L. BONNET, président de la Fédération radicale et radicale-socialiste de la Seine ; CHABANNES, délégué de la Seine ; DUPEUX, délégué de la Gironde ; HERRIOT, délégué du Rhône ; BERNARDIN, délégué de Meurthe-et-Moselle ; Henri BÉRENGER, délégué de la Seine ; DEBIERRE, délégué du Nord ; Henri ROUSSELLE, délégué de la Seine ; CASTEL, délégué de l'Aude ; MOURMANT, délégué du Nord.

Secrétaires : MM. DREYT, député des Hautes-Pyrénées ; HAYEM, délégué du Nord ; René WEILL, délégué de Seine-et-Oise ; BRULPORT, délégué de la Seine ; ROCCA, délégué des Bouches-du-Rhône ; ROCHE, délégué du Var ; RIGNOUX, délégué de la Charente-Inférieure ; BAUBE, délégué de la Seine ; DUPHAND, délégué des Vosges ; RÉVILLET, délégué de la Seine ; PASQUET, délégué des Bouches-du-Rhône ; MACREZ, délégué du Morbihan ; BARYELLON, délégué des Bouches-du-Rhône ; QUÉROY, délégué de la Seine.

LE PRÉSIDENT. — Nous vous proposons d'ajouter au bureau M. le sénateur Magnien comme vice-président. Malgré son âge, il a tenu à venir au Congrès, donnant ainsi une nouvelle preuve de son dévouement à la

République et aux intérêts de notre Parti. (*Applaudissements.*)

M. Fernand Dubief, *président.* — Citoyens délégués, mes chers collègues, je dois l'honneur de présider cette séance à la fonction que j'exerce momentanément de président du groupe radical-socialiste de la Chambre des députés, c'est-à-dire de ce noyau de républicains convaincus et dévoués sur lesquels vous pouvez compter pour l'accomplissement des réformes promises à la démocratie. (*Très bien ! Très bien !*) Je le dois aussi peut-être, permettez-moi de le dire, aux sympathies que m'ont toujours témoignées et les démocrates nancéiens et les républicains de toute la région de l'Est. (*Applaudissements.*) Je vous remercie !

Je ne peux pas oublier, citoyens, qu'à une époque troublée, où la conscience républicaine était quelque peu vacillante dans cette Lorraine, qui nous accueille si bien aujourd'hui, à une époque où il semblait que les caractères se fussent amollis, où soufflait en rafale la tempête nationaliste, j'eus la bonne fortune de venir à Nancy inaugurer, avec un petit groupe d'amis dévoués, résolus et convaincus, cette grande force qu'est devenue la fédération républicaine de l'Est. (*Applaudissements.*) Parmi les amis que nous avions à nos côtés — il est toujours bon de rappeler le souvenir de ceux qui ont été parmi les plus vaillants, aux heures de lutte, — il en est un qui repose maintenant dans la calme sérénité du tombeau et qui fut, au moment de l'affaire Dreyfus, un des plus ardents et des plus nobles par le caractère et par le cœur. Je veux parler du merveilleux artiste dont la cité nancéienne s'honore à juste titre, mon grand ami Emile Gallé. (*Vifs applaudissements.*) Il était là, avec d'autres, avec Maringer, le maire de Nancy, avec Jean Grillon qui préparait déjà les victoires futures, avec Alfred Krug, d'un dévouement républicain à toute épreuve, avec cette pléiade d'hommes auxquels il faut rendre justice et qui au milieu de l'orage ont gardé le calme des âmes fortes et sûres d'elles-mêmes et ont su résister au courant qui paraissait à tous irrésistible. Ils furent dans ces circonstances de véritables républicains, de véritables démocrates, des serviteurs fidèles et sans peur de leur pays. (*Longs applaudissements.*)

C'est à cette heure qu'a été préparé le renouveau républicain qui fleurit aujourd'hui et qui s'est manifesté, dans les élections dernières, par des triomphes nous permettant d'augurer pour l'avenir des victoires p'us retentissantes encore, qui rendront à ce pays l'auréole de républicanisme et de liberté que nous avions saluée de toute notre joie au lendemain de la guerre de 1870. (*Nouveaux applaudissements.*)

Si je me félicite d'être au milieu de vous aujourd'hui et de présider cette séance, c'est parce que j'ai au cœur une grande joie et une grande fierté, celle de pouvoir m'associer à la motion que vous avez adoptée hier à l'unanimité et qui témoigne à la fois de votre ardent patriotisme et de votre volonté absolue de conquérir les réformes démocratiques que la République doit au pays. Vous avez dit que vous vouliez l'union de plus en plus étroite entre toutes les parties saines du parti républicain, entre toutes les fractions de la démocratie, à l'exclusion seulement de ceux qui se sont mis d'eux- mêmes en dehors de la République et de la Patrie, en méconnaissant odieusement l'une et l'autre. (*Longs applaudissements.*)

Oui, tant que nous aurons dans le cœur la foi ardente qui nous anime, nous ne pourrons voir sans horreur les manifestations sacrilèges dont s'attristent nos cœurs de Français. Comme nos pères de la Révolution, nous sommes des patriotes et des républicains, nous le sommes et nous voulons le rester, fidèles à la République une et indivisible.

Nous ne faisons pas grief à quelques-uns de nos amis appartenant à d'autres fractions du parti républicain, de ce que, dans leur générosité, ils poursuivent, marchant dans leur rêve étoilé, je ne sais quel idéal lointain dans lequel se dresserait la cité magique d'harmonie et d'universel amour ? Non. Que tous ceux qui veulent réaliser les réformes de justice sociale dans l'amour des faibles et des déshérités, s'unissent d'un même effort, d'un même élan, mais que ce soit pour assurer à ce pays, en même temps que l'indépendance et la grandeur nationales, le développement démocratique qui est l'essence et la raison d'être de la République. Travaillons, citoyens, tous ensemble, généreusement, courageusement, sans excommunication, ne laissant loin de nous que ceux qui se sont mis dans un criminel affolement, en dehors de tout, travaillons pour la France et pour la République ! (*Vifs applaudissements.*)

Je donne connaissance, à l'Assemblée, de deux télégrammes qui émanent de nos éminents amis Léon Bourgeois et Émile Combes.

Voici la dépêche de Léon Bourgeois :

« Profondément touché de la sympathie du Congrès, encore retenu à La Haye au service de la même cause de justice et de paix, je regrette vivement d'être absent. Je formule des vœux cordiaux pour que les décisions du Congrès assurent une forte discipline dans la voie traditionnelle de notre Parti. J'ai lu votre premier discours, et je dis avec vous : ni équivoque, ni compromission dans la lutte pour la Patrie et la République inséparables, ainsi que pour la pensée libre et les réformes fiscales et sociales. Amitiés dévouées.

(Vifs applaudissements.)

Voici le télégramme du citoyen Émile Combes :

« Je reçois à Pons votre télégramme. Je vous prie de remercier le Congrès de son témoignage de sympathie. Je le félicite chaleureusement de son vote contre l'antipatriotisme et pour le maintien du bloc de gauche. »

(Vifs applaudissements.)

J'ai enfin à vous présenter les excuses des citoyens A. Bérard, député ; Georges Faure (Haute-Garonne) ; Froideval (Seine) ; Dariac (Seine).

M. LOUIS MARTIN. — L'assemblée vient d'applaudir au télégramme du citoyen Émile Combes. Elle sait quel deuil cruel a frappé notre illustre ami et quelles sont les raisons qui le retiennent à Pons. Le 20 octobre, les amis du citoyen Combes élèvent un monument à la mémoire de son fils, de celui que la réaction a tant calomnié, espérant atteindre le père en frappant le fils. Ce sera l'occasion d'une manifestation de sympathie et de réconfort pour notre ami, si cruellement frappé. Je demande à l'assemblée de s'associer à cette manifestation d'ordre intime, certes, mais cependant d'ordre politique qui ne vise et ne peut froisser personne, car elle est essentiellement d'ordre sentimental, en décidant qu'elle s'y fera représenter et en confiant à son bureau le soin de déléguer un de ses membres. *(Vives acclamations.)*

LE PRÉSIDENT. — Je reçois de notre collègue Cazeneuve, député, président du Conseil général du Rhône, le télégramme suivant :

« Impossible de me rendre au Congrès. Prière de m'excuser. J'approuve entièrement votre motion et votre excellent discours. Amitiés. »

RAPPORT de la Commission
de l'enseignement et de la défense laïque

M. PAUL GUIEYSSE, *député, président de la Commission, rapporteur.* — Votre Commission de l'enseignement et de la défense laïque a entendu l'exposé de M. Antoine, professeur au lycée de Nancy, et le projet présenté au nom de la ligue de concentration de Meurthe-et-Moselle sur l'enseignement intégral. Ce projet, longuement motivé, n'a pas pu faire l'objet d'une délibération approfondie de la Commission. Je vous demande de décider que ce projet sera envoyé au Comité exécutif pour une étude complète, afin que l'organisation de l'enseignement intégral et de l'éducation de la démocratie soit portée à l'ordre du jour du prochain Congrès. (*Assentiment.*)

Le rapporteur général du Comité exécutif, le citoyen Lucien Le Foyer, a été rappelé subitement à Paris par dépêche. Il m'a prié de vous lire les conclusions du rapport qui aurait dû vous être distribué et qui, malheureusement, n'a pu l'être par suite d'une erreur de l'imprimeur. Ce rapport a trait à l'organisation de l'enseignement pseudo-militaire de la jeunesse des écoles. Voici les conclusions du rapporteur, le citoyen Le Foyer, adoptées par la Commission de l'enseignement :

« Le Congrès, considérant que le service militaire de deux ans suffit pleinement à former l'armée instruite et entraînée dont la patrie a besoin pour sa défense ;

« Considérant que l'éducation civique générale, à la fois morale et physique, que doit recevoir dans l'école nationale et républicaine l'enfant français, est particulièrement capable d'assurer à la patrie, l'heure du service militaire venue, des citoyens éclairés, énergiques et disciplinés, aptes à devenir des soldats d'élite ;

« Considérant que l'expérience des bataillons scolaires a suffisamment démontré qu'il est à la fois contraire à la saine instruction technique et dangereux pour l'esprit public de faire jouer la jeunesse au soldat,

« Est d'avis que les exercices de gymnastique, de marche, de tir, d'équitation, dont le développement est désirable parmi la jeunesse, conservent leur caractère civil et scolaire, et que l'instruction militaire technique, suivant la tradition républicaine, soit réservée aux périodes de service militaire passées sous les drapeaux conformément aux lois. »

M. BERTEAUX. — Je crains que la Commission de l'enseignement n'ait été insuffisamment renseignée lorsqu'elle a décidé de présenter le projet de résolution dont notre ami Guieysse nous a demandé l'adoption. Il y a, dans notre pays, une association d'instruction militaire, absolument républicaine et qui, au moment de l'affaire Dreyfus, s'est signalée par son courage et en même temps par l'ardeur avec laquelle elle a recueilli les sociétés d'instruction militaire et les a empêchées de verser dans le nationalisme. La proposition de Le Foyer vise cette grande association républicaine de préparation militaire. Déjà, pour ce motif, elle constitue une injustice.

Permettez-moi d'ajouter que, au point de vue de l'intérêt même de nos jeunes gens, une telle conclusion serait néfaste. La loi militaire a prévu l'instruction militaire préalable à l'entrée au régiment. Il ne s'agit pas, bien entendu, d'apprendre aux jeunes gens le maniement d'armes ni de leur faire faire ce qu'ils feront bien mieux au régiment, il s'agit d'apprendre aux jeunes gens à marcher, à courir, à sauter un mur, à tirer dans les diverses positions, toute une préparation que nous recommandons dans nos écoles, au grand bénéfice des jeunes gens. Un article de la loi de recrutement prévoit que ceux qui justifieront de cette instruction, de cet entraînement préalables pourront devancer l'appel et contracteront un engagement de trois ans avec effet suspensif, c'est-à-dire qu'ils seront libérés au bout de deux ans s'ils ont obtenu le certificat de chef de section. La loi militaire a donc une grande souplesse, puisque, d'une part, les jeunes gens qui sont préparés peuvent devancer l'appel dès l'âge de 18 ans et que, d'autre part, la loi a prévu des sursis d'appel jusqu'à l'âge de 25 ans, de sorte que la durée du service militaire est étagée sur une période de 7 années, pour le plus grand bien des jeunes gens qui y sont appelés.

Mais, l'entraînement et l'instruction préalables prévus par la loi, en vue du devancement d'appel, ne seraient pas possibles sans les sociétés d'instruction préparatoire. Aussi, je demande au Congrès de ne pas accepter le vœu et de le renvoyer à l'étude du Comité exécutif. (*Très bien ! Très bien !*)

LE RAPPORTEUR. — Ma tâche est très délicate, je dois discuter cette question avec un ancien ministre de la Guerre. D'autre part, je n'ai pas donné lecture du rapport de Le Foyer dont les traits principaux nous ont paru assez importants pour que nous proposions l'adoption de son vœu. Le Congrès n'a pas reçu ce document qui aurait dû être distribué.

Dans ces conditions, je ne m'oppose pas au renvoi au Comité exécutif pour étude.

LE RAPPORTEUR. — Votre Commission de l'enseignement et de la défense laïque m'a chargé de présenter trois vœux dont voici l'exposé rapide :

« La séparation des Eglises et de l'Etat n'existe que de nom. En fait, Rome est toujours souveraine. La loi de janvier 1907, en permettant aux tribunaux de s'immiscer dans les questions théologiques, a reconstitué contre la volonté des républicains une sorte de religion d'Etat. Aussi, votre Commission de l'enseignement et de la défense laïque vous propose d'adopter le vœu suivant présenté par Gustave Hubbard :

« Le Congrès invite les pouvoirs publics à appliquer intégralement la loi de séparation des Eglises et de l'Etat en opérant par décret ou par voie législative la remise à la disposition des départements, des communes et de l'Etat des édifices affectés au culte qui n'ont pas été réclamés par des associations culturelles. » (*Très bien ! très bien !*)

Voici un autre vœu que je me propose de déposer comme texte législatif à la rentrée des Chambres :

« Les édifices du culte ainsi que les meubles les garnissant qui n'auraient pas été réclamés par une association culturelle dans le délai d'un an à compter de la promulgation de la loi du 9 décembre 1905 seront remis' à la libre disposition des communes, des départements et de l'Etat sans aucune servitude d'affectation à un culte particulier. » (*Applaudissements.*)

Votre Commission, pour activer le règlement de la question irritante de la location des presbytères, propose à l'acceptation du Congrès le vœu suivant, présenté par la Fédération des comités radicaux et radicaux-socialistes du Morbihan :

« Supprimer aux communes qui n'auraient pas loué leurs presbytères dans des conditions acceptables et normales au

31 décembre 1907 toutes allocations résultant des disponibilités du budget des cultes. » (*Applaudissements.*)

LE PRÉSIDENT. — Citoyens, vous avez entendu le rapport de notre ami Guieysse.

Le premier vœu tend à l'organisation de l'enseignement intégral. Le rapporteur propose que la question soit mise à l'ordre du jour du prochain Congrès.

(*Adopté.*)

Le second vœu a trait à l'éducation militaire préparatoire. Le rapporteur ne fait pas d'opposition au renvoi au Comité exécutif.

(*Le renvoi est ordonné.*)

Les trois autres vœux sont relatifs à l'application de la loi de séparation des églises et de l'Etat.

UN DÉLÉGUÉ. — Je demande la priorité pour la motion Guieysse.

LE RAPPORTEUR. — Ces vœux ne sont pas incompatibles. L'un d'eux sera une disposition législative.

LE PRÉSIDENT. — Ces trois motions se complètent. (*Adopté.*)

LE PRÉSIDENT. — Nous arriverons à la question de la représentation proportionnelle.

Discussion de la réforme électorale : le scrutin de liste et le scrutin d'arrondissement, la représentation proportionnelle

M. SCHMIDT (de l'Oise). — Citoyens, j'ai à défendre devant vous la résolution votée par les Comités radicaux et radicaux-socialistes de l'Oise, en vue du maintien du scrutin uninominal, avec cette réserve, cependant, qu'une revision des circonscriptions sera faite en tenant compte non plus des limites de l'arrondissement, mais du nombre des électeurs. (*Très bien ! très bien !*) J'ai aussi à défendre la proposition présentée par le citoyen Laurent Chat à la Commission de réforme électorale, au nom de la Fédération autonome du Rhône, proposition qui est également favorable au maintien du scrutin uninominal. Nous avons obtenu une minorité imposante dans la Commission, puisque les partisans du scrutin de liste n'ont réuni que 12 voix contre 10.

Voix diverses. — Qu'est-ce que cela fait ?

M. SCHMIDT. — Je tenais à dire que je défends une résolution qui n'est pas seulement celle de deux fédérations départementales, et qui sera peut-être celle du Congrès.

Nous sommes de ceux qui pensent que les réformes électorales profondes sont celles qui auront pour résultat de donner à l'électeur la pleine conscience de lui-même et d'assurer, d'une façon définitive, la sincérité du vote, mais nous pensons aussi que les différents systèmes n'ont qu'un intérêt électoral et n'ont nullement, en soi, une valeur morale ou éducative. Il est faux que le scrutin de liste ait par lui-même une vertu efficiente qui rende l'électeur plus moral, plus conscient et plus libre de son suffrage, tandis que le scrutin d'arrondissement aurait, par essence, un effet fatalement corrupteur.

Faites attention, nous dit-on. Les petites quantités d'électeurs sont plus aisément corruptibles, un homme riche peut acheter plus facilement une petite circonscription qu'une grande. Nous répondons que le scrutin de liste est, au même titre que le scrutin d'arrondissement, un scrutin d'argent. *(Interruptions sur divers bancs. — Applaudissements sur d'autres bancs.)*

M. SCHMIDT. — Pour enlever une position, les partis de réaction sauront, par les coalitions de candidats riches et les cotisations de leurs ligues, amasser assez d'argent même avec le scrutin de liste.

Nous reconnaissons que les scrutins doivent porter avant tout sur les programmes, mais nous estimons que le choix des candidats a également sa valeur et que tel programme défendu par un homme convaincu et ardent s'imposera mieux au pays que s'il est soutenu par un incapable ou un inactif. *(Applaudissements.)*

Nous nous méfions de ce scrutin à double degré qu'est le scrutin de liste. Il retire au suffrage universel le libre choix des candidats ; ce choix se fait dans la coulisse des comités, quand ce n'est pas dans les salles de rédaction de certains journaux puissants. *(Très bien ! très bien !)*

Pourtant, nous n'attachons qu'une importance secondaire à la question du mode de scrutin. Ce que nous craignons par-dessus tout, et nos amis, partisans du scrutin de liste ont ressenti cette crainte à certaines époques, c'est que, dans une démocratie insuffisamment éduquée, de grands mouvements ne se produisent à l'improviste sur des questions secondaires et que les masses ne se laissent entraîner comme des troupeaux par les passions du jour ou par des courants éphémères. (*Applaudissements et bravos sur divers bancs.*) Les républicains radicaux l'ont bien senti, lorsque, devant la menace du boulangisme, ils ont fait disparaître le scrutin de liste.

M. BOUILLARD, *rapporteur de la Commission de la réforme électorale.* — C'est une erreur historique, mon cher collègue.

M. SCHMIDT. — Rappelez-vous les résultats du scrutin de liste. C'est l'Assemblée de 1871, élue dans un jour de malheur, c'est la Chambre de 1885 qui mit la République dans une situation si critique. On a bien dit que les élections de 1885 n'ont donné un tel résultat que parce qu'il y avait au pouvoir un homme qui ne savait pas faire les élections. Ainsi, le scrutin de liste n'aurait de valeur, aux yeux de certains, que si le gouvernement sait faire les élections ! Cette Chambre de 1885 a été l'une des plus impuissantes que nous ayons eues. Ce n'est pas dans cette législature qu'on a vu se constituer des groupes homogènes, animés d'un souffle réformateur. Jamais les groupes et sous-groupes n'ont été plus nombreux. C'est que, dans le scrutin de liste, ceux qui désignent les candidats ont pour but, sans doute, d'assurer le triomphe de leur programme et de leur parti, mais ils ont surtout en vue d'assurer le succès de leur liste, et ils choisissent les moins avancés de leur propre parti pour attirer, à la liste, le plus grand nombre possible de suffrages, si bien que, les choix variant suivant les départements, il est impossible d'obtenir la majorité réformatrice et homogène qui serait l'un des résultats de ce mode de scrutin.

Dans le scrutin de liste modifié par la représentation proportionnelle (*Non ! non ! il n'en est pas question, elle est enterrée*) les Comités sont encore plus puissants, le scrutin devient compliqué, plus favorable aux intrigues. Aussi, je me dis que les républicains seraient bien naïfs de ne pas conserver un scrutin qui sans doute a ses défauts et ses tares — et lequel n'en a pas ? — mais qui a aussi des avantages et qui permet, à des militants véritablement convaincus de faire dans leur circonscription une propagande active et efficace. C'est ainsi que, dans une circonscription détenue jadis par Léon Chevreau, toute pénétrée de bonapartisme, inféodée aux préjugés monarchiques, imprégnée de virus clérical, un homme comme Bouffandeau a pu, non seulement par sa parole et son activité, mais par l'exemple de sa vie, par la recommandation qui venait de sa valeur personnelle, obtenir un succès que nous espérons bien définitif. (*Applaudissements.*)

M. Armand Charpentier. — Il aurait également triomphé tout aussi bien avec le scrutin de liste.

M. Schmidt. — L'action d'un homme est efficace dans un arrondissement. Elle se perd dans tout un département ou, alors, peut y devenir très dangereuse. Les grands électeurs ne sont pas à souhaiter.

Le scrutin uninominal a fait ses preuves ; nous devons le maintenir pour garder les positions que nous avons conquises.

Soyez-en sûrs, quel que soit le mode de scrutin, si perfectionné soit-il, il ne déterminera nullement la valeur des électeurs. C'est une affirmation étrange et que je qualifierais, si je l'osais, de collectiviste, que de prétendre qu'un système entraîne par lui-même la transformation des hommes auxquels il s'applique.

Vous voulez libérer le député des exigences de ses mandataires, du souci des intérêts de clocher ? Mais les sénateurs, élus départementaux, ne sont pas moins assaillis de demandes et doivent se consacrer eux aussi à leur région immédiate. C'est parfois une bonne chose, c'est souvent une mauvaise. Mais, pour parer aux inconvénients que nous connaissons, il n'est qu'un moyen efficace, c'est de réformer les mœurs.

Notre devoir, à l'heure actuelle, c'est de conserver au suffrage universel la clarté qu'il a dans le scrutin d'arrondissement et de combattre d'une façon effective et nullement par des classements arbitraires de suffrages, de combattre par une action éducatrice et personnelle la corruption qui se manifeste parfois dans le scrutin d'arrondissement, mais qui se manifestera tout aussi bien demain dans le scrutin de liste, même si nous y portons une attention vigilante.

Je vous rappelle les victoires que notre Parti a remportées avec le scrutin d'arrondissement, ainsi que la nécessité de continuer, par une action et une propagande de tous les jours, l'éducation de la démocratie pour la mettre à l'abri de tous les grands mouvements d'entraînement que vous connaissez bien et qui sont un perpétuel danger dans notre pays. En conservant le scrutin uninominal, dites-le vous bien, vous n'aurez pas fait une œuvre rétrograde et réactionnaire. Du moment où vous continuerez l'éducation de la démocratie, vous donnez aux électeurs, et c'est ainsi que vous accomplirez la seule grande réforme électorale réelle et sérieuse, une valeur plus grande, et vous leur permettrez de se décider à la fois et sur les programmes et sur les hommes qui auront la mission de les défendre et de les appliquer. (*Vifs applaudissements sur un grand nombre de bancs.*)

M. F. BUISSON. — Il y a tant de choses vraies, tant d'excellentes observations dans les considérations que vient de présenter notre ami Schmidt, que je serais désolé si je paraissais monter à la tribune pour combattre en bloc son discours. Il vient de mettre en relief l'importance de la responsabilité individuelle, de la propagande individuelle par la parole et par l'exemple, en un mot, tout ce qu'ajoute à une candidature la valeur personnelle d'un candidat. C'est là une vérité fondamentale pour des républicains. Je suis d'accord avec lui pour reconnaître que le scrutin uninominal, tel que nous avons été amenés à le rétablir pour lutter contre le boulangisme, peut faciliter dans un très grand nombre de circonscriptions, et qu'il a facilité la conquête du pays par l'ascendant moral des républicains qui se sont jetés les premiers à l'assaut, donnant un exemple que d'autres ont suivi. Je rends pleinement justice à cet effort qu'a provoqué le scrutin uninominal. Je ne conteste nullement que ce fut à son heure une mesure de salut public.

UN DÉLÉGUÉ. — Nous en prenons acte.

M. F. BUISSON. — Certainement. Je le dis pour qu'on en prenne acte.

Il y avait en effet alors, comme il y aurait encore, de grandes raisons de craindre qu'une démocratie vacillante, hésitante, tâtonnante encore, n'ayant pas l'expérience de la liberté, ne sût pas manier un instrument aussi redoutable, dans sa portée, que le scrutin de liste. Lorsque la République fut menacée par un de ces grands courants démagogiques, factices sans doute et passagers, mais si habilement exploités par la réaction, il fallait conjurer à tout prix le péril. On a bien fait, sans se livrer à des débats théoriques sur la philosophie électorale, de suspendre immédiatement la pratique du scrutin de liste pour diviser les forces de l'ennemi, pour sauver la République.

Mais toute la question, aujourd'hui, est de savoir si cette œuvre a été accomplie en vain, si nous en sommes toujours au même point, si la République de 1907 n'est pas plus ferme et plus robuste que celle de 1885. A cette question, que chacun réponde suivant son expérience.

Pour moi, je me borne à une observation.

Si vous voulez, par fidélité à la tradition républicaine, revenir au scrutin de liste, c'est-à-dire à un scrutin qui, comme le disait Gambetta, est le seul scrutin politique...

Une voix. — Mais pas pratique.

M. F. BUISSON. — C'est possible. Je pose la question.

Si vous voulez le faire, il faut que vous ayez la certitude que ce scrutin, substitué au scrutin uninominal, vaudra mieux, qu'il sera un avantage pour la République. Il faut que, revenant à cette règle qui a été celle de nos pères et qui est la tradition républicaine constante, vous avez, sinon la certitude mathématique, du moins la conviction que vous pouvez la reprendre, non seulement sans péril pour la République, mais encore sans graves inconvénients.

N'est-ce pas ainsi que la question se pose. Le citoyen Schmidt avait raison de le dire : c'est une question d'ordre secondaire, d'un intérêt pratique, tout relatif, qui n'a rien d'une théorie absolue, dont la solution dépend des circonstances de lieu, de temps et des courants de l'opinion.

Que propose la Commission ? Elle propose de rétablir le scrutin de liste avec une modification considérable dont il n'a été question jusqu'à présent, je crois, dans aucune de nos assemblées, à savoir le renouvellement partiel de la Chambre. Je ne conteste pas que ce soit un système parfaitement défendable et qui s'appuie sur d'excellentes raisons. Mais je vous demande si vous ne voyez pas combien de questions se posent, combien de difficultés surgissent et s'il nous est possible de trancher si rapidement tout un ensemble de problèmes dont les données sont encore insuffisamment étudiées.

Je ne combats pas le scrutin de liste. Non seulement je ne le combats pas, mais je le tiens, s'il est un véritable scrutin de liste, à caractère général et politique, pour le seul mode électoral qui convienne à une démocratie. Les raisons, nous les discuterons ultérieurement s'il y a lieu.

Mais je suis bien obligé de convenir que notre peuple républicain est habitué à manier le scrutin uninominal. Il ne s'en est pas mal tiré. En votant il a appris à voter. Si le scrutin uninominal a de grands inconvénients et de graves défauts, le peuple français a appris à les corriger dans une large mesure et à tirer malgré tout un assez bon parti, n'est-il pas vrai ? d'un outil médiocre.

Il faut donc que l'outil qu'on nous propose d'y substituer soit meilleur, qu'il ait une supériorité incontestée sur l'appareil imparfait, incomplet, défectueux, mais qui a fait triompher la République aux dernières élections.

Le scrutin de liste ne me paraît pas pouvoir être rétabli dans sa forme traditionnelle sans créer immédiatement un aléa très considérable. Je suis prêt, pour ma part, à courir cet aléa, mais je voudrais le réduire au minimum en prenant les précautions que la sagesse commande pour éviter un désastre à la République.

Ces précautions, ce sont celles que les républicains avaient demandées, dès le commencement. Car enfin, citoyens, il ne faudrait pourtant pas croire que l'idée du scrutin de liste, avec proportionnalité, soit née d'hier.

Ce matin, le citoyen Tissier a prononcé une parole qui m'a étonné et qui prouve seulement qu'il est jeune. (*Sourires.*) C'est un excellent défaut. Il a dit : « La représentation proportionnelle ? C'est une chose bien nouvelle. » Ah ! citoyens, quand vous aurez quelques minutes à vous, reportez-vous à la première Assemblée, je ne dis pas de la République, mais de la Révolution. Vous y lirez cette parole de Mirabeau, définis-

sant ce que doit être la représentation nationale : « *Les
assemblées représentatives d'un pays doivent reproduire les divers éléments de ce pays avec leurs proportions, sans que les plus considérables fassent disparaître les moindres.* » Pourrait-on dire mieux aujourd'hui ?

On dit que le premier mouvement est le bon. On
pourrait dire aussi que la première idée politique qui
vient à l'esprit d'un peuple aux jours de révolution,
c'est l'idée vraie, simple. Il faudra peut-être cent ans
pour la réaliser, mais du premier coup le peuple a vu
juste.

Ce n'est pas là un passage, un mot découpé dans
un document inconnu. Mirabeau, dans son rapport,
prouve, par une image familière, combien l'idée lui
était apparue claire et simple. Il dit : « La représentation d'un pays doit reproduire l'opinion politique de
ce pays, comme une carte en reproduit l'étendue physique, sous une forme réduite, mais exacte. »

À la Convention, dans le projet de Constitution proposé par Condorcet, on trouve la trace du même souci
de réserver une place pour la minorité.

Une voix. — La minorité est représentée.

M. F. BUISSON. — Citoyens, il n'est pas inutile de
jeter un regard sur le passé, ne fût-ce que par piété
filiale. (*Très bien ! très bien !*)

Dans l'élection du bureau des assemblées primaires,
là même où il y a trois membres à élire, Condorcet ne
permet aux électeurs de disposer que de deux noms,
afin que la troisième place soit disponible pour la minorité. (*Interruptions.*) Je ne défends pas le système,
qui est sommaire et imparfait. C'est un simple exemple que je cite pour montrer que l'idée n'est pas d'hier.
On a prétendu que la représentation proportionnelle
était une manœuvre des réactionnaires. Il ne faut pas
travestir ainsi les choses.

Allez-vous reprocher à la représentation proportionnelle de n'avoir pas pu pénétrer dans notre pays avant
1848 ? Eh ! citoyens, il fallait d'abord conquérir le suffrage universel. Mais dès que les journées de février
eurent fait ce miracle, savez-vous comment un des
auteurs du suffrage universel qui n'est pas non plus
un inconnu, Louis Blanc, motivait et expliquait la
réforme ?

Une voix. — C'est un peu vieux.

M. F. BUISSON. — Que voulez-vous que j'y fasse ?

« *La majorité doit avoir plus de représentants que la minorité, mais s'ensuit-il que la minorité n'en doive pas avoir du tout ?* »

Telle est la question qu'avec sa conscience droite et son génie de rectitude logique Louis Blanc posait à ses contemporains. Elle se pose exactement dans les mêmes termes à nos consciences.

« *Le plus grand nombre doit l'emporter sur le plus petit nombre. S'ensuit-il que le plus petit nombre doive être compté pour rien ?* »

Telle est bien la question, citoyens ; il n'y en a pas d'autre. Et Louis Blanc continue :

« *C'est pourtant ce qui arrive tous les jours. Le vote de la minorité se trouve n'avoir pas plus de valeur que si elle n'existait. Il est des cas où la majorité n'est que la minorité plus un, comme la minorité n'est que la majorité moins un. Prétendrez-vous qu'il suffit d'une voix de différence pour faire qu'une des deux fractions soit le peuple et que l'autre soit le néant ?* »

C'est là, je le reconnais, une considération purement philosophique. Est-ce à dire qu'elle doive nous laisser indifférents ? Il est au moins à noter que ceux qui ont établi le suffrage universel avec le scrutin de liste ne les ont compris, en principe du moins et dès l'origine, qu'accompagnés de la représentation proportionnelle.

Mais, dira-t-on, cela ne s'est pas réalisé. Ah ! je le crois bien que ni la réaction de 1849, ni le régime du coup d'Etat n'ont voulu du scrutin de liste proportionnaliste. Je le crois bien que l'Empire même « libéral » qui se flattait d'avoir, à force de roueries et d'escamotages, fait du suffrage universel le rempart de la dynastie n'a songé à établir ni le scrutin de liste, ni la représentation proportionnelle. Que seraient devenues les manipulations légendaires d'où dépendait son salut ?

Si des deux premières Républiques, vous passez à la troisième, quelle est la première proposition faite en 1871 et par qui ? Edgar Quinet — ce n'est pas un inconnu non plus — Edgar Quinet, retour de l'exil, éclairé par l'exil, propose à l'Assemblée nationale l'établissement d'un scrutin tel que l'Assemblée soit l'image exacte et complète du pays. Et toute l'extrême gauche l'a suivi. Notre président, Dubief, s'excusait tout à l'heure de rappeler des souvenirs déjà lointains. Que dirai-je donc, moi qui suis forcé d'en évoquer de plus lointains encore ?

Je les ai connus, ces proscrits de l'Empire, ces sept ou huit Français restés jusqu'au bout les ennemis irréconciliables du 2 décembre, Edgar Quinet, Barni, Marc Dufraisse, Versigny, Cantagrel. Ce sont ceux-là qui, pendant les longues années d'exil, alors que la France en était où vous savez, élaboraient avec une ténacité patiente la doctrine du scrutin de liste avec représentation proportionnelle. Il en est un dont vous me permettrez de me souvenir spécialement, puisque j'ai l'honneur d'être son successeur comme représentant du 13ᵉ arrondissement de Paris. Cantagrel, dès 1858, avait exposé tout au long dans un petit journal suisse, le système de ce qu'il appelait « l'élection véridique » : c'était le scrutin de liste avec un mode de représentation proportionnelle. Bien des années après, le peuple neuchâtelois a institué ce régime. Et dans son exposé des motifs à l'Assemblée législative, le gouvernement de Neuchâtel a tenu à reproduire tout au long ces vieux articles de Cantagrel en reportant à cet étranger, à ce proscrit l'honneur d'avoir apporté une idée de justice qui a germé et que le peuple suisse n'a pas hésité à s'approprier. C'était du patriotisme bien entendu. *(Très bien ! très bien ! sur divers bancs.)*

L'idée de Cantagrel a donc été mise en pratique dans plusieurs cantons français de la Suisse. De là elle a passé quelques années après en Belgique. Et voilà comme une idée française nous revient de l'étranger.

On nous dit parfois aujourd'hui : « Vous apporterez en France une invention des cléricaux belges. Les cléricaux belges l'ont empruntée à des radicaux français et suisses. Et à leur tour les libéraux belges qui l'ont d'abord combattue ou dédaignée, ont ouvert les yeux quand ils furent écrasés par le scrutin de liste majoritaire. Qu'est-ce que cela prouve, sinon que la représentation proportionnelle n'est la chose d'aucun parti et qu'elle vaut, par elle-même, comme garantie d'équité, d'exactitude et de sincérité électorale ? A qui appartient-elle ? A personne. A qui fait-elle rendre justice ? A tout le monde. D'une doctrine de justice et de vérité, il ne faut pas faire une question de succès. *(Très bien ! très bien ! sur divers bancs.)*

C'est à ce point de vue que je vous demande d'examiner le problème qui vous est posé. Il ne s'agit pas de sacrifier la République à je ne sais quelle superstition de la correction mathématique. Au contraire, il s'agit d'empêcher que, par un scrutin de liste brutal et aveugle, on joue la République à pile ou face. Vous avez dit hier dans votre programme, et je tiens à ce que cette déclaration ne reste pas inaperçue, car vous l'avez votée en toute conscience ; vous avez dit que vous voulez « que la consultation du peuple se fasse désormais dans des conditions telles que les électeurs se déterminent sur des programmes bien plus que sur des personnalités ». S'il en est ainsi, la question est bien avancée. Il n'y a qu'un problème à résoudre, en supposant le peuple français capable de le résoudre. Si vous déclarez que le peuple français n'en est pas capable, je n'ai plus qu'à m'incliner...

Plusieurs voix. — Non, il n'en est pas capable.

M. F. BUISSON. — Vous ferez partager cet avis à l'assemblée, ce n'est pas le mien. Ceux qui portent cette appréciation pessimiste n'ont pas à hésiter : il est entendu qu'il ne faut rien changer, il faut garder le scrutin uninominal. Pour moi je crois que le peuple vaut mieux que nous, qu'il est plus fort en politique que les politiciens. (*Très bien ! très bien !*) Et je tiens pour certain qu'il comprendra sans peine la principale réforme.

Jusqu'ici on lui a présenté le suffrage universel sous cette forme : un électeur doit choisir un élu. Nous lui disons : non, il s'agit d'autre chose. Tout électeur a deux opérations à faire, deux devoirs à remplir : le premier, c'est de voter pour un parti, le second, de voter pour une personne dans ce parti. Si l'électeur n'est pas capable de se décider pour un parti, il n'est pas capable non plus de se décider valablement pour une personne, car il la choisira non pour des raisons politiques, mais pour de mauvaises raisons locales, personnelles, intéressées.

Pourquoi nos pères ont-ils considéré le suffrage universel comme la réforme des réformes ? C'est qu'ils jugeaient le peuple assez intelligent et assez sage pour se donner une représentation qui le représente réellement dans ses aspirations et ses revendications légitimes, dans sa volonté d'établir un ordre social plus juste. Et vous venez nous dire maintenant que le peuple français ne sait pas ce qu'il veut, qu'il ne sait même pas s'il faut voter pour la liste républicaine ou pour la liste réactionnaire...

Une voix. — Et le boulangisme ?

M. F. BUISSON. — C'est calomnier le peuple que de croire qu'il en est là. Il a pris parti pour notre République et non pas seulement pour telle ou telle personnalité républicaine. Il sait distinguer la personne du principe. Il est donc capable de distinguer les deux opérations dont se compose l'acte électoral. C'est pour les avoir confondus jusqu'ici que nos élections sont entachées de tant de misères, hélas ! et de tant de hontes. Les séparer, c'est le grand mérite du scrutin de liste avec représentation proportionnelle.

Je ne puis entrer dans les détails techniques. Mais j'insiste sur ce trait essentiel de système qu'on nous propose. Il se réduit à dire à tout électeur : « L'important n'est plus de savoir tes préférences pour Pierre ou pour Paul, l'important c'est de nous dire avant tout si tu es pour la République ou pour la réaction. Si tu n'as pas foi dans le mouvement démocratique, si tu hésites encore à t'affirmer républicain, tu voteras pour une liste quelconque opposée à la République. Si tu es républicain, tu dois avoir le courage de le dire. Choix entre les listes A, B, C, cela vaut dire choix entre l'opinion radicale, l'opinion socialiste, l'opinion réactionnaire, etc. » (*Interruptions.*)

Je vous demande pardon de traiter aussi sommairement un sujet hérissé de difficultés. J'essaie, vous le voyez bien, d'aller aussi vite que possible. Force m'est donc de m'en tenir aux grands traits, aux caractères typiques du scrutin de liste avec représentation proportionnelle.

L'objection qu'on peut faire, je ne cherche pas à la diminuer. On l'a faite à Genève, à Neuchâtel, dans les Etats d'Amérique qui ont établi le même régime. Vous allez demander aux citoyens deux avis, deux votes, deux expressions de leur volonté. Vous changez les habitudes. Jusqu'à présent tout se résumait en une seule opinion, simple, concrète : « Tu connais un tel, c'est un brave homme, un républicain, il peut rendre des services à notre canton, à notre arrondissement, vote pour lui. » Avec votre scrutin collectif et proportionnel, vous demanderez à tous les citoyens quelque chose de nouveau, quelque chose de difficile. Il faut d'abord que l'électeur ait le courage de se déclarer, de s'afficher. Il vote pour une liste, le voilà classé dans l'opinion. Et puis le candidat, à son tour, il faudra qu'il joue cartes sur table : lui aussi est obligé de se déclarer, de se classer. Il n'y a plus rien à faire pour ces candidats habiles à se réserver, qui excellent à ne dire ni oui, ni non, à évoluer toujours et à ne se fixer jamais. Au lieu de cette heureuse souplesse, tous les candidats seront tenus de parler franc : ils devront s'inscrire sur une liste qui sera contresignée par eux, ce sera leur engagement.

M. G. CHAPUIS. — C'est le mandat impératif.

M. F. BUISSON. — Vous voulez dire le mandat impératif de la République ; celui-là, oui.

M. G. CHAPUIS. — Quand l'élu aura à se prononcer dans un scrutin à la Chambre, il votera comme il l'entendra, et s'il n'a pas voté conformément au programme de son parti, vous n'aurez aucun droit de l'exclure.

M. F. BUISSON. — Je vous demande pardon : le Parti aura le droit d'exclure. C'est ce que vous avez voté hier. En arrêtant le programme du Parti radical, vous avez décidé qu'il était désormais obligatoire qu'il devait être signé par tous ceux qui prétendent recueillir les suffrages de notre Parti. Vous ne pouvez pas prétendre pourtant qu'un candidat aura le droit de se recommander d'un parti et garder la liberté de n'en pas même accepter le programme, qu'il pourra réclamer le bénéfice des affiches que le Comité exécutif lui enverra, et puis déclarer que son engagement envers nous n'aura de valeur que pendant les quelques jours où il a eu besoin de notre appui, qu'il sera ensuite libre de voter comme il l'entendra. (*Interruptions.*) Vous avez voté le contraire hier, vous avez donc voté, dans le sens de ce que M. Chapuis appelle un mandat impératif. Et s'il y a là-dessus quelque hésitation dans l'assemblée, je demande que le président remette la question aux voix.

M. G. CHAPUIS. — Voulez-vous me permettre un mot ?

LE PRÉSIDENT. — C'est un déplorable procédé de discussion que celui qui consiste à introduire dans une discussion un incident qui provoque une discussion nouvelle. Je prie notre ami Buisson de continuer son exposé, notre ami Chapuis aura la parole ensuite.

M. F. BUISSON. — J'en demande respectueusement pardon à notre président, il ne s'agit pas d'un incident. C'est bien le fond du débat, je suis au cœur de la question ainsi que notre collègue Chapuis.

La représentation proportionnelle telle que nous la concevons, ce n'est nullement une représentation, pour ainsi dire sentimentale, des minorités, c'est la représentation de la majorité comme majorité, des minorités comme minorités, chacune avec son programme, toutes avec l'obligation pour les candidats de s'y conformer une fois élus, sous peine de forfaiture. Vous dites que c'est le mandat impératif. Soit, si vous entendez par là cette sorte d'obligation morale que contractera le candidat, et qui aurait pour sanction, s'il y manquait, sa radiation. Là est la nouveauté, la portée politique du scrutin de liste avec représentation proportionnelle.

Mais pourquoi pas, dit-on, le scrutin de liste tout seul ? Citoyens, vous avez donc oublié ce qui s'est passé en 1885. Nous avons été sauvés, au second tour, mais comment ? Un historien nous le dit.

« Les listes proposées aux électeurs telles qu'on les a vues en 1885 n'étaient pas des *listes de parti*, mais *des listes de concentration*. A Paris, la concentration s'étendait des républicains modérés aux socialistes, nouveaux venus dans la vie parlementaire. Que l'on s'imagine M. Motte et M. Jules Guesde élus sur une même liste ! » (P.-G. La Chesnais.) C'est pourtant là qu'il en faut venir pour que le scrutin de liste majoritaire ne risque pas de perdre la République sur un coup de dés.

Une voix. — A bas le scrutin de liste, alors !

M. F. BUISSON. — Non, dites plutôt à bas les marchandages qui le dénaturent ! Le scrutin de liste peut et doit être, comme le disait Gambetta dans une parole souvent citée et nullement réfutée jusqu'à présent, le scrutin pacificateur et réformateur par excellence. Mais c'est à la condition que nous ayons la sagesse de perfectionner cet instrument encore grossier et brutal. On n'aura pas besoin de recourir aux tristes manœuvres de la concentration si l'on a commencé par respecter simplement la réalité des choses, par constater exactement les chiffres afférents à chaque opinion. Les représenter toutes, suivant leurs proportions telles qu'elles existent en fait : ce fut la première pensée et ce sera la forme définitive du suffrage universel.

En regard d'un si grand avantage, que pèsent les inconvénients dont le rapporteur nous faisait ce matin le tableau avec infiniment de courtoisie et d'esprit ? Il mettait en relief la complication de certains calculs, sur lesquels les différents systèmes ne sont pas d'accord. Ah ! citoyens, ce n'est pas une objection, c'est un éloge, c'est le plus bel éloge qu'on puisse faire du mécanisme nouveau. Comment ! Il a fallu 10, 15, 20 ans aux petites démocraties de la Suisse, aux grandes démocraties d'Amérique, pour arriver, après des tâtonnements et des perfectionnements successifs, à une formule que nous trouvons aujourd'hui toute faite et bien faite. Et nous allons leur reprocher ce long travail préparatoire ! Nous allons tirer argument de ces efforts et de cette émulation de tous les auteurs de systèmes, rivalisant à qui atteindra le plus de justesse et le plus de précision dans la solution d'un problème qui ne comporte pas de solution mathématique parfaite. Le moins parfait de tous ces systèmes est incomparablement plus juste que le système majoritaire.

Prenons l'objection sous sa forme extrême, celle que le rapporteur a soulignée avec une spirituelle malice. Comment pouvez-vous concevoir, a-t-il dit, comment pouvez-vous faire comprendre au paysan français qu'un candidat qui aura eu 60.000 voix ne sera pas élu, tandis qu'un autre qui aura eu 30.000 voix sera élu ? (C'est cela !)

Une voix. — C'est la négation de la souveraineté nationale.

M. F. BUISSON. — Le paysan français n'est pas plus bête que le paysan genevois, neuchâtelois, belge ou que l'habitant de l'Indiana. S'il a accepté le principe, il en comprendra les conséquences. Le principe, c'est de donner la majorité dans le Parlement à l'opinion qui a la majorité dans le pays. La majorité, dis-je, ce qui est juste, mais non pas la totalité, ce qui serait injuste. Il comprend donc bien que la liste réunissant

60.000 voix ait les deux tiers des sièges, il ne comprendrait pas qu'elle s'adjugeât le troisième tiers appartenant en bonne justice aux 30.000. L'artifice du raisonnement consiste à faire croire qu'on voterait toujours comme dans le régime actuel, pour un homme, et alors on compare homme à homme, 60.000 pour l'un, 30.000 pour l'autre. Mais non, encore une fois. Sous le nouveau régime ce n'est plus à la personne que vont ces chiffres, c'est au parti. La seule question est de savoir la proportion qui revient à chaque liste, c'est-à-dire à chaque parti. S'ils sont 60.000 qui se déclarent pour le parti républicain, comme ils n'ont pas d'autre manière de le faire comprendre qu'en votant pour la liste républicaine en bloc, il est tout naturel que celle-ci réunisse en bloc 60.000 voix. Mais, vous demandent les républicains d'aujourd'hui comme le demandaient les Louis Blanc et les Cantagrel, oui ou non, voulez-vous, parce que vous êtes 60.000 républicains, interdire aux 30.000 électeurs qui ne le sont pas, d'être comptés dans la représentation nationale ? (*Oui ! oui ! sur divers bancs.*)

Si vous n'avez pas la prétention de supprimer vos concitoyens, de les effacer des registres électoraux, il faut bien que vous consentiez à laisser une place, si petite qu'elle soit, à la minorité. Ou bien réclamez pour vous seuls la totalité des places, c'est-à-dire plus que votre droit ; ou bien reconnaissez qu'un dixième des électeurs a droit à un dixième de la représentation.

Citoyens, on prétend que c'est faire le sacrifice d'une situation acquise. Non, ce sera la consolider et la fortifier ; nous le prouverons quand on voudra. Mais, quand même il en serait autrement, y eût-il sacrifice, il faudrait le faire. Un parti, j'entends un parti républicain, ne perd jamais rien en sacrifiant à la vérité et à la justice. (*Très bien ! Très bien ! et applaudissements sur divers bancs.*)

M. G. BOUILLARD, *rapporteur.* — Je me rends compte de la situation délicate dans laquelle je me trouve. Je suis obligé, à une heure où votre attention a été légitimement soutenue par le remarquable discours que vous venez d'entendre, de combattre les conclusions de notre excellent et honorable ami Buisson. J'interviens au nom de la Commission de réforme électorale, je remplis un devoir et je vous demande, mes chers collègues, toute votre bienveillance. Ce qui rend ma tâche périlleuse, c'est la valeur intellectuelle et l'expérience consommée de l'orateur que vous venez d'entendre. Nous pouvons parfois être en désaccord et combattre certaines idées de nos amis, mais nous devons rendre hommage à leur probité politique. (*Très bien ! Très bien !*)

Je pourrais dire que la discussion si serrée à laquelle s'est livrée notre ami Buisson, a été une excellente conférence sur la genèse de la représentation proportionnelle. Dans un tableau très savant, notre collègue nous a montré comment la représentation proportionnelle était née dans l'esprit de Mirabeau, comment Condorcet l'avait comprise, comment au XIX° siècle Louis Blanc l'avait faite sienne. Je ne méconnais pas l'importance de cette thèse historique, mais elle ne s'applique nullement à notre temps, et, en effet, à l'époque à laquelle s'est référé notre savant collègue, nous n'avions pas le suffrage universel, je puis le dire même en ce qui concerne Louis Blanc, puisque 1848 n'a été que l'aurore du suffrage universel. A l'autorité des sources historiques, notre ami Buisson en ajoute une autre et il invoque un témoignage qui pourrait paraître plus dangereux pour les adversaires de la représentation proportionnelle. Il nous a dit : Mais la représentation proportionnelle fonctionne dans des pays républicains, dans les cantons de Genève et de Neuchâtel et aux Etats-Unis d'Amérique.

Ah ! mon cher collègue, rien n'est plus commode que de faire fonctionner un système nouveau dans des pays qui sont républicains depuis leur origine et qui n'ont pas derrière eux, comme la France, 800 ans de monarchie. (*Applaudissements.*)

Mais, citoyens, en admettant qu'on puisse accepter la théorie, je crains fort pour nos contradicteurs que vous ne partagiez pas leur manière de voir et que vous refusiez de tenter une expérience qui pourrait être dangereuse pour le pays et pour la République. Je ne crois pas qu'il soit bon d'offrir aux électeurs un mode nouveau de votation, quelque scientifique qu'il soit et si philosophiques qu'en soient les déductions. Dans ce pays, nous ne vivons pas de théories sentimentales, nous ne nous occupons pas de considérations exclusivement philosophiques, nous pratiquons véritablement la politique et ses résultats. Je ne crois pas que nous puissions exposer la République à l'aléa que présente la pratique de la représentation proportionnelle. (*Très bien ! Très bien !*)

Je ne conteste pas que l'idée de justice semble être satisfaite par ce système, et j'admire le magnifique langage dans lequel notre ami a défendu sa thèse. Si nous avons le devoir de ne pas nous laisser guider exclusivement par des intérêts et de nous préoccuper des idées, n'oublions pas qu'il faut d'abord vivre, philosopher ensuite. (*Applaudissements.*)

J'ai écouté notre collègue avec une scrupuleuse attention, et j'ai retenu en particulier une affirmation de sa harangue. Le peuple français, a-t-il dit, est plus habile politique que tous les politiciens. C'est vrai et il a aussi plus de bon sens pratique que tous les savants. Le peuple français, vous en êtes l'émanation, mes chers collègues, vous représentez les Fédérations et les Comités. Me trompé-je quand je prétends que j'aperçois ici un courant irrésistible contre cette nouveauté pleine de périls ? (*Applaudissements.*)

Je ne prétends pas, dans une réfutation si rapide, avoir touché à tous les points abordés par mon contradicteur dans son magistral exposé. J'ai voulu surtout appeler l'attention de cette assemblée qui étudie toutes les questions avec soin, non seulement ici, mais dans les Comités et dans les Fédérations, sur les dangers que ferait courir à la République et à la France, car je ne les sépare pas, l'adoption de ce nouveau mode de scrutin.

Le système actuel a de grands défauts et pourtant ses défenseurs ont pu invoquer les résultats qu'il a donnés en 1906. J'ai la conviction que si nous avions eu le scrutin de liste, nous aurions eu des élections égales sinon supérieures et nous n'aurions pas vu se reproduire les résultats de 1885. (*Mouvements divers.*) Je donne mon impression, je ne prétends pas l'imposer.

Je ne reviendrai pas sur les souvenirs douloureux de 1871, époque navrante que j'ai vécue sous le harnais militaire. C'est à Laval que j'ai voté pour la liste de la Seine, et, sans communication avec Paris, il était difficile de dresser utilement une liste de 40 noms. Mais il ne faut pas rappeler l'Assemblée nationale pour en faire grief au scrutin de liste. A ce moment, l'ennemi foulait le sol sacré de la patrie, les électeurs n'avaient pas leur libre arbitre, ils ont cru les homreaux qui déclaraient que, si on les envoyait à l'Assemblée nationale, ils mettraient fin à la guerre, les paysans les ont crus. Mais cette aberration n'a duré qu'un moment, car le 2 juillet suivant, l'Assemblée nationale voyait entrer dans son sein 200 républicains résolus qui furent le noyau des 363. (*Applaudissements.*)

Pour toutes ces considérations, pour les dangers surtout que la représentation proportionnelle ferait courir à la cause des réformes républicaines, nous vous demandons de vous ranger à l'avis de votre Commission. Cet avis a été exprimé à l'unanimité des voix moins une, celle du précédent rapporteur. Nous prions le Congrès de repousser la théorie de la représentation proportionnelle. (*Vifs applaudissements.*)

Voix nombreuses. — La clôture !

M. Louis Tissier. — Je demande la parole contre la clôture.

Citoyens, j'ai cru de mon devoir de répondre à M. Buisson. J'ignorais, lorsque j'ai demandé la parole à ce moment, que le rapporteur de la Commission répondrait. Je ne veux pas reproduire les arguments qu'il a si éloquemment présentés. Si j'ai insisté pour avoir la parole, c'est que, depuis ce matin, depuis le commencement de cette discussion générale, il plane je ne sais quelle confusion dans le débat. On demande la clôture. Est-ce de la discussion générale ? Je désire rappeler à l'assemblée la règle de toutes les assemblées. Quand une Commission, issue d'un Congrès, a reçu le mandat d'examiner les propositions des membres du précédent Comité exécutif, il est impossible de laisser la discussion s'égarer, et il faut mettre aux voix les propositions du Comité exécutif. On a séparé très nettement la question du scrutin uninominal de la question de la représentation proportionnelle. Je demande à l'Assemblée de ne pas voltiger d'une question à l'autre, et de résoudre d'abord la question qui a été traitée par l'honorable M. Buisson, en acceptant ou en rejetant la représentation proportionnelle. (*Applaudissements.*)

M. le président dit que M. J.-L. Bonnet est atteint d'un enrouement qui l'empêche de prendre la parole et il met aux voix les conclusions de la Commission, tendant à rejeter le système de la représentation proportionnelle.

(*Les conclusions de la Commission sont adoptées.*)

LE PRÉSIDENT. — Le Congrès doit maintenant statuer sur les deux systèmes opposés : scrutin de liste et scrutin uninominal.

Je le consulte sur l'adoption du scrutin de liste.

(*L'épreuve est déclarée douteuse par le bureau. Elle est ensuite renouvelée par assis et levés et est déclarée de nouveau douteuse. — Vives agitations.*)

LE PRÉSIDENT. — La majorité ne semble pas nettement dégagée. D'autre part la disposition matérielle de la salle ne permet pas de procéder utilement à une nouvelle épreuve par assis et levés, plusieurs de nos collègues étant obligés de rester debout au fond de la salle.

Dans ces conditions, je vous propose de suspendre la séance. A la reprise, ceux qui sont partisans du scrutin de liste se mettront dans la partie de la salle qui se trouve à droite du bureau, ceux qui sont partisans du scrutin uninominal se mettront à gauche. (*Assentiment.*)

(*La séance est suspendue à 4 heures et demie et reprise à 5 heures.*)

M. Dubief cède la présidence à M. Henri Michel.

M. HENRI MICHEL, *président.* — Citoyens, je n'ai pas besoin de vous dire que l'heure n'est pas aux discours ; je ne vous en ferai pas. Je vous dis simplement : Merci et au travail ! (*Applaudissements.*)

Pour mettre de la clarté dans un vote qui paraissait confus, et je le comprends, on a décidé que ceux qui étaient partisans du scrutin de liste se mettraient à la reprise de la séance, à droite du bureau... (*Applaudissements ironiques à droite de la salle.*)

Plusieurs voix. — C'est-à-dire que ceux qui sont vraiment des républicains de gauche sont à droite.

LE PRÉSIDENT. — Il n'y a pas de droite dans le Parti radical et radical-socialiste.

A droite. — Si ! si ! ceux qui sont à gauche sont les conservateurs.

M. JEAN GRILLON, *député.* — Ce sont les conservateurs de la République.

LE PRÉSIDENT. — Nous ne sommes pas ici pour nous

jeter les uns aux autres l'injure de conservateurs. Il n'y a pas ici de conservateurs, il y a des partisans du scrutin de liste...

Plusieurs délégués à droite. — Et ceux qui renient les traditions républicaines. *(Applaudissements à droite. Exclamations ironiques à gauche.)*

LE PRÉSIDENT. — Il est bien entendu qu'il n'y a pas d'équivoque et que les partisans du scrutin de liste sont bien à la droite du bureau et les partisans du scrutin uninominal à gauche. *(Assentiment.)*

Citoyens, voici les chiffres qui me sont fournis par ceux qui ont compté les votants de chaque côté à l'entrée de la salle... *(Exclamations, bruit.)* Mais, je vous en prie, c'est une question de loyauté.

(Le président consulte ses collègues du bureau et déclare que le scrutin de liste est adopté. — Vifs applaudissements à droite.)

M. LOUIS BLANC, *sénateur.* — Dans la résolution qui a été votée par le Congrès en ce qui concerne le relèvement de l'indemnité parlementaire, il me semble qu'il n'a pas été question de la diminution du nombre des sénateurs et des députés. Je crois qu'il est indispensable de dégager de cette assemblée une opinion favorable à cette réduction. Au nom des délégués de la Fédération de la Drôme, je dépose une addition à la résolution votée, et je demande que le nombre des sénateurs, comme celui des députés, soit diminué d'un tiers.

(Le renvoi à la Commission est ordonné.)

LE PRÉSIDENT. — Je suis saisi d'une proposition du citoyen Chesseron, ainsi conçue :

« Le scrutin de liste étant institué, les fédérations seront invitées, avant d'élaborer leur liste, à établir une juste représentation des forces vitales du pays. »

Je suis saisi d'une proposition analogue de la délégation de l'Ain, qui propose que :

« Le Congrès radical inscrive dans son programme le rétablissement du scrutin de liste et la réduction du nombre des députés à raison de un représentant par 100.000 habitants ou fraction d'au moins 25.000. »

(Ces propositions sont renvoyées à la Commission.)

On reprend la nomination des membres du Comité exécutif et l'examen des délégations réservées.

Nomination des Membres du Comité exécutif

(Suite.)

M. Ph. Delmas, *rapporteur de la Commission de contrôle*. — Nous avons constaté que les noms qui figuraient sur les listes y avaient bien été portés par les intéressés. D'autre part, des délégués en désaccord se sont entendus, de sorte qu'il n'y a plus aucune difficulté. Le Congrès doit maintenant émettre un vote définitif.

(Les délégations réservées sont ratifiées.)

M. Dessoye, *député*. — Pour le département de la Haute-Marne il n'y a plus maintenant de contestation, mais il s'est produit, au sein de la Commission, un fait que je tiens à signaler à l'indignation du Congrès, car il y va d'une question de probité. Ce matin, lors de la nomination des membres du Comité exécutif, un de nos collègues a posé cette question au rapporteur : « En l'absence de liste déposée par les délégués du département intéressé, comment avez-vous procédé pour désigner les représentants de ce département au Comité exécutif ? » Le rapporteur a répondu : « Nous nous sommes reportés à la liste des délégués élus l'année dernière, et nous les avons proposés pour cette année. »

Il est possible que la liste de la Haute-Marne, signée de l'unanimité des délégués de ce département, ne se soit pas trouvée entre les mains du rapporteur. Mais la liste des délégués élus l'année dernière portait 4 noms : Bizot de Fonteny, Dessoye, Moisson, Viard. On avait supprimé le nom de Moisson pour le remplacer par celui d'un citoyen de Paris que je ne connais pas et dont je ne parlerai pas, le citoyen Joseph Salles. Je voudrais bien savoir en vertu de quel droit on a pu commettre cette sorte de larcin. *(Applaudissements.)* Il est élémentaire que, dans l'élection des membres du Comité exécutif, nous puissions compter sur la loyauté scrupuleuse de tous. Si une manœuvre quelconque peut se produire, elle ne tend à rien moins qu'à jeter la suspicion sur la composition de tout le Comité. *(Applaudissements.)*

Je demande au bureau d'exercer son action disciplinaire pour savoir qui s'est permis de supprimer un nom, celui d'un citoyen régulièrement élu l'année dernière et de le remplacer par un autre nom. La délégation de la Haute-Marne proteste tout entière avec indignation contre un procédé de ce genre que je m'abstiendrai de qualifier. (*Vifs applaudissements.*)

LE RAPPORTEUR. — Vous venez de vous tailler un succès oratoire très facile... (*Vives exclamations.*)

M. RENÉ BESNARD, *député.* — Je proteste contre de telles paroles. Je ne permettrai pas qu'on attaque notre collègue Dessoye, l'un des militants les plus énergiques, le président de la Ligue de l'Enseignement. (*Vifs applaudissements.*)

LE RAPPORTEUR. — Je n'ai pas eu l'intention de froisser notre collègue. J'allais simplement rappeler que nous n'avions reçu à 8 heures et demie aucune proposition pour la Haute-Marne, sinon une simple feuille sur laquelle se trouvait le nom de Joseph Salles. Nous avons donc maintenu trois des noms de la liste de l'année dernière... (*Interruptions.*)

M. EUG. LION, *président de la Commission.* — Citoyens, je puis vous assurer que la Commission a travaillé en toute conscience.

Lorsqu'une Commission comme celle-là est désignée par la voie du tirage au sort, il y a bien des chances pour que ceux qui la composent ne se connaissent pas. Ils savent qu'ils sont tous délégués par les Comités et Fédérations du Parti radical et radical-socialiste et à ce titre, ils sont disposés à avoir dans leurs collègues la plus entière confiance. Je rends hommage à la parfaite loyauté de tous nos collaborateurs.

Je connais bien des membres du Congrès, mais je puis vous assurer qu'en dépouillant les listes je n'en connaissais plus aucun et que je me suis mis en dehors de tout esprit de camaraderie ou d'inimitié. (*Applaudissements.*) Nous avons été heureux, d'ailleurs, de constater que, dans la plupart des départements, il n'y avait aucune contestation.

Nous avions accordé, pour le dépôt des propositions, un délai qui expirait à 8 heures et demie, nous avons prolongé ce délai jusqu'à 10 heures, puis nous nous sommes mis à la besogne. Ce n'est pas une tâche agréable ni facile, que nous avons eue à remplir.

Partout où il n'y avait pas de propositions, nous nous sommes reportés à la liste de l'année dernière ; nous l'avons fait scrupuleusement. D'autre part je

6

tiens à 'affirmer que je n'ai pas vu d'autres listes que celles qui ont été communiquées au Congrès.

M. Dessoye. — Le nom du citoyen Moisson a été rétabli sur la liste tel qu'il y figurait l'année dernière. Mais je voudrais que nous tirions de l'incident l'enseignement qu'il comporte. Quand une Commission est chargée de dresser la liste des représentants d'un département au Comité exécutif, elle ne doit pas se baser sur des listes anonymes fabriquées par n'importe qui, il faut, derrière le nom, chercher une personnalité responsable. Cet incident ne doit plus se reproduire. Il n'est pas possible que la Commission, ayant à sa disposition la liste des membres élus l'année précédente, raye un nom arbitrairement pour y substituer celui d'un citoyen qui n'est ainsi nommé que grâce à la fraude. (*Applaudissements.*)

Un délégué. — Nous avons entendu porter une accusation très grave et très sérieuse...

Le président. — Le bureau en sera saisi, il fera tout son devoir, mais nous ne pouvons pas liquider cet incident maintenant.

Un délégué. — Nous apprenons que le rapporteur a été un militant royaliste. Comment peut-il faire partie de ce Congrès ?

M. René Besnard. — Je demande la parole pour un fait personnel, car je désire expliquer l'attitude que j'ai eue tout à l'heure et qui a pu paraître étrange à certains d'entre vous.

J'ai eu, je l'avoue, un mouvement d'indignation lorsque j'ai entendu railler, sur je ne sais quel ton d'ironie, notre collègue Dessoye, un vieux militant, un énergique républicain. Mon indignation, que j'avais contenue jusqu'alors, a éclaté. Je m'en excuse, mais je vous dois des explications.

Il y a trois ans, le citoyen Delmas était, à l'Association des étudiants, le chef des étudiants nationalistes et royalistes. (*Exclamations.*) Il y a dans cette salle des délégués qui étaient nos camarades et qui ont pu voir cette propagande nationaliste et royaliste, à une époque où la lutte était difficile, où nous militions dans des milieux où il était intéressant de combattre. A ce moment nous n'avions pas d'adversaire plus déclaré que le citoyen Delmas. Aussi, lorsque je l'ai entendu... (*Interruptions en sens divers.*)

Le Président. — Vous voyez, citoyens, la gravité de l'accusation portée contre un de nos collègues. Nous ne pouvons en apprécier pour le moment le bien fondé, mais il est du devoir du bureau de ne pas la laisser passer inaperçue. Je demande à notre collègue Besnard de saisir régulièrement la Commission de discipline du Parti qui se prononcera.

Un délégué. — Dans l'Evangile, on accepte bien les ouvriers de la 11e heure, nous autres, républicains de la première heure, nous avons bien le droit d'accepter les ouvriers de la 12e heure. (*Rires.*)

Le Président. — Je consulte le Congrès sur le renvoi à la Commission de discipline.
(*Le renvoi est prononcé.*)

Le Président. — Une question analogue se pose pour le département de l'Ariège. Notre ami Delpech me fait connaître qu'à son insu et à l'insu des délégués de l'Ariège, on a remis à la Commission une autre liste que celle qu'il avait remise. (*Exclamations.*) Et c'est cette autre liste qui a été votée par surprise ce matin. (*Rumeurs.*)
La liste présentée par le citoyen Delpech est la suivante : Delpech, Tournier, Charles, Gaches.

Un délégué. — C'est encore le même Joseph Salles qui figurait dans la fausse liste de l'Ariège. (*Vives exclamations.*)

M. Ceccaldi, *député*. — L'incident qui vient de se produire m'oblige à reprendre à mon compte une motion qui a été présentée au Congrès de Lille. Il est regrettable que des hommes qui ne sont pas acceptés dans un département puissent s'insinuer dans un autre et venir au Comité en prétendant défendre les intérêts de militants qu'ils ne connaissent pas. Il faut que le Congrès exclue du Parti ces véritables parasites de la politique. (*Applaudissements.*) Si une pareille mesure était prise, nous ne verrions pas de tels incidents. Nous n'assisterions plus, dans nos Congrès, à ces discussions regrettables qui tendent à faire de nos assemblées des sortes de conciles dans lesquels nous sommes amenés à prononcer des excommunications ou des absolutions. (*Vifs applaudissements.*) Ici il ne doit y avoir que des militants, et le meilleur moyen de ne compter que des militants dans nos rangs, c'est d'obliger nos adhérents à choisir dans le sein de leurs Comités ceux qui doivent les représenter au Comité exécutif.

Je dépose en conséquence la proposition suivante :

« Aucun membre exclu de la représentation d'un département ne pourra produire sa candidature dans un autre et, en aucun cas, on ne pourra représenter un département auquel on n'appartient pas. »

Il est bien entendu que le Comité exécutif est chargé de tirer les conséquences de cette motion et d'expurger ceux qui se seraient glissés dans son sein, contrairement à cette résolution.

LE PRÉSIDENT. — On me fait observer que cette disposition existe déjà dans notre règlement.

M. CECCALDI. — Alors, je n'insiste pas.

LE PRÉSIDENT. — Je mets aux voix la liste proposée pour l'Ariège. (*Adopté.*)

On propose l'addition à la liste de Meurthe-et-Moselle de MM. Gauche et Remi. (*Adopté.*)

Rapport de la Commission d'assistance et de prévoyance sociale

M. PIC, *rapporteur*. — A l'heure avancée où nous sommes, je n'entends pas lire un rapport. Je me borne à détacher des conclusions que j'ai présentées, les résolutions les plus importantes :

Citoyens,

Votre 9e Commission, s'inspirant du programme général du Parti, de ses résolutions antérieures, et des indications contenues dans l'intéressant rapport présenté au nom du Comité exécutif par M. le député E. Chauvin, a cru devoir, au début même de ses travaux, affirmer une fois de plus la stérilité de la méthode du laisser-faire en matière économique et sociale, et l'impérieuse nécessité, pour une démocratie, d'organiser légalement le travail en vue de préparer et de hâter l'évolution de la société dans le sens d'une justice sociale plus grande, d'une répartition plus équitable des produits du travail.

Il lui était impossible, dans les quelques heures dont elle disposait, de passer en revue les multiples problèmes soumis à son examen. Aussi, et tout en faisant siennes les déclarations sur l'*interventionisme* légal par lesquelles se termine le rapport Chauvin, votre Commission a-t-elle cru devoir se limiter à l'examen des points suivants : droit syndical, reconnaissance légale de contrat de travail, organisation de l'arbitrage, réglementation des conditions de travail, retraites ouvrières.

I. *Droit syndical.* — La discussion a porté sur deux points : extension du droit syndical, syndicats de fonctionnaires. Sur le premier point, votre Commission a été unanime à penser que la loi de 1884 avait besoin d'être élargie et complétée, que la défiance relative dont le législateur avait fait preuve jusqu'ici à l'égard des syndicats ne se justifiait plus, et qu'il était nécessaire de leur accorder une capacité juridique plus large. Plus étendus seront leurs droits, plus grande aussi sera leur responsabilité ; et cette responsabilité même aura pour conséquence fatale d'assagir les impatients, et d'atténuer la gravité des conflits.

Sur le second point, une discussion assez longue s'est engagée, — non point sur le principe, — car tous les membres de la Commission ont reconnu que l'Etat ne pouvait sans abdiquer ses prérogatives essentielles, et s'engager dans une voie périlleuse, concéder aux fonctionnaires de tous ordres le droit syndical avec son corollaire logique, le droit de grève, — mais *sur la définition du fonctionnaire.* Plusieurs congressistes ont proposé l'adoption d'une formule tendant à opposer aux fonctionnaires d'autorité les fonctionnaires de gestion, et à reconnaître formellement à ces derniers le droit syndical.

Toutefois, la majorité de votre Commission a pensé que la ligne de démarcation entre ces deux catégories de fonctionnaires étant des plus délicates à tracer, il était inopportun pour le Congrès d'empiéter sur le domaine législatif et de proposer un texte trop précis ; qu'au surplus, si les fonctionnaires étaient dotés enfin d'un statut capable de prévenir le favoritisme et d'assurer la libre expression de leurs vœux et revendications légitimes, le droit syndical dans sa plénitude n'aurait plus la même utilité pour cette catégorie de citoyens.

En conséquence et sans prétendre dénier le droit de former des syndicats aux simples salariés de l'Etat, des départements et des communes, votre Commission s'est finalement prononcée : d'une part, pour la non-concession aux fonctionnaires du droit syndical, la définition du terme étant réservée ; d'autre part, pour l'adoption du projet Clemenceau sur les *associations de fonctionnaires,* amendé sur un point essentiel. Dans la pensée de votre Commission, et sans la moindre arrière-pensée de blâme à l'égard du gouvernement, qui a pu se trouver, en certaines circonstances récentés, dans la nécessité de sévir contre des actes d'indiscipline graves et concertés, la loi sur les associations des fonctionnaires ne saurait produire l'effet d'apaisement qu'on escompte de son vote qu'à une condition: c'est que les conseils de discipline constitués pour chaque catégorie de fonctionnaires voient leurs pouvoirs renforcés. En conséquence nous vous proposons de spécifier que « les peines infligées par ces conseils ne pourront être modifiées par le gouvernement que dans un sens favorable à l'inculpé. »

Cette formule, proposée en juillet dernier par M. le général André, au Congrès régional organisé à Lyon par la Fédération autonome radicale, radicale-socialiste et socialiste du Rhône, a semblé à la majorité de la Commission (1) de nature à concilier le droit supérieur de l'Etat, et le droit syndical dans ce qu'il a de légitime.

II. *Reconnaissance légale du contrat de travail, individuel ou collectif, et organisation de l'arbitrage.* — Votre Commission a considéré qu'il était urgent, pour le Parlement, d'aborder la discussion du projet de loi tendant à codifier le contrat de travail, contrat à peu près oublié dans la rédaction du Code civil, et aussi à reconnaître formellement la validité des *conventions collectives de travail* (contrat de tarif, *arbeitsvertrag* du droit allemand) : conventions délibérées en commun par les organisations ouvrières et patronales, et présentant une stabilité que les contrats particuliers ne sauraient offrir.

Il lui a semblé, d'autre part, comme à la Commission .

---

(1) Le rapporteur estime personnellement, avec la minorité de la Commission, qu'un gouvernement responsable, soucieux de ses prérogatives essentielles, ne saurait accepter la formule proposée par le général André tout au moins avec la généralité qu'on prétend lui donner.

du travail de la Chambre, qu'à l'organisation du contrat collectif de travail, était étroitement liée celle de l'organisation de l'arbitrage. Une fois le contrat collectif passé dans la loi et dans les mœurs, il est indispensable d'en assurer le respect par des voies légales, et de substituer progressivement à la sanction brutale de la grève ou du lock-out, la sanction juridique *de l'arbitrage organisé et obligatoire dans certaines conditions à spécifier.*

Le temps a manqué à votre Commission pour examiner ce problème à la fois social et juridique dans le détail, mais elle a tenu à affirmer le principe, en s'inspirant notamment des vœux émis en faveur de l'arbitrage obligatoire par le Congrès régional de Lyon et par la Fédération des Comités radicaux et radicaux-socialistes de Versailles (2ᵉ circonscription).

III. *Réglementation légale du travail.* — Ici encore votre Commission, sans entrer dans les détails, a tenu à affirmer la nécessité d'une refonte de nos lois sur la réglementation du travail, et l'urgence du vote du projet actuellement soumis aux délibérations du Parlement tendant : 1° A modifier la loi du 30 mars 1900 dans le sens de l'extension du principe de la *journée de dix heures,* aux travailleurs adultes, dans toutes les branches d'industrie, — étant bien entendu que la journée de 10 heures généralisée ne saurait être qu'un acheminement à la consécration légale de la journée de 8 heures, déjà réalisée dans plusieurs manufactures d'État ; 2° A assimiler, sous le bénéfice des tempéraments nécessaires, les salariés du commerce jusqu'ici oubliés, aux salariés de l'industrie.

De plus, votre Commission a rappelé que certaines catégories de travailleurs, notamment les travailleurs de la voie ferrée, avaient droit à une protection spéciale, et qu'il importait de hâter le vote, trop longtemps différé, du projet de loi Berteaux, ou plutôt du projet transactionnel soumis au Sénat par M. Strauss, accepté en principe des organisations corporatives. *(Adopté.)*

IV. *Prévoyance et assurance sociales : retraites ouvrières.* — Le domaine de la prévoyance sociale est si vaste qu'il nous était impossible de le parcourir dans son ensemble. En ce qui concerne les *accidents,* nous nous sommes bornés à émettre un vœu en faveur de l'extension aux *maladies professionnelles* du bénéfice de la loi de 1898, jusqu'ici réservée aux accidents proprement dits ; et sur la question du *chômage involontaire*, à affirmer avec votre rapporteur M. Chauvin, la nécessité pour le législateur d'étudier les moyens propres à assurer la réparation du risque social de chômage.

Par contre, la question des retraites a donné lieu à une discussion approfondie. Votre Commission a été unanime à penser que le système belge de la *liberté subsidiée*, préconisé par le groupe progressiste de la Chambre, doit être énergiquement répudié. L'ouvrier est, par tempérament ou par nécessité, imprévoyant ; et tant que le législateur se bornera à encourager la prévoyance libre, il fera une législation de classe, favorable à la petite bourgeoisie et à l'élite des travailleurs, mais inaccessible à la masse prolétarienne.

Donc *l'obligation s'impose*, sans préjudice des mesures à prendre pour sauvegarder les efforts méritoires de la mutualité libre, d'associer celle-ci aussi étroitement que possible à l'œuvre des retraites nationales.

Mais, et ici j'arrive au point le plus délicat, convient-il d'exiger de l'intéressé, de l'ouvrier, une contribution aux fins de l'assurance ? Plusieurs membres de la Commission ont défendu la thèse de la généralisation des retraites, au moyen d'une contribution spéciale proportionnelle à l'importance de l'impôt global et progressif sur le revenu acquitté par chaque citoyen (lorsque l'impôt global sera une réalité). Cette contribution permettrait d'assurer à *tout citoyen*, à partir d'un certain âge, une retraite de 300 francs par exemple : n'est-il pas logique, dit-on, que la retraite, charge sociale plutôt que charge professionnelle, soit supportée par tous et, en revanche, profite à tous ? Un vœu en ce sens, émanant du Comité radical-socialiste du 2e arrondissement de Lyon, nous avait été renvoyé.

Votre Commission, néanmoins, a cru préférable de s'approprier le vœu émis récemment par le Congrès régional de Lyon, vœu approuvant le principe du projet voté à une grande majorité par la Chambre et actuellement déféré à l'examen du Sénat. Ce projet, vous le savez, limite aux salariés de l'industrie, du commerce et de l'agriculture, le bénéfice de la loi, tout en autorisant sous certaines conditions, les petits patrons à s'assurer facultativement ; l'assurance vieillesse ainsi constituée est alimentée par une taxe contributive de l'ouvrier (sauf pour les salariés dont le salaire n'excède par 1 fr. 50, qui sont affranchis de tout versement), de l'employeur et de l'Etat.

Il nous a semblé qu'il y aurait plus d'inconvénients que d'avantages à confondre les deux domaines distincts de l'assurance et de l'assistance ; qu'au surplus, sur le terrain de l'assistance, le législateur français avait déjà acquitté sa dette sociale envers les déshérités, en votant la loi de 1905 sur l'assistance aux vieillards et incurables indigents. D'ailleurs, nous avouons ne pas voir l'utilité de servir une retraite nationale à des citoyens qui n'en ont nul besoin, et qui, cependant, s'ils y ont un droit acquis, n'en abandonneront pas toujours le bénéfice à la collectivité.

La question des retraites ouvrières soulève un autre grave problème, celui des voies et moyens financi rs. Il est incontestable que notre budget actuel n'a pas la souplesse nécessaire pour réaliser aisément une réforme de cette envergure. La constitution d'un véritable budget social présuppose l'établissement de l'impôt global et progressif sur le revenu et le développement progressif des régies et monopoles d'Etat, sans préjudice de réformes administratives profondes dans les grands services de l'Etat, et notamment d'une réduction du taux des pensions militaires et civiles. Mais nous avons dû sur ce point nous borner à une simple indication, pour ne pas empiéter sur le domaine de la Commission des réformes fiscales.

En terminant ses travaux, la Commission a cru devoir insister sur la nécessité pour le Parlement de doter enfin la France d'un véritable *Code du travail*, à l'instar des Codes étrangers, notamment du Code allemand. L'heure est venue de substituer à cet amalgame de lois disparates, de dates différentes, superposées ou juxtaposées, un tout homogène, et de faire de tous les textes qui régissent actuellement le travail en France, coordonnés logiquement, une construction juridique, complète et méthodique.

La Chambre a fait un premier pas dans cette voie en votant le 15 avril 1905, sur le rapport de M. Ch. Benoist, le Code de travail élaboré par la Commission dite de codification des lois ouvrières, créée en 1901 au ministère du Commerce, par M. Millerand. Mais il convient de ne pas se faire illusion sur la portée de ce code. La Chambre n'a pas, en 1905, adopté un véritable Code du travail, mais une simple *table des matières*, méthodiquement ordonnée. Beaucoup de chapitres n'y figurent que par leur titre.

Il serait temps, croyons-nous, de demander aux grandes Commissions du travail et de la prévoyance sociale de la Chambre, assistées au besoin par une Commission extraparlementaire, investie d'un mandat plus vaste que sa devancière, l'élaboration d'un projet complet de Code du travail embrassant l'ensemble des manifestations de l'activité économique, industrielle, commerciale et agricole du pays.

Ce serait pour notre grand Parti radical-socialiste la réponse la plus éloquente aux accusations d'impuissances formulées par ses détracteurs systématiques, de droite et d'extrême gauche, la démonstration la plus convaincante de sa vitalité.

En conséquence, la Commission vous propose les vœux suivants :

SUR LA QUESTION SYNDICALE :

« Article premier. — Le Congrès se déclare favorable à l'adoption du projet Waldeck-Rousseau-Millerand, tendant à étendre la capacité juridique des syndicats professionnels, et à sanctionner civilement et pénalement toutes les atteintes au droit syndical. »

« Art. 2. — Le Congrès estime que le droit syndical, impliquant le droit de grève, ne saurait être accordé aux fonctionnaires, mais qu'il importe de leur donner un statut garantissant efficacement leurs droits, et leur fournissant les moyens légaux de faire triompher leurs légitimes revendications ; se déclare en conséquence favorable à l'adoption du projet de loi Clemenceau sur les associations de fonctionnaires, amendé en ce sens que les peines infligées par les Conseils de discipline ne pourront être modifiées par le Gouvernement que dans un sens favorable à l'inculpé. »

M. BUISSON. — Il ne faudrait pas donner involontairement une extension abusive à cette formule. Au Congrès du Trocadéro, notre collègue Chauvin, qui était secrétaire de la séance, se le rappellera, il a été entendu que nous nous prononcerions contre le droit de grève des fonctionnaires, mais que nous n'aborderions pas la question de savoir si le droit syndical peut ou non leur être appliqué. Nous leur reconnaissons le droit d'association professionnelle. Or, l'association professionnelle, c'est le syndicat. C'est un vain jeu de mots que de refuser le syndicat si on accorde le droit de former des associations professionnelles. Je demande que nous disions de la façon la plus claire, que nous ne demandons pas pour les fonctionnaires le droit de grève pas plus qu'ils ne le demandent eux-mêmes, mais, que nous supprimions une rédaction dans laquelle nous paraissons nous opposer au droit syndical.

M. EDMOND STRAUSS. — Nous ne pouvons pas renvoyer la question à la Commission. Les syndicats de fonctionnaires sont venus au Comité exécutif nous demander de prendre part au Congrès de Nancy. Nous ne pouvons pas nous dérober.

LE RAPPORTEUR. — On a fait la distinction entre les fonctionnaires d'autorité et les fonctionnaires de gestion...

M. EDMOND STRAUSS. — Je répète que les fonctionnaires nous ont demandé de prendre parti. Ils trouveront étrange qu'après les avoir ajournés à quelques mois nous les ajournions encore à l'année prochaine. Il faut que nous votions sur une formule.

M. F. BUISSON. — Nous ne sommes plus en nombre. Je demande que la question soit renvoyée à la séance de demain matin.

LE PRÉSIDENT. — Le rapporteur pourrait donner lecture des articles qui ne sont pas contestés. Les questions sur lesquelles il y aurait contestation seraient discutées demain matin. (*Assentiment.*) (1).

M. PIC, *rapporteur.* — II. SUR LA RÉGLEMENTATION LÉGALE DU CONTRAT DE TRAVAIL ET L'ORGANISATION DE L'ARBITRAGE :

Le Congrès émet le vœu que les Chambres hâtent le vote de la loi sur l'arbitrage obligatoire dans les conflits du capital et du travail ; après avoir, au préalable, par le vote

---

(1) Les dernières questions inscrites à l'ordre du jour du Congrès ayant absorbé toute la séance du dimanche matin, l'assemblée n'a pu statuer sur la proposition de sa Commission concernant la *question syndicale*, dont l'examen se trouve ainsi virtuellement renvoyé au Congrès de 1908.

du projet sur le contrat de travail, assuré la reconnaissance des conventions collectives du travail.

(Adopté.).

III. — Sur la réglementation légale des conditions du travail :

Le Congrès se prononce :
a) En faveur de l'extension à tous les salariés, du commerce et de l'industrie, du principe de la réglementation ;
b) en faveur de la loi de 10 heures pour tous les travailleurs adultes : le régime des 10 heures n'étant dans sa pensée qu'une étape devant conduire à la consécration de la journée de 8 heures.

Le Congrès invite le Sénat à voter le plus rapidement possible le contre-projet Strauss sur la réglementation du travail des employés et ouvriers de chemins de fer ;

Invite le Parlement et le Gouvernement à étudier d'un commun accord les modifications qu'il y aurait lieu d'apporter à la loi sur le repos hebdomadaire pour en assurer l'application, au mieux des intérêts de l'industrie et des travailleurs.

(Adopté.)

IV. — Sur la prévoyance sociale.

A. — *Accidents du travail.* — Le Congrès invite le Parlement à hâter la discussion du projet de loi sur l'assimilation des maladies professionnelles aux accidents du travail. (Motion Varinot et Pic.)

(Adopté.)

B. — *Retraites ouvrières et paysannes.* — Le Congrès émet le vœu : 1° Que le Sénat, saisi de la question des retraites ouvrières, admette le principe de l'assurance obligatoire, principe en dehors duquel la masse des salariés ne saurait bénéficier de la réforme ;
2° Que les Sociétés de secours mutuels soient étroitement associées au fonctionnement du régime nouveau. (Texte proposé par le Congrès régional radical et radical-socialiste de Lyon.)

Le Président. —Je considère que le plus grave danger qui puisse menacer les sociétés des secours mutuels, ce serait de les associer au fonctionnement du régime des retraites. Je l'ai démontré au Conseil supérieur de la mutualité, et lorsque la question a été discutée à la Chambre, j'ai posé au président de la Commission et au rapporteur, à cet égard, une série de questions auxquelles ils n'ont pas répondu.

(La question est réservée pour le Congrès de 1908.)

Le RAPPORTEUR :

V. *Code du travail*. — Le Congrès émet le vœu que le Parlement dote aussi rapidement que possible les classes travailleuses d'un véritable code du travail et de la prévoyance sociale, complet et méthodique.

(Adopté.)

Vœux renvoyés par le Comité à la 9e Commission.

1° Que les municipalités, ainsi que les établissements de prévoyance et d'assistance, défèrent à l'invitation du législateur de 1906, et s'associent résolument à l'œuvre éminemment sociale des habitations hygiéniques et à bon marché, dans l'intérêt des classes ouvrières ;

Qu'en attendant l'édification de ces logements ouvriers, les municipalités établissent le casier sanitaire des maisons. (Vœu du Congrès radical et radical-socialiste de Lyon.)

Nota. — Les autres vœux de ce Congrès, concernant la législation ouvrière, ont été incorporés plus haut dans le texte des vœux adoptés par la 9° Commission.

2° Vœu de l'Union des républicains radicaux-socialistes du 5° arrondiss' de Lyon, tendant à faire reconnaître législativement aux agents des chemins de fer, le droit de cumuler avec la retraite proportionnelle la rente due à la suite d'un accident du travail. (Renouvelé du Congrès de Lille.)

3° Vœu de la même organisation en faveur d'une meilleure organisation de contrôle du travail pour les mécaniciens et chauffeurs. (Renouvelé d'un vœu adopté l'an dernier par le Congrès de Lille et proposé à nouveau au Congrès départemental de Givors) ;

4° Le Congrès se déclare partisan du principe connu sous le nom de *droit au travail* et charge la législature d'en assurer l'application par une série de lois pratiques, le plus rapidement possible. (Vœu déposé par M. Douzet, au nom du Comité républicain radical et radical-socialiste des Grandes-Carrières (Seine) et de *l'Aurore* de Givors.) ;

5° Vœu pour qu'il soit créé des écoles spéciales pour les enfants malades ou anormaux sur toute l'étendue du territoire de la République. (Comité radical-socialiste du 4° arrondissement de Lyon) ;

6° Demandant la création d'un bien de famille (Homestead) absolument insaisissable. (Fédération des Comités radicaux et radicaux-socialistes de la 2° circ. de Versailles.)

Vœux proposés par divers membres de la Commission, et agréés par elle avec renvoi au Comité exécutif.

I. Vœu relatif à la stricte application des décrets Millerand sur le minimum des salaires dans les cahiers des charges des marchés de travaux publics, et à l'extension du principe, dans la mesure du possible, aux ouvriers travaillant à façon pour le compte des adjudicataires.

II. Vœu tendant à encourager toutes les organisations constituées, soit à Paris, soit en province, et notamment à Lyon, pour l'enseignement des lois ouvrières. (Motion Varinot et Pic.)

III. Vœu tendant à encourager la formation d'une association, ayant pour but d'étudier méthodiquement les voies et moyens propres à introduire dans notre régime fiscal les monopoles nouveaux dont le Parti radical-socialiste a **reconnu la nécessité.** (Motion Varinot.)

RAPPORT de la Commission des réformes administratives et judiciaires

M. Emile Chauvin, *député, rapporteur.* — Si je voulais lire le rapport entier, il se pourrait que ce fût long, inutile et ennuyeux. (*Non ! non !*) Ce rapport a été élaboré par une Commission du Comité exécutif, il a été imprimé et distribué, approuvé par votre Commission ; il paraît donc inutile de le relire ici en entier. Parmi les conclusions assez nombreuses qu'il comporte, je veux seulement en détacher quelques-unes qui méritent d'être sanctionnées immédiatement et explicitement. Je veux parler d'abord de la question qui a été renvoyée spécialement à ce Congrès par le Congrès de l'année dernière, à savoir la réforme de la magistrature. Vous l'avez traitée à Lyon et à Lille, et vous avez donné mandat à votre Comité exécutif de la rapporter à nouveau. Après une étude approfondie, votre Commission a abouti aux conclusions suivantes :

« Le Congrès, confirmant les décisions des Congrès antérieurs, résolu à obtenir la suppression de l'inamovibilité des magistrats, la modification du mode de recrutement actuel et l'immédiate abrogation du décret du 18 août 1906,

« Invite les membres du Parti à exiger dès la rentrée la discussion du projet déposé par le gouvernement, le 26 février dernier,

« Emet le vœu que cette discussion aboutisse à l'institution d'une magistrature qui ne puisse être issue ni du favoritisme gouvernemental, ni de l'arbitraire de commissions irresponsables et que l'accès de la carrière, ouvert à tous les républicains, soit gardé seulement par le souci de donner à la nation des juges compétents et dévoués à la République.

Voici la portée de ce vœu extrêmement important. Le projet du gouvernement, déposé le 26 février dernier, se résume en trois principes essentiels, qui sont :

1° La suppression de l'inamovibilité de résidence, c'est-à-dire l'arme nécessaire mise aux mains du gouvernement pour que les vieux magistrats réactionnaires qui s'incrustent à la fois sur leur siège et dans leur mépris de la République, ne restent plus les maîtres tout-puissants dans un très grand nombre de tribunaux d'arrondissement (*Applaudissements*) ;

2° La rétribution immédiate de tous les juges suppléants, de façon que les fils de républicains sans fortune ne soient pas obligés de renoncer à une carrière dans laquelle il faut donner à la République son travail sans compensation ;

3° Le principe que l'avancement des magistrats ne dépendra plus de l'arbitraire gouvernemental ni des sollicitations que vous connaissez et qui ont fait dire à l'auteur du projet, M. Guyot-Dessaigne, que « le désir d'avancement qui brûle les magistrats est véritablement exagéré ». Il ne faut pas non plus que l'avancement ait lieu par suite du fonctionnement d'un mécanisme inexorable comme celui du décret Sarrien qui supprime en réalité le ministre de la Justice pour le remplacer par un distributeur automatique enregistrant les propositions des chefs de cour et les transformant en nominations. Le projet du gouvernement prévoit que la liste sera établie, non pas seulement par les chefs de cour, mais par les chefs de cour et les chefs de parquets, et il fait suivre le dossier de chaque magistrat des propositions de tous ses chefs hiérarchiques. De plus, ce tableau n'est plus impératif pour le ministre, c'est une simple indication, c'est-à-dire que l'autorité se trouve rétablie là où est la responsabilité.

Ce projet ne donne peut-être pas satisfaction complète à nos désirs républicains, mais c'est un grand progrès ; nous avons le devoir de le constater ici et de le dire. Et telle est la portée du vœu que nous vous demandons de voter.

Plusieurs de nos collègues ont déposé devant le Congrès deux autres vœux annexes du premier, dont voici le sens général. L'un consiste à demander la modification du Conseil supérieur de la magistrature. A l'heure actuelle ce Conseil supérieur est une émanation de la Cour de cassation. Il a paru à certains esprits que la Cour de cassation n'est pas nécessairement au-dessus de tout soupçon. Et un de nos éloquents et spirituels collègues a pu dire, dans l'un des Congrès précédents, qu'il y a des conseillers à la Cour de cassation dont la longue et brillante carrière est une intrigue permanente. (*Applaudissements.*) C'est pourquoi plusieurs de nos collègues demandent que, comme le Conseil supérieur de l'instruction publique, le Conseil supérieur de la magistrature soit issu de l'élection de tous les magistrats.

Votre Commission a accepté à l'unanimité cette proposition qui lui paraît essentiellement démocratique et en même temps tout à fait réalisable. Elle vous propose d'adopter le vœu.

Un autre de nos collègues, le citoyen Destrez, délégué de Seine-et-Oise, vous demande de vous prononcer en faveur de l'institution du jury correctionnel et d'émettre le vœu que des garanties spéciales soient étudiées relativement à toute mesure de nature à supprimer ou entraver la liberté individuelle. Notre ami Destrez nous a fait observer qu'il est scandaleux que notre démocratie, après avoir démoli tant de bastilles, en ait laissé une sur pied et non la moins dangereuse, celle que représente le pouvoir du juge d'instruction qui, du fond de son cabinet, peut, en apposant sa signature au bas d'un papier, mettre en prison des citoyens qui n'ont commis d'autre crime que de lui déplaire. Nous demandons que les garanties de nature à assurer la liberté individuelle soient étudiées et appliquées. Un tel vœu ne peut qu'honorer un grand parti démocratique. (*Applaudissements.*)

M. DALIMIER. — Je suis tout à fait d'accord avec notre ami Chauvin pour réclamer la discussion la plus rapide possible du projet déposé par le gouvernement sur la réforme de la magistrature. Mais il y a quelque chose de plus urgent encore, c'est d'abroger le décret Sarrien qui, depuis plusieurs mois, remet l'avancement des magistrats aux mains des conseillers à la Cour de cassation, en sorte que nous ne voyons plus donner d'avancement qu'à des magistrats qui, de tout temps, ont été considérés comme les plus réactionnaires. Le garde des sceaux a déclaré lui-même à la tribune qu'il avait retardé le plus longtemps possible l'échéance fatale de l'application de ce décret.

Avec mon collègue Gioux, j'ai déposé sur le bureau

de la Chambre une proposition de loi abrogeant ce décret. La Chambre a déclaré l'urgence après un débat à la tribune. La proposition est toujours à la Commission. Notre ami Chauvin a demandé qu'on rapporte le plus tôt possible le projet de loi sur la réforme de la magistrature ; qu'on rapporte la proposition de loi tendant à l'abrogation du décret Sarrien, et ce sera un grand pas. (*Applaudissements.*)

LE RAPPORTEUR. — Le vœu dont j'ai donné lecture demande à la fois et la discussion immédiate du projet du gouvernement et l'abrogation immédiate du décret Sarrien ; notre collègue Dalimier a ainsi satisfaction complète.

(Les vœux sont adoptés.)

LE RAPPORTEUR. — Un autre vœu intéressant tend à la suppression de la vénalité des offices ministériels. Je ne vous lis pas l'exposé des motifs, je me borne à proposer la formule suivante :

« Le Congrès émet le vœu que le gouvernement transforme immédiatement en projet de loi la proposition déposée au Sénat, le 23 octobre 1902, par M. Clemenceau, sénateur.

« Invite les membres du Parlement adhérents au Parti à exiger la discussion immédiate et le vote de ce projet. »

M. BERGEON. — Le rapport du citoyen Chauvin n'a pas été distribué. Il est vrai que le journal l'*Action* a publié la substance de ce rapport. Je vous demande la permission de présenter quelques observations que j'ai rédigées à la hâte.

Au moment où notre budget n'a pas l'élasticité suffisante pour permettre de réaliser les retraites ouvrières et paysannes, il ne convient pas de l'alourdir avec le rachat des offices ministériels. La démocratie attend des réformes autres que celle de la suppression de la vénalité des offices ministériels. Certes, j'en suis partisan, et quand la réforme sera possible je serai le premier à l'appuyer.

Je propose une motion préjudicielle tendant à ajourner la suppression de la vénalité des offices ministériels jusqu'au jour où les retraites ouvrières et paysannes seront en application. (*Mouvements divers.*)

LE RAPPORTEUR. — Je ne veux pas allonger cette discussion, bien que je sois prêt à traiter entièrement cette question de la vénalité des offices si l'assemblée le désire. Je me borne à rappeler que la proposition de M. Clemenceau contient une statistique fort bien faite qui démontre que, loin d'être onéreuse, l'opération rapporterait de 40 à 50 millions par an. Il y a actuellement en France environ 20.000 officiers ministériels qui perçoivent, pour leur profit personnel, sur la masse des contribuables, environ 200 millions d'impôts. Si notre honorable collègue, qui est notaire à Marseille, devient fonctionnaire, est payé 5.000 francs par an, et si l'Etat empoche les 10 ou 15.000 francs que je souhaite que le citoyen Bergeon gagne par an (*Rires*), il est de toute évidence que l'opération sera excellente. (*Nouveaux rires.*) Cet argument a convaincu votre Commission. Aussi nous voudrions voir transformer en projet de loi par le gouvernement une proposition qui était déjà excellente lorsque M. Clemenceau, simple sénateur, la présentait en vertu de son droit d'initiative parlementaire et qui doit être devenue encore meilleure ayant suivi la fortune de son auteur... (*Très bien ! très bien !*)

Ce ne peut pas être, d'ailleurs, une question d'opportunité, puisque la proposition remonte à 1902. Si la réforme était urgente à ce moment, elle l'est bien davantage aujourd'hui. Et vous pouvez voter sans crainte le vœu que nous vous proposons, car j'ai bien peur que malgré votre vote le rachat n'ait pas lieu demain matin. (*Applaudissements.*)

M. BERGEON. — Je voudrais faire remarquer simplement qu'à côté du notaire fonctionnaire il y aura toujours le notaire conseil. C'est précisément le notaire conseil qui gagnera les 12 ou 15.000 francs dont parle le rapporteur, et l'opération ne sera pas aussi fructueuse pour l'Etat qu'il le suppose.

LE PRÉSIDENT. — Je mets aux voix la motion préjucielle présentée par le citoyen Bergeon.
(*La motion n'est pas adoptée.*)

LE PRÉSIDENT. — Je mets aux voix l'ensemble des vœux présentés par le citoyen Chauvin, au nom de la Commission.

(*Les conclusions de la Commission sont adoptées.*)

J'ai reçu, d'un de nos collègues, une proposition tendant à ce que tous les rapports émanant des Commissions spéciales et qui doivent être discutés au Congrès soient envoyés aux Comités un mois avant la date fixée pour le Congrès.

(*Adopté.*)

M. Emile Chauvin. — Je suis chargé de vous présenter le rapport suivant au nom de la Commission du commerce, de l'industrie et des études économiques.

RAPPORT de la Commission du Commerce, de l'Agriculture, de l'Industrie et des Études économiques

M. Emile Chauvin, *député, rapporteur :*

Citoyens,

Votre onzième Commission a étudié notamment 18 questions sur lesquelles elle vous propose de voter des résolutions.

Elle a accompli ce travail avec la pensée qu'aujourd'hui plus que jamais, et en présence de certaines attitudes de surenchère de ceux qui se prétendent à côté de nous les ouvriers indispensables des réformes sociales, il importait à la fois et de manifester la continuité des idées et des principes de notre Parti, et de montrer qu'il sait apporter à l'œuvre économique la même volonté persévérante et ferme qu'il a su consacrer à l'œuvre politique.

Voici la série de formules auxquelles votre Commission vous propose de vous rallier.

1° *Monopole des agents de change et liberté du marché financier.* (Voir Congrès de Toulouse, p. 64. — Paris, p. 164.)

La Commission se réserve sur la question et demande le renvoi au Comité exécutif pour rapport au Congrès de 1908 sur l'abolition du privilège des agents de change et le libre exercice de cette profession.

2° *Alcool industriel.* (Voir Marseille 1903, rapporteur M. Klotz, p. 77. — Toulouse 1904, p. 64. — Lille, p. 97.)

Votre Commission, tout en se félicitant des efforts accomplis déjà en vue de favoriser le développement de l'alcool dénaturé, produit français destiné à remplacer le pétrole étranger, vous propose de voter à nouveau le vœu suivant :

« Que les Pouvoirs publics, dans le but de favoriser « l'agriculture en France, par l'extension de l'emploi

« de l'alcool aux usages industriels, exercent leur ac-
« tion de manière à ce que :

« Les frais de dénaturation de l'alcool, les droits
« d'analyse, de statistique et de fabrication soient
« réduits le plus possible.

« L'on contrôle l'alcool et l'on empêche le mouil-
« lage.

« Le prix de la vente au détail de l'alcool dénaturé
« ne soit pas, autant que possible, supérieur à 0 fr. 25
« le litre.

« Les professeurs d'agriculture et les instituteurs
« fassent de la propagande en faveur de l'emploi de
« l'alcool dénaturé au moyen de conférences pratiques
« et d'appareils de démonstration.

« Les gouverneurs des colonies fassent en sorte de
« favoriser l'emploi de l'alcool dans nos possessions
« coloniales et pour le produire au besoin.

« L'emploi de l'alcool soit développé dans l'industrie
« familiale au moyen des petits moteurs.

« Les études sur la carburation de l'alcool soient
« poursuivies.

« L'on modifie les procédés de dénaturation actuel-
« lement appliqués.

« L'on revise les tarifs des chemins de fer de manière
« à mettre les flegmes et les alcools dénaturés à un
« taux égal au plus à celui qui est appliqué au pé-
« trole.

« Tous les alcools considérés comme matière pre-
« mière des diverses industries soient exonérés de
« droits, que la dénaturation soit appropriée à l'emploi
« auquel ils sont destinés et que, pour les alcools qui
« doivent ne subir aucune dénaturation il soit établi
« des usines exercées.

« Les industriels français employant l'alcool non
« dénaturé comme matière première de leurs fabrica-
« tions aient le droit d'établir des usines placées sous
« la surveillance de la régie et dans lesquelles cet
« alcool entrera en franchise de tout droit intérieur.

« L'emploi de l'alcool carburé soit encouragé dans
« les automobiles circulant dans les villes.

« Les plus grandes facilités soient acordées à l'agri-
« culture pour la consommation des mélasses desti-
« nées à l'alimentation des animaux de la ferme et
« qu'il soit procédé à des études pour permettre d'uti-

« liser dans le même but les sucres roux indemnes de
« droit.

« L'Etat prenne des mesures efficaces pour sauve-
« garder les droits du producteur viticole en ce qui
« concerne ses eaux-de-vie naturelles et la sincérité du
« produit. »

3° *Amélioration du Rhône et de la Loire.* (M. Baube,
rapporteur. Voir Lille, p. 103.)

Le Congrès invite les pouvoirs publics à poursuivre
l'étude et la réalisation des travaux suivants : amélioration de la navigation du Rhône ; amélioration de la
Loire entre Nantes et Angers, canal de la Loire au
Rhône, canal du Rhône à Cette, de manière à ce que
le Rhône devienne enfin ce qu'il doit être, c'est-à-dire
une source régulière de forces et la grande voie des
lacs et du Rhin à la Méditerranée.

4° *Assurances mutuelles agricoles.* (Voir Marseille,
p. 76. — Toulouse, p. 62. — Lille, p. 113 et 145.)

Le Congrès, fidèle à la doctrine maintes fois affir-
mée par le Parti radical et radical-socialiste, désireux
de voir l'assurance contre les risques agricoles de
toute nature se généraliser et s'organiser sous la protection de l'Etat, convaincu que les subventions accordées aux mutuelles agricoles seraient plus utiles à
l'agriculture que ne l'ont été, par exemple, les 16 millions de dégrèvement des petites cotes foncières,
puisque la bonne organisation de l'assurance est la
condition de tout crédit agricole, émet le vœu que les
œuvres d'assurances mutuelles agricoles soient dès à
présent énergiquement encouragées et aidées par
l'Etat, et que le gouvernement présente un projet de
loi établissant les réassurances agricoles.

5° *Canal des Deux-Mers.* (Voir Marseille, p. 67. —
Toulouse, p. 51.) M. Malon, rapporteur.

Le Congrès renouvelle le vœu que l'avant-projet du
canal de l'Océan à la Méditerranée soit soumis sans
retard aux enquêtes légales, déclaré d'utilité publique
et réalisé.

6° *Electorat aux Chambres de commerce.* (Voir Marseille, p. 56. — Toulouse, p. 67. — Paris, p. 162.)
M. Baube, rapporteur.

Le Congrès émet le vœu que les principes démocratiques soient enfin appliqués en matière d'élections
aux Chambres de commerce et que tous les patentés

comptant cinq années d'établissement soient désormais électeurs.

7° *Réforme des consulats.* (Voir Marseille, p. 57. — Toulouse, p. 195. — Paris, p. 158. — Lille, p. 107.) M. Bellanger, rapporteur.

Votre Commission, se souvenant de la formule insérée dans la déclaration du Parti de 1906, ne se résignant pas à voir certains de nos agents à l'étranger étonner nos voisins par l'hostilité impertinente qu'ils affichent pour le régime qu'ils représentent, autant que par leur parfaite ignorance de tout ce qui touche aux intérêts commerciaux qu'ils sont censés défendre, vous propose de renouveler énergiquement le vœu déjà classique, savoir :

« *a)* Qu'une entente s'établisse entre le ministère du
« Commerce et le ministre des Affaires étrangères, à
« l'effet :

« 1° De reviser les résidences mal distribuées de nos
« consuls ;

« 2° De modifier le système actuel de recrutement
« des consuls ainsi que les bases des examens avec
« extension de la partie commerciale, l'obligation de
« stages commerciaux et de la connaissance de la
« langue du pays auquel les agents consulaires sont
« destinés.

« *b)* Que la classe et le grade ne soient pas attachés
« à la résidence, mais autant que possible à la per-
« sonne du fonctionnaire, de manière que lorsque
« celui-ci a appris à connaître une région, l'avance-
« ment ne le transfère pas dans une autre qu'il devra
« étudier.

« *c)* Que les consuls soient groupés par grandes
« régions sous la direction et le contrôle d'un consul
« général.

« *d)* Que soient créés des attachés commerciaux
« spéciaux, au même titre que les attachés militaires,
« le commerce qui fait vivre et enrichit le pays méri-
« tant bien les mêmes soins que la guerre qui l'affai-
« blit et le ruine. »

8° *Dépeuplement des campagnes.* (Voir Marseille, p. 74. Rapport. M. Klotz. — Toulouse, p. 62. — Paris, p. 270. — Lille, p. 96. M. Frère, rapporteur.)
Le Congrès émet le vœu :

« Qu'un dégrèvement d'impôt foncier soit accordé

aux cultivateurs qui cultivent eux-mêmes leur bien, l'impôt foncier dans certaines régions atteignant le 1/5 du revenu net de la terre ;

« Que des caisses de crédit agricoles soient créées dans le plus grand nombre possible de centres agricoles ;

« Que la formation des syndicats agricoles soit favorisée par les Pouvoirs publics ;

« Que l'enseignement agricole donné à l'école primaire revête une forme pratique adaptée aux besoins locaux, et que sans compromettre l'instruction générale des enfants, cet enseignement reçoive de l'extension. »

9° *Enseignement technique agricole*. (Voir Marseille, p. 74, rapporteur M. Klotz ; p. 78, rapporteur M. Forgeois.)

Votre Commission a fait une double constatation :

1° Elle a remarqué, *en fait*, que l'enseignement agricole était insuffisant ou absent, et que la loi de 1879 n'était pas appliquée ; et que, *en droit*, l'arrêté du 4 août 1905 du ministre de l'Instruction publique reportant en 3° année l'enseignement de l'agriculture dans les écoles normales supprimait en réalité cet enseignement, puisque les élèves instituteurs peuvent obtenir leur brevet supérieur dès la 2° année ;

2° Elle a constaté en même temps que cependant il était aujourd'hui plus nécessaire que jamais d'instruire le cultivateur sur les remèdes à opposer à des maladies qui semblent malheureusement se multiplier, de combattre l'esprit de routine et de développer l'esprit d'initiative et d'association.

Elle vous propose, en conséquence, d'émettre les vœux suivants :

« 1° Que la loi de 1879 instituant l'instruction agricole obligatoire soit intégralement appliquée, et que le décret du 4 août 1905 soit rapporté ;

« 2° Que les certificats d'études primaires comprennent, dans les centres agricoles, une composition en matière d'agriculture, et que la note en soit éliminatoire ;

« 3° Que les cours d'agriculture dans les écoles normales et les écoles primaires supérieures rurales soient réorganisés et que les épreuves en agriculture soient examinées par des jurys spéciaux ;

« 4° Qu'un concours soit créé pour les instituteurs en vue de l'obtention d'un diplôme d'enseignement agricole pratique qui les fera bénéficier d'un supplément de traitement ;

« 5° Que les professeurs d'agriculture départementaux et les chefs de stations agronomiques soient tenus de faire des conférences périodiques à époques fixes dans les communes de leur ressort ;

« 6° Que cet enseignement ne soit pas omis dans les programmes des œuvres postscolaires par nos amis militants qui s'occupent de ces œuvres ;

« 7° Qu'un manuel d'agriculture soit composé par une Commission mixte de professeurs et de praticiens se rattachant aux différentes branches de l'agriculture, et soit distribué aux élèves des écoles primaires rurales ;

« 8° Que partout où il sera possible de le faire, des jardins ou des champs d'expériences soient créés et mis à la disposition des élèves, sous la direction de leurs maîtres ;

« 9° Qu'enfin une propagande active soit faite auprès de nos petits cultivateurs pour leur faire ressortir les bienfaits des coopératives de production qui leur permettront de lutter à armes égales avec les grandes cultures étrangères contre lesquelles l'Etat est obligé de les protéger par les tarifs prohibitifs dont souffre cruellement la grande masse des consommateurs. »

11° *La houille blanche.* (Voir Toulouse, p. 54. — Paris, p. 157.) M. Malon, rapporteur.

L'attention de votre Commission a été appelée sur ce fait que la coalition des industriels producteurs d'énergie a dans presque toutes les régions où se rencontrent les chutes d'eau utilisables, pour résultat un véritable accaparement par quelques-uns d'une richesse théoriquement commune, sans que d'ailleurs les populations des régions voisines exposées cependant aux dévastations et aux accidents provenant parfois des cours d'eau dont il s'agit, en retirent aucune espèce de compensation.

Elle vous propose le vœu suivant :

« ... Invite le Parlement à discuter d'urgence le projet de loi du 12 juin 1906 sur les cours d'eau non navigables, ni flottables, émet le vœu que les autorisations de dérivation et de construction de barrages ne soient plus accordées que sous la condition expresse qu'une notable partie de l'énergie électrique produite sera utilisée sur le territoire départemental.

« Que la loi en préparation sur les concessions de forces hydrauliques des cours d'eau de toutes catégories soit votée dans le plus bref délai et qu'une disposition assimile les redevances à payer par les concessionnaires aux impôts directs qui sont répartis entre l'Etat, le département et les communes. »

12° *Hygiène des mines.* (Voir Toulouse, p. 62. — Paris, p. 158. — Lille, p. 105.) M. Danoux, rapporteur.

Votre Commission s'est émue de cette extraordinaire anomalie consistant en ce que, tandis que le droit de veiller à la *sécurité* des travailleurs de la mine est largement ouvert à l'Etat par la loi du 21 avril 1810, aucune disposition ne lui permet en revanche d'exiger, en ce qui concerne *l'hygiène*, l'application des prescriptions imposées par les lois récentes à toutes les autres industries. Elle a estimé qu'il était scandaleux de penser qu'après tant de lois sur l'hygiène des travailleurs, il était impossible à l'administration de prescrire et aux délégués mineurs de signaler les mesures destinées à assurer par exemple dans une mine non grisouteuse, une aération et une température convenables.

Elle vous propose, en conséquence, le vœu suivant :

« Que le Sénat vote sans retard la loi du 12 juillet 1904 assimilant les questions d'*hygiène* dans les mines à celles de *sécurité.* »

13° *Organisation du corps des Ponts et Chaussées.* (Voir Toulouse 1904, p. 65. — Paris 1905, p. 161. — Lille, p. 98.) M. Frère, rapporteur.

Votre Commission a pensé comme ses devancières qu'il n'est ni démocratique de maintenir dans le pays une aristocratie de fonctionnaires présumés infaillibles, ni raisonnable de croire que des examens passés par ces fonctionnaires au début de leur carrière leur aient conféré miraculeusement l'omniscience pratique ; elle vous propose, en conséquence, de renouveler le vœu suivant :

« 1° Qu'aucune école en France ne donne droit à aucune fonction de l'Etat, au profit des élèves qui en suivent les cours ;

« 2° Que les fonctions d'ingénieur des Ponts et

Chaussées soient mises chaque année au concours entre les candidats qui se présenteront pour prendre part aux examens, sans distinction d'origine entre eux sous la seule condition de justifier de connaissances techniques et pratiques suffisantes ;

« 3° Que l'établissement des projets des grands travaux publics, de même que leur exécution, fassent toujours l'objet de concours largement ouverts à l'initiative privée, à l'exemple de ce qui se passe chez la plupart des nations étrangères qui obtiennent ainsi les résultats les plus satisfaisants ;

« Que les jurys appelés à juger ces concours soient composés de telle façon que toutes les compétences y soient représentées. »

14° *Raccordement des chemins de fer et voies navigables.* (Voir Toulouse 1904, p. 59. — Paris 1905, p. 157. — Lille, p. 104.) M. Baube, rapporteur.

« Le Congrès émet le vœu que le gouvernement dé-
« pose et appuie énergiquement un projet de loi ayant
« pour objet de permettre les transports mixtes par
« voie de fer et par voie d'eau, en assurant dans de
« bonnes conditions le raccordement des chemins de
« fer et des grandes artères navigables. »

15° *Rachat des chemins de fer.* (Voir Lyon 1902. — Marseille 1903, p. 59-62. — Toulouse, p. 68. — Lille, p. 99.)

Votre Commission vous propose de renouveler le vœu déjà adopté par tous les Congrès du Parti en faveur du rachat des chemins de fer et notamment de l'Ouest et du Midi.

16° *Timbre proportionnel sur les récépissés de chemins de fer et colis agricoles.* (Voir Toulouse, p. 65. — Paris, p. 160. — Lille, p. 105.) M. Baube, rapporteur.

Votre Commission a été frappée comme ses devancières de l'injustice suivante :

Le droit de timbre à payer au Trésor pour une expédition quelconque est de 0 fr. 35 ou de 0 fr. 70 en petite ou en grande vitesse, quel que soit le prix du transport lui-même, aussi bien pour un transport de 0 fr. 40 que pour un de 1.000 francs.

Elle vous demande de renouveler le vœu déjà adopté trois fois par les Congrès, à savoir « que le droit fixe
« actuel soit remplacé par une tarification proportion-
« nelle aux frais de transport, de manière à dégrever

« les petits transports et à permettre notamment
« l'envoi en grande vitesse de colis agricoles ».

17° *Trusts et cartels.* (Voir Toulouse 1904, p. 60. —
Paris 1905, p. 164.)

Votre Commission a estimé que notre attachement
à la propriété individuelle ne doit pas être assez irréfléchi pour s'étendre aux abus qui, suivant une formule adoptée par le Parti en 1905, en détruisent la
légitimité et en suppriment la raison d'être. Elle pense,
en conséquence, que nous devons combattre et détruire
les concentrations de capitaux qui font de la propriété
un instrument d'écrasante domination en donnant aux
propriétaires le pouvoir de taxer et de rançonner à
merci les travailleurs et les consommateurs.

Votre Commission vous propose, en conséquence, de
renouveler le vœu déjà voté à Toulouse et à Paris :

« Que les pouvoirs publics se préoccupent des trusts,
« cartels et syndicats formés en France dans la finance,
« l'industrie et le commerce, et qui ont pour effet de
« favoriser la fortune de quelques-uns au préjudice de
« la masse du pays. »

18° *Warrants et crédit agricole.* (Voir Marseille
1903, p. 54. — Toulouse 1905, p. 61.)

Votre Commission a pensé que pour attirer vers la
terre les capitaux qui, seuls, pourront réveiller son
énergie, il y avait lieu de modifier les lois de 1894 et
de 1899 sur les caisses locales et régionales, et de perfectionner le warrant agricole.

Elle vous propose, en conséquence, de renouveler les
vœux adoptés à Marseille et à Toulouse, tendant à voir
organiser : « 1° la limitation du taux de l'escompte ;
2° un crédit à long terme pour les opérations agricoles, les effets y relatifs pouvant avoir une échéance
correspondant à la fin de l'opération ; 3° le warrantage
du bétail. »

19° *Rapports du capital et du travail.* (Voir Toulouse
1904, p. 200 à 207. — Lille, p. 147, et les Déclarations
de 1906, p. 247, et de 1905, p. 244 à 246.)

Messieurs,

Votre Commission a examiné à nouveau les points
essentiels de cette grave question. Elle a relu la dis-

cussion de Toulouse où les principes premiers de notre programme ont été si nettement affirmés.

Elle a pensé comme vos devancières :

En premier lieu, que la formule du laisser-faire et du laisser-passer ne pouvait pas être notre devise et qu'une intervention de la puissance publique s'imposait pour substituer la justice à l'anarchie de la concurrence.

Et elle a constaté que, en fait, la solution actuelle du salariat était mauvaise et injuste.

Mais, en second lieu, elle n'a pas cru que la règle de cette intervention de l'Etat pût être utilement cherchée dans la formule unique d'un dogmatisme économique qui, en supprimant la propriété individuelle des moyens de production et d'échange, reculerait peut-être sans le résoudre le problème de la répartition des richesses.

Elle a estimé que la justice sociale se réaliserait progressivement dans le monde par une série d'étapes qui seraient :

D'abord, la moralisation et la correction du contrat de travail par l'extension du syndicalisme, les contrats collectifs de travail, la sérieuse et générale réglementation du travail au point de vue de l'hygiène et du légitime repos des travailleurs, les retraites ouvrières et l'assurance contre la maladie et le chômage, qui instituent en réalité le droit à la vie.

Elle a pensé enfin que l'Etat devait intervenir pour encourager autant que possible le développement des formes de collaboration du capital et du travail autres que le salariat, notamment la participation aux bénéfices et le coopératisme.

Elle vous propose, en conséquence, de vous inspirer des vœux votés en 1904 sur la proposition de Albert Sarraut et de Milhaud, et de voter la déclaration suivante :

1) Le parti *affirme à nouveau sa volonté* de poursuivre en même temps que l'émancipation intellectuelle et morale du prolétariat, son émancipation économique ;

2) Il entend consacrer ses efforts à hâter dans une évolution pacifique mais continue l'avènement d'une organisation sociale plus équitable ;

3) Il veut que la société assure au travailleur la sécurité de ses vieux jours par l'institution des retraites ouvrières, et allège immédiatement le poids de ses

charges par l'établissement de l'impôt global et progressif sur le revenu, par la réduction des heures de travail, le repos hebdomadaire, la stricte et générale application des lois sur l'hygiène ouvrière.

4) Il reconnaît à l'État le droit d'intervenir dans les rapports du capital et du travail pour réaliser la justice sociale.

Cette intervention aura lieu :

1° Par la protection du prolétariat isolé contre la concentration toute-puissante des capitaux, au moyen de l'élargissement de la loi de 1884 et le développement du syndicalisme ;

2° Par le vote de lois assurant l'égalité des parties dans le contrat de travail, régularisant l'exercice de l'arbitrage, en le rendant obligatoire, prévenant et réparant le risque social du chômage ;

3° Par l'étude et le vote de lois encourageant et facilitant le remplacement du régime du salariat par d'autres formes d'association plus équitables du capital et du travail, notamment la participation aux bénéfices, le coopératisme, etc...

Le parti fait appel pour cette tâche de justice sociale à toutes les bonnes volontés républicaines et aux sentiments de solidarité qui doivent animer une grande démocratie.

20° *Lois économiques et sociales*. — Votre Commission vous propose d'émettre le vœu :

a) Que avant toute discussion d'une loi, les commissions parlementaires chargées de rapporter la loi soient tenues d'entendre les représentants autorisés des citoyens ou syndicats visés ou atteints par la loi en préparation ;

b) Que lorsqu'une loi est votée, si un des articles prévoit des règlements d'administration publique, ces règlements ne puissent paraître qu'après avoir été approuvés par la Commission du Parlement qui a été chargée d'étudier la loi, afin que le règlement ne dénature pas la pensée du législateur ;

c) Que l'élaboration de ces règlements se fasse avec l'aide et sous le contrôle des syndicats patronaux et ouvriers intéressés obligatoirement appelés à y coopérer.

Enfin, messieurs, un dernier vœu appuyé par notre éminent collègue Ferdinand Buisson et que je vous demande instamment d'adopter en vous signalant l'urgence de la situation à laquelle il faut essayer de porter remède ; le voici :

« Le Congrès invite les membres du Parti et le gouvernement à user de tous les moyens dont ils disposent pour obtenir du Sénat, résistant aux efforts des ploutocrates intéressés, le vote de la loi adoptée par la Chambre sur le blanc de céruse et la suppression sans indemnité des usines qui empoisonnent professionnellement toute une population ouvrière.

(Adopté.)

(Le rapport de la Commission du commerce, de l'industrie, de l'agriculture et des études économiques est adopté.)

Au nom de la même Commission M. Albert Garnier a déposé le rapport suivant, *adopté par la Commission du Congrès* après une discussion approfondie :

Crise viticole. M. Albert Garnier, rapporteur. (Voir Paris 1905, p. 166 et 212.)

Votre Commission vous propose d'émettre un vœu en faveur des mesures suivantes, en plus de la déclaration de récolte déjà votée par le Parlement :

Pour enrayer la surproduction naturelle

« 1° Une taxe fixe de 500 francs par hectare sur toute nouvelle plantation de vigne l'année où se fait cette plantation, 200 francs l'année suivante et 100 francs la troisième année, à partir de la troisième année la taxe serait supprimée.

Pour enrayer la fraude

« 2° La suppression de la fabrication des piquettes, même pour la consommation familiale ;

« 3° La suppression du privilège des bouilleurs de cru ;

« 4° L'exercice de l'acide tartrique qui est un des principaux facteurs servant au mouillage.

Pour ne pas favoriser les accapareurs au détriment de la démocratie viticole

« 5° Le droit pour les viticulteurs et les négociants de soigner et de traiter leurs vins suivant les méthodes scientifiques, à la condition que ces traitements ne soient pas nuisibles à la santé publique ni ne soient faits pour augmenter le volume des vins ou dans un but de fraude ;

« 6° Ne tolérer la vente des produits destinés à la vinification ou au traitement des vins qu'à la condition expresse que ces produits ou spécialités soient obligatoirement déposés à l'Académie de médecine, à l'Académie des sciences ou encore au Comité technique d'œnologie, institué près le ministère du Commerce.

« Ces produits ne pourront en aucun cas renfermer aucune matière nuisible à la santé, ou servant à sophistiquer les vins. »

LE PRÉSIDENT. — Je suis saisi d'une nouvelle protestation très importante. Pour la délégation du département des Côtes-du-Nord au Comité exécutif, nous sommes en présence d'une liste absolument fausse. Voici, en effet, la liste qui a été envoyée par notre collègue et ami de Kerguezec, liste qui est signée : de Kerguezec, Le Troadec, Dr Baudet, Robert de Jouvenel.

Nous avons une autre liste qui a été présentée par la Commission de contrôle des propositions et qui est signée par une personne qui n'avait pas qualité pour le faire.

Je vous demande de flétrir avec la dernière énergie de pareils procédés et de donner mandat à votre bureau de faire toutes les recherches nécessaires afin que de pareils faits ne puissent plus se reproduire.

En attendant, je vous demande d'annuler cette liste votée ce matin par surprise et d'adopter celle proposée par notre collègue de Kerguezec.

(Adopté.)

M. LAFFERRE. — Il est fâcheux que nous ayons à prendre de pareilles mesures. Je demande que le Comité exécutif soit chargé d'expurger toutes les listes. Je connais des noms de délégués qui figurent sur certaines listes et qui n'appartiennent pas au département qu'ils représentent.

(Adopté.)

Le Congrès de 1908

LE PRÉSIDENT. — On nous demande de désigner la ville dans laquelle se tiendra le prochain Congrès.

M. LE GÉNÉRAL ANDRÉ. — L'année dernière, à Lille, deux villes ont été proposées, la ville de Nancy et la ville de Dijon. On a fait valoir que le Congrès socialiste devait se tenir à Nancy et qu'il était utile de tenir, dans la même ville, le Congrès radical. Représentant de la ville de Dijon, je me suis incliné devant cette raison. Je demande, en conséquence, que suivant l'engagement moral qui a été pris l'année dernière, le Congrès de 1908 se tienne à Dijon.

LE PRÉSIDENT. — Il est peut-être difficile de trancher cette question, à cette heure tardive et en présence de propositions différentes. Je propose le renvoi à demain. (Assentiment.)

(La séance est levée à 7 heures moins un quart.)

SIXIÈME SÉANCE

Dimanche 13 octobre. — Matin

La séance est ouverte à 10 heures.

Le général André est acclamé comme président.

Le Bureau est constitué ainsi qu'il suit :

Président : M. le général ANDRÉ.

Vice-présidents : MM. DELPIERRE, député de l'Oise ; Léon JANET, député du Doubs ; GUIÉYSSE, député du Morbihan ; STEEG, député de la Seine ; RAJON, député de l'Isère ; J.-B. MALON, délégué des Basses-Alpes ; Paul-Louis TISSIER, délégué de l'Indre ; RÉNEUX, délégué de la Seine ; BUROT, délégué de la Charente ; F. MICHAUT, délégué de la Côte-d'Or ; BOUILLARD, délégué de la Seine ; LEFIÈVRE, délégué de l'Aude.

Secrétaires : MM. SCHMITT, délégué de l'Oise ; GIGON, délégué de la Seine ; BRIZOLARA, délégué du Nord ; GERVAIS, délégué de la Seine ; Emile LAURENT, délégué de Seine-et-Oise ; BOUTIN, délégué d'Indre-et-Loire ; Georges COULON, délégué de la Nièvre ; BOISNEUF, délégué de la Guadeloupe ; HOURNON, délégué de la Seine ; CHEVILLOU (Bouches-du-Rhône).

LE PRÉSIDENT. — Je vous remercie de l'honneur que vous venez de me faire et j'ouvre tout de suite la séance. (*Applaudissements.*)

Le président fait connaître à l'assemblée la composition du bureau du Comité exécutif élu dans la séance tenue la veille par le Comité exécutif.

RAPPORT de la Commission de discipline

M. RENEUX, *rapporteur*. — Au nom de la Commission de règlement et de discipline, je suis chargé de rapporter la triste affaire... Elie Mantout. Pour ne pas vous imposer la lecture d'un long rapport sur cette question, que vous connaissez depuis trop longtemps malheureusement, je me bornerai à vous donner lecture d'une lettre du citoyen J.-B. Morin, autorisée par M. Mantout.

« M. Elie Mantout m'ayant déclaré hier qu'il renonçait à donner suite à sa demande d'appel devant le Congrès de la décision du Comité exécutif, j'estime qu'il n'y a pas lieu de soulever cet incident au Congrès. La décision du Comité exécutif en ce qui concerne M. Elie Mantout reste donc intégrale. »

La Commission de discipline estime que, devant ces déclarations, le Congrès n'a qu'à déclarer définitive la décision prise par le Comité exécutif à l'égard de M. Elie Mantout et à passer à l'ordre du jour.

(Les conclusions de la Commission de discipline sont adoptées à l'unanimité et M. Elie Mantout se trouve définitivement exclu du Parti.)

RAPPORT de la Commission des réformes fiscales

M. PAUL-L. TISSIER, *rapporteur.* — Au nom de la Commission des réformes fiscales, j'ai l'honneur de rapporter les vœux suivants :

1° Vœu présenté par le citoyen Vaysse, au nom du Comité radical-socialiste du 6e arrondissement de Lyon, tendant à ce que les droits de mutation soient diminués dans une forte proportion, sur la petite propriété et pour le petit commerce. La Commission propose au Congrès d'émettre un avis favorable.

(Le vœu est adopté.)

2° Vœu présenté par le citoyen Vaysse au nom du Comité radical-socialiste du 6e arrondissement de Lyon, tendant à la suppression, à partir du 4e degré, du droit de succession *ab intestat.*

La réforme successorale a déjà fait l'objet de plusieurs vœux adoptés aux précédents Congrès. La Commission, tout en rendant hommage à la pensée qui a inspiré la proposition actuelle, ne croit pas cependant pouvoir, sans une étude préalable approfondie, donner des conclusions définitives et propose le renvoi du vœu à l'examen du Comité exécutif.

(Le renvoi est adopté.)

3° Vœu du Comité radical de Chaponot et du Comité radical-socialiste de Courbevoie demandant la revision des traitements des fonctionnaires, dont quelques-uns sont inutiles et certains trop grassement rétribués, alors que les petits fonctionnaires et employés sont souvent payés d'une façon insuffisante.

(Les conclusions favorables de la Commission sont adoptées par le Congrès.)

4° Vœu du Comité radical de Chaponot demandant que le chiffre des retraites soit réduit, ou même que

la retraite soit supprimée pour les fonctionnaires ayant
un traitement de plus de 4.000 francs, attendu que ces
fonctionnaires pourraient eux-mêmes réaliser leurs
retraites.

*(Les conclusions défavorables de la Commission sont
adoptées.)*

5° Vœu présenté par le Comité radical-socialiste du
4ᵉ arrondissement de Lyon ainsi conçu : « Le Congrès
émet le vœu que le paragraphe de la loi sur l'impôt du
timbre de quittance soit modifié comme suit : Cependant seront exempts du timbre de 0 fr. 10 tout reçu ou
décharge apposés, soit sur des livres *ad hoc*, soit sur
des factures imprimées ou manuscrites, pour des marchandises ou emballages ayant été rendus, pour quelque cause que ce soit ; et, pour compenser la perte
subie par le Trésor, toute quittance supérieure à dix
francs sera revêtue d'un timbre proportionné au montant de l'acquit. »

Il est certain que dans la pensée des législateurs du
21 août 1871, l'impôt créé devait frapper uniquement
le mouvement de la richesse et que le petit et le moyen
commerce se trouvent lésés par le fait de payer un timbre pour des actes qui ne constituent ni un achat ni
une vente. La Commission propose au Congrès d'émettre un avis favorable.

Le citoyen Richard (de Chalon-sur-Saône), envisageant surtout la proposition connexe de l'augmentation
des droits sur les quittances supérieures à dix francs,
demande que le vœu soit renvoyé à l'étude du Comité
exécutif.

*(La Commission ne faisant pas d'objection, il en est
décidé ainsi par le Congrès.)*

6° Le Comité radical-socialiste de Courbevoie émet
le vœu que dans le projet de réforme fiscale, soit écartée toute proposition pouvant établir une confusion
entre les salaires, produits du travail, qui ne doivent
pas être touchés et les revenus, produits du capital,
qui seuls doivent être frappés.

La Commission estime que s'il est légitime d'exonérer les produits du travail, cette exonération doit cependant être limitée au chiffre minimum nécessaire à
l'existence. Si la discrimination des taux, réservant
le plus faible au revenu du travail, si le dégrèvement
des petites cotes sont légitimes, il ne faut pas oublier
qu'à l'heure actuelle, certains salaires s'élèvent à des

chiffres considérables et qu'il serait impossible de justifier, à leur égard, le maintien d'une exemption totale.

. (*Le Congrès adopte les conclusions de la Commission.*)

UN DÉLÉGUÉ. — Le vœu proposé par le Comité radical de Courbevoie demande également une diminution des impôts en ce qui concerne les salaires en rapport avec la famille.

J'insiste pour que ce vœu soit adopté.

LE RAPPORTEUR. — La Commission se range à cet avis, comme j'allais le dire dans un instant.

M. MAGNIAUDÉ. — L'impôt sur les salaires peut avoir de très graves répercussions que vous devez entrevoir. C'est, du reste, la première fois qu'on propose d'imposer les salaires et l'observation du citoyen Tissier ne me paraît pas avoir absolument la valeur qu'il lui attribue.

L'impôt sur le revenu, il faut bien qu'on en soit pénétré, atteint tous les revenus, de quelque source qu'ils soient, avec une exonération uniforme à la base. Les classes : l'impôt sur le travail, l'impôt mixte sur le revenu, mais ils paieront, à notre sens, un taux moins élevé que les autres revenus parce que, dans la discrimination démocratique des revenus, on établit trois classes : l'impôt sur le travail, l'impôt mixte, sur le capital et le travail réunis, enfin l'impôt, de beaucoup supérieur, sur le revenu du capital mobilier. Donc tous les traitements élevés paieront leur part d'impôt.

Mais ce que nous ne saurions admettre, c'est qu'on frappe d'une façon spéciale les salaires. Cela ne s'est jamais fait, et une telle mesure aurait les répercussions les plus graves. Si vous n'êtes pas d'avis de décider immédiatement que les salaires ne doivent pas être frappés d'un impôt spécial, je vous demande de renvoyer la proposition au Comité exécutif.

UN DÉLÉGUÉ. — Non, il faut trancher la question tout de suite.

LE RAPPORTEUR. — Par suite du développement du commerce, de l'industrie et de la haute banque, le nombre des employés touchant des salaires élevés s'est beaucoup augmenté et il ne serait pas difficile de trouver dans les chemins de fer, dans les banques, dans les grands magasins, des employés qui gagnent de 25 à 30.000 francs et davantage. De quel droit seraient-ils dispensés de contribuer aux charges communes, tout comme les paysans qui payent un taux pour % fort élevé sur leur revenu? (*Interruptions.*) Ils y contribuent dites-vous, citoyens. Mais le projet soumis aux délibérations de la Chambre supprime les impôts auxquels ils sont actuellement assujettis, la personnelle-mobilière et les portes et fenêtres. Ils seraient donc dégrevés totalement !

M. FABIUS DE CHAMPVILLE. — Un employé au traitement de 25.000 francs paiera au moins 1.500 francs.

UN DÉLÉGUÉ. — Tout le monde est d'accord pour les faire payer.

M. CHARPENTIER. — Pourquoi voulez-vous qu'ils soient exemptés ?

M. MAGNIAUDÉ. — Il y a un malentendu. Le citoyen Tissier se trompe lorsqu'il croit que les employés qui touchent de gros appointements seraient exonérés d'impôt dans le cas où les salaires ne seraient pas frappés d'un impôt spécial. C'est une erreur matérielle, qu'il me permette de le lui dire.

L'impôt, tel que nous l'avons voté à l'une des dernières séances, c'est l'impôt global et progressif sur le revenu. Si nous établissions cet impôt, comme c'est notre devoir à nous, radicaux-socialistes, les employés dont parle le rapporteur et qui touchent 25.000 francs de traitement, paieraient au moins 6 %, soit 1.500 fr. Or, à l'heure actuelle, ils paient, dans l'ensemble, de 200 à 300 francs. Donc, au lieu d'être exonérés, ils seront surchargés. Je n'y vois, quant à moi, aucun inconvénient pour des revenus de 25.000 francs, même provenant du travail seul. (*Applaudissements.*)

LE PRÉSIDENT. — La Commission accepte le renvoi au Comité exécutif, proposé par le citoyen Magniaudé.
(*Le renvoi est ordonné.*)

L'impôt sur le revenu

LE RAPPORTEUR. — 7° Enfin, j'ai à demander au Congrès d'affirmer, encore une fois, sa ferme volonté de voir instituer l'impôt sur le revenu.
Cet impôt n'a jamais cessé de figurer dans le

programme républicain. Le Parti radical et radical-socialiste en a fait une de ses revendications essentielles et tous nos Congrès ont, à l'unanimité, proclamé la nécessité de cette grande réforme, dont les conséquences économiques et sociales débordent, de beaucoup, le cadre d'une simple modification d'impôt, car il ne s'agit pas seulement de reviser un système d'impôt vieilli et ne correspondant plus à la répartition actuelle de la richesse : le vote de l'impôt sur le revenu est la préface nécessaire de toutes les réformes attendues. (*Très bien ! très bien !*)

Cette année, la situation se présente sous un aspect tout différent de celui que devaient envisager vos éminents rapporteurs aux précédents Congrès : un projet d'ensemble a été déposé, au nom du gouvernement, par M. Caillaux, ministre des Finances ; c'était là un fait nouveau d'une immense portée ; le parti radical et radical-socialiste a le droit de s'en réjouir et en même temps d'en être fier, parce que c'est l'aboutissant de ses efforts et de son inlassable propagande.

Renvoyé à la Commission de législation fiscale, déjà saisie des projets de M. Maujan, de M. Magniaudé, de M. Malvy, le projet du gouvernement a été longuement discuté et modifié sur bien des points ; personne n'a oublié avec quel éclat la discussion générale en a été amorcée à la fin de la dernière session.

Quelle va donc être, devant l'œuvre à édifier, l'attitude de notre Parti ? Il ne saurait suffire de voter d'enthousiasme le principe et de se dérober ensuite, au moment de la réalisation, en se couvrant de motifs divers : ce serait un significatif aveu d'impuissance, ce serait davantage encore : le suicide du parti radical et radical-socialiste. Malgré les insinuations injurieuses — mais que nous tenions à relever — de nos adversaires, nous nous refusons à envisager cette éventualité : les membres du Parlement, qui se réclament de notre Parti et de notre politique, seront les premiers et les plus ardents à vouloir étudier et discuter à fond le projet soumis à leurs délibérations, afin d'y apporter toutes les modifications utiles, suggérées par la discussion. Aboutir, voilà notre programme.

Il serait téméraire et vain de chercher ici à donner une analyse complète du projet : qu'il nous suffise de renvoyer au rapport de notre collègue, M. René Renoult, qui restera comme un modèle de précision, de clarté et d'éloquence persuasive.

Le rôle de votre rapporteur n'est plus d'instruire le procès de notre régime fiscal, ni de faire ressortir les avantages théoriques de l'impôt sur le revenu : cette tâche a été remplie, vous savez avec quel succès, à nos précédents Congrès. Il y a simplement lieu pour nous d'examiner, avec soin, si le projet répond aux tendances de notre Parti, quelles critiques il soulève et s'il n'y a pas à se préoccuper, dès maintenant, de certaines modifications désirables. Le Congrès tiendra, sans doute, à dire son mot à ce sujet.

Un parti qui prétend légitimement assumer la charge de gouverner doit, d'abord, se garder de ce qui serait un saut dans l'inconnu, de toute surprise qui pourrait devenir le prétexte d'une réaction. Est-il donc à craindre, comme le proclament nos adversaires, qu'il en soit ainsi avec le projet du gouvernement et qu'il menace de tuer la poule aux œufs d'or, sans s'être préoccupé de la remplacer ? Constater d'où vient le reproche en atténue déjà la gravité : mais il importe, quand même, de montrer combien il est injuste et mal fondé. Le projet de la Commission — et sous ce nom nous désignons le projet sur lequel l'accord s'est fait complet avec M. le ministre des Finances — ne détruit en rien les bases fondamentales du système actuel, où l'on trouve à côté de l'impôt réel, un véritable impôt personnel (portes et fenêtres, personnelle-mobilière) de superposition.

Il se borne à introduire un peu de justice dans l'évaluation des divers revenus, à exonérer ou à dégrever les petites cotes, en même temps qu'il appelle à payer leur part légitime certaines espèces de revenus, jusqu'ici trop favorisés ou même complètement épargnés.

Aucune modification en ce qui touche la *foncière bâtie ; l'impôt foncier sur la propriété non bâtie* persiste, mais comme cela vient d'être réalisé sans protestation et au grand profit de l'équité pour la foncière bâtie, une révision des évaluations parcellaires permettra de dégrever la terre que tous les économistes s'accordent à proclamer beaucoup trop chargée. L'impôt sur les *valeurs mobilières*, actuellement d'une inégalité choquante, est simplement unifié ; cependant, il faut insister sur ce fait essentiel que, loin de la rétrécir, le projet de la Commission élargit l'assiette de cet impôt : il atteint, en effet, les fonds d'Etats étrangers, épargnés jusqu'ici dans un esprit chevaleresque, non payé de retour et, enfin, sans énumérer toutes les valeurs mobilières ainsi soumises à la loi commune, il demande sa contribution légitime à la rente française. Il n'est que juste d'ailleurs de faire remarquer que cette dernière mesure a soulevé des objections de la part d'un certain nombre de nos amis. Les *patentes* sont remplacées par un impôt basé sur les bénéfices commerciaux ou industriels ou sur ceux des professions dites libérales. N'est-ce pas pour le commerce et pour l'industrie, la réalisation de la réforme, longtemps réclamée, tendant à proportionner les charges aux revenus réels, aux facultés du contribuable ? Ce n'est pas, en vérité, un impôt véritablement nouveau, c'est l'impôt ancien amélioré ; mais, comme en matière d'impôt surtout, il faut se défier des nouveautés, tenir compte des habitudes et même des préjugés, la somme demandée à l'impôt des patentes, réformé sur la base de la productivité réelle, est de 20 millions inférieure à celle fournie par le système actuel.

Il n'y a donc, si l'on veut bien se placer en face de la réalité, rien qui puisse alarmer les économistes les plus soucieux du juste équilibre du budget. Tout au contraire, le projet de la Commission n'émet-il pas la prétention de soumettre aussi à la règle commune d'autres revenus jusqu'ici privilégiés ? Au moment de l'organisation du système fiscal actuel, le législateur avait cru devoir exonérer complètement le produit direct du travail : salaires et traitements. Depuis lors, l'évolution économique a singulièrement transformé la situation : les grandes entreprises, les grandes industries, les grandes maisons de commerce et de banque, etc., ont pris un développement considérable et ont dû s'attacher toute une armée d'employés à gros traitements, qui continuent à ne payer comme impôts que celui des portes et fenêtres et la personnelle-mobilière. Ces deux impôts disparaissant avec le système proposé, n'était-il pas de stricte équité de demander aux bénéficiaires d'accepter leur part de charges vis-à-vis de l'État ?

On a accusé la haute banque d'avoir organisé la campagne contre l'impôt démocratique sur le revenu : la haute banque se défend, la chose est certaine, mais non moins certain et précieux est l'appui que lui prêtent nombre d'employés, et beaucoup de fonctionnaires, à gros émoluments, qui trouveraient naturel de conserver quand même leur situation privilégiée.

Cette remarque s'impose aussi pour les gros fermiers : par le fait de la suppression de la personnelle-mobilière et de l'impôt des portes et fenêtres, ils ne paieraient plus rien, si le projet n'avait institué une taxe sur les bénéfices agricoles, assimilés aux revenus du travail et assujettis à la même taxe de 3 %. Les récriminations sont vives, mais ce n'est pas eux qu'ils plaignent, ce sont leurs ouvriers ! ce sont les petits. La manœuvre est grossière et d'autant plus odieuse que l'impôt nouveau ne leur demandera guère davantage que l'ancien.

La conclusion logique de ce court examen, c'est que tous les impôts réels qui forment la base du système fiscal actuel sont conservés dans le système projeté, avec cette seule différence qu'ils sont revisés dans l'esprit d'égalité et de justice. Qu'il nous soit permis de faire incidemment remarquer que ce renouveau de vitalité donné à nos impôts réels est précisément ce qui inquiète quelques-uns de nos amis et leur fait conserver, à l'égard du projet, une certaine réserve.

Mais il importe de faire remarquer que, même en ce qui concerne l'impôt cédulaire, le grand principe de progressivité affirmé dans tous nos Congrès est réalisé, au moins jusqu'à une certaine limite, grâce surtout aux modifications apportées par la Commission au projet primitif et c'est précisément la raison pour laquelle, ennemis de toute surenchère et de la néfaste doctrine du tout ou rien (*Applaudissements*), nous désirons voir aboutir la réforme telle qu'elle nous est présentée.

Arrivons maintenant aux impôts personnels : il est impossible, à l'heure actuelle, de défendre sérieusement l'impôt des portes et fenêtres et la taxe personnelle-mobilière, soumise au caprice des appréciations individuelles.

L'impôt complémentaire, prévu par le projet de la Commission, est ce qui, au point de vue de nos idées, contient l'espérance de réalisation des progrès que nous attendons de la réforme fiscale. Il n'a pas seulement et exclusivement pour but de se substituer aux deux impôts personnels condamnés, il se propose aussi de redresser au profit du travail, au profit des humbles, les inévitables et trop criantes injustices d'un système fiscal inharmonique. En théorie, sur le terrain de la pure spéculation, les impôts indirects sont inacceptables, parce qu'ils frappent des objets de nécessité première et qu'ils sont, par suite, inversement progressifs ; le seul impôt parfait, pour le philosophe, est évidemment l'impôt unique, personnel, global et progressif sur le revenu. Mais de l'idéal à la pratique il y a loin et nous ne devons rien construire dans les nuages mouvants ; l'établissement de l'impôt global, unique, exigerait des contribuables doués de vertus surhumaines, ou, plus prosaïquement, imposerait la nécessité de fournir à l'administration des moyens efficaces de contrôle qui deviendraient rapidement un système d'intolérable inquisition.

En superposant aux impôts réels l'impôt personnel sur l'ensemble du revenu sous forme d'impôt complémentaire progressif, c'est-à-dire, en d'autres termes, en combinant le système de l'impôt cédulaire et celui de l'impôt global, le projet de la Commission, ménageant les traditions du pays, apporte dans notre système fiscal une mesure d'élémentaire justice, déjà réalisée dans la plupart des pays étrangers.

Il n'y a donc pas de saut dans l'inconnu ; il n'y a pas plus surcharge des contribuables les plus intéressants ; l'assiette de l'impôt se trouve élargie sans que le rendement demandé à cet impôt soit plus élevé. Ce sont les classes moyennes, prétendent nos adversaires, celles qui par leur activité, par leur travail, par leur intelligence, créent la richesse du pays, celles que le législateur prévoyant a le plus d'intérêt à ménager, qui vont se trouver le plus fortement atteintes : or cet argument ne tient pas devant les faits. Qu'importe ? Il est topique, il exploite une expression mal comprise ; on s'en sert sans vergogne ; il est donc indispensable que toutes les fois qu'un membre de notre Parti le rencontre sur son chemin, il le réfute. Les classes moyennes, grâce aux exonérations et au système des paliers successifs, seront largement dégrevées quand leur revenu ne dépassera pas 5.000 fr., de 5 à 10.000 fr. elles paieront à peu près le taux actuel et ce n'est qu'au-dessus qu'elles seront, très faiblement d'ailleurs, surtaxées. C'est à ces classes moyennes, intellectuelles par excellence, pour rappeler une expression déjà vieillie, à ces classes qui exercent autour d'elles une légitime influence, que s'adressent surtout les adversaires de toute réforme de l'impôt, sachant bien, par expérience, qu'ils auraient dressé contre nous une grande force, s'ils pouvaient les abuser sur leurs véritables intérêts et leur faire oublier qu'elles ont aussi des devoirs.

Entraîner le monde des employés et des fonctionnaires contre la réforme ne suffisait pas ; on a encore exploité le vieil antagonisme des villes et des campagnes, comme si la solidarité nationale n'avait pas effacé aujourd'hui ces divisions du passé.

Certes, il faut le reconnaître, la contribution demandée aux grandes villes sera plus élevée ; mais, où donc se trouve la plus forte partie des valeurs mobilières ? C'est sur ces valeurs mobilières ou plus exactement sur celles qui jusqu'à maintenant ont échappé à l'impôt, que, pour la plus grande partie, porte précisément l'augmentation. Il n'y a donc qu'une aggravation apparente de l'impôt actuel, atteignant des sources de revenu dont il serait difficile de justifier la situation privilégiée ou même la complète immunité. Ajoutons, enfin, que cet élargissement de la base de l'impôt aura sa répercussion, éminemment favorable aux petites et aux moyennes cotes, sur l'établissement des impôts départementaux et communaux, basés principalement sur les centimes additionnels.

L'agriculture bénéficie d'un dégrèvement certain, de 63 millions d'après les calculs du rapporteur — mais, en revanche, ce sont les ouvriers, jusqu'ici exonérés, à qui nous voudrions faire supporter le poids de la réforme. L'argument est spécieux, c'est par des chiffres qu'il convient de répondre ; suivant la localité qu'ils habitent, c'est-à-dire, suivant la cherté plus ou moins grande de la vie, les ouvriers et les petits employés ne paieront rien jusqu'à 1.250, 1.500, 2.000 et 2.500 fr. de traitement ou de salaire et jusqu'à 5.000 fr. ils paieront une taxe, qui s'élèvera, par paliers successifs, à 1,10 % de leur revenu.

Nous serons beaucoup plus bref en ce qui concerne les autres objections qui ont fait le sujet de tant de polémiques, mais avant de les énumérer, nous devons dire encore, pour répondre à une objection historique, quelques mots au sujet de l'impôt complémentaire le plus attaqué, parce que, précisément, il donne réellement sa caractéristique au nouveau projet. Il est autant inutile qu'il serait fastidieux d'insister ici sur le développement prodigieux de la fortune mobilière au cours du siècle dernier : cependant, on continuait toujours, suivant les règles de l'économie bourgeoise, à imposer le minimum de charges à la richesse acquise et consolidée. L'impôt complémentaire atteignant l'ensemble du revenu et le frappant d'une façon progressive est destiné à pallier à cette grave iniquité : on a souvent rappelé l'impopularité de l'impôt de 0,45 0/0, qui fut une des causes déterminantes de la désaffection du peuple à l'égard de la République de 1848 ; or, cette impopularité venait exclusivement de ce fait que cet impôt demandait un nouvel effort à ceux qui étaient déjà trop surchargés et à ceux-là seulement, l'impôt ne s'imputant que sur les quatre contributions directes.

L'impôt complémentaire actuel n'a donc rien de commun avec la fameuse taxe des quarante-cinq centimes.

Dans un système quelconque d'impôt sur l'ensemble du revenu, deux méthodes sont utilisables pour en établir le chiffre, la taxation d'office ou la déclaration, le seul emploi des signes extérieurs ne pouvant se défendre, parce qu'ils sont essentiellement trompeurs. L'impôt sur les valeurs mobilières étant perçu, dans le projet actuel, au moment même du paiement des coupons (impôt réel), il devient nécessaire de demander au contribuable le chiffre de ses revenus mobiliers, pour fixer son revenu total. Il est bien entendu que cette déclaration, faite sous le sceau du secret professionnel, sera préjugée véridique ; c'est à l'administration qu'il appartiendra d'apporter au juge compétent la preuve de son inexactitude.

Il en sera de même en ce qui concerne la déclaration demandée aux professions libérales ; le contribuable ne sera pas tenu, comme on le répète à dessein, de violer, en quoi que ce soit, le secret professionnel ; il ne sera soumis à aucune inquisition ; il sera cru dans sa déclaration jusqu'à ce que le contrôleur, à l'aide de preuves manifestes, ait réussi à faire pénétrer dans l'esprit du juge la conviction que la déclaration n'est pas exacte ; et encore faut-il ajouter qu'en matière contentieuse les audiences ne seront pas publiques.

C'est abuser étrangement de la valeur des mots que de parler d'inquisition fiscale, puisque, en définitive, les procédés d'évaluation des revenus n'innovent rien et ne sont que la continuation des méthodes actuellement utilisées, pour fixer la personnelle-mobilière et établir les patentes.

Ainsi donc le projet soumis aux délibérations de la Chambre, s'il n'apporte pas la réalisation de toutes les espérances qui ont leur source dans l'esprit de justice sociale, apporte du moins de précieuses transformations dans notre système fiscal : par l'exonération complète des petits revenus, de ceux qui représentent à peine le minimum nécessaire à l'existence, par le dégrèvement des petites cotes, par le système des abattements, par la discrimination des taux, par la déduction pour l'impôt foncier des dettes hypothécaires, enfin par l'introduction dans nos lois de l'impôt progressif sur le revenu total, le projet actuel représente un indiscutable progrès ; il tend à introduire dans les faits la formule fiscale de la Déclaration des Droits de l'homme, il tend à réaliser, en un mot, les aspirations de notre Parti en matière d'impôt.

Cette constatation nous dicte notre devoir.

Qu'importent dès lors les adversaires que nous rencontrerons sur notre route ? qu'importent même leurs menaces ? Nous avons montré qu'au point de vue budgétaire, nous n'avions rien à redouter. Devons-nous craindre davantage la menace de l'exode des capitaux ? Certes, nous savons bien que l'argent n'a pas de patrie et qu'il servirait au besoin, pour le profit, contre la sienne ; mais nous savons aussi qu'on nous a adressé pareilles menaces, quand on a introduit la progression dans les droits sur les successions ; à cette époque, le capital s'est incliné devant le fait accompli ; il s'inclinera encore demain, car où trouverait-il un pays où son revenu soit exempt d'impôts ? Et quand même il y réussirait, cela vaudrait-il de s'exposer aux revendications du fisc, au jour plus ou moins éloigné où celui-ci établirait la dissimulation et frapperait sans pitié le fraudeur ? Enfin, est-ce que ce n'est pas encore en France, à l'abri de nos lois, sous la garde de la démocratie laborieuse, que le capital se sent le plus en sûreté ?

Le Parti radical et radical-socialiste sait qu'il peut compter sur ses élus au Parlement pour défendre la réforme de l'impôt, inscrite dans leur programme. Les nombreux amendements, d'ores et déjà déposés par nos amis, nous sont la preuve certaine de leur ferme volonté de doter, enfin, notre pays d'une réforme qui, sans mettre en péril nos finances, réponde à l'esprit de justice sociale et de progrès démocratique, qui sont l'essence même de notre doctrine.

Un grand Parti, comme le nôtre, ne saurait cependant se reposer uniquement sur l'action parlementaire. Nous sommes — je tiens à le répéter — un parti de doctrines et ces doctrines, notre devoir est de les porter devant l'opinion, pour les y soumettre à la libre discussion. C'est, en effet, l'opinion éclairée qui dicte ses volontés dans un Etat réellement démocratique.

Allons donc au peuple, au peuple des villes, à celui des campagnes, au monde agricole comme à celui de l'usine, de l'atelier ou de la mine, allons vers les petits propriétaires, vers les commerçants et partout expliquons clairement nos idées sur l'impôt. Ce sera le meilleur moyen de lutter contre nos adversaires, contre les adversaires de tout impôt sur le revenu.

Et pour cela, il est indispensable d'apporter comme arguments, non pas seulement des phrases sonores, mais des textes et des chiffres : c'est là la seule éloquence qui puisse, en matière d'impôt, entraîner la conviction.

Par les brochures — et nous ne saurions assez répandre celle où notre président d'honneur, M. Camille Pelletan, fait un si clair exposé de la réforme — par le journal, par la parole surtout, il nous faut dissiper toutes les équivoques, écarter les malentendus, projeter la pleine lumière sur les calomnies que l'on déverse sur le projet. Quand chacun de nous aura ainsi fait son devoir, je vous affirme que le succès sera proche. Les hésitants seront d'abord entraînés par le courant et il n'est pas de puissance qui puisse arrêter les volontés de la démocratie, consciente de la justice de ses aspirations. (*Applaudissements.*)

M. MAGNIAUDÉ, *député*. — Citoyens, vous savez combien est grave la question de la réforme de l'impôt. Je n'ai pas besoin de dire quel désir aigu j'ai de la voir aboutir.

Dans votre séance d'avant-hier, vous avez, une fois de plus, proclamé le principe intangible de l'impôt global et progressif sur le revenu. En admettant ce vœu, vous avez, en très grande partie, condamné le projet de M. Caillaux qui est l'inverse de l'impôt global et progressif sur le revenu.

Puisque le temps qui nous est imparti est fort court, je ferai une déclaration très brève. L'impôt sur le revenu de M. Caillaux est composé de deux parties : la première comprend l'impôt proportionnel, divisé en 7 catégories, qui frappe différents revenus et qui maintient trois des contributions directes que vous avez entendu supprimer. Cet impôt proportionnel devait rendre, d'après M. Caillaux, 435 millions par an. La Commission de législation fiscale, après de très nom-

breuses et très actives séances, en a réduit le rendement à 407 millions par an.

La seconde partie du projet de M. Caillaux comprend
l'impôt complémentaire et progressif sur le revenu.
Il devait d'abord produire seulement 120 millions ; à
la suite de plusieurs amendements, la Commission de
législation fiscale en a porté le rendement annuel à
150 millions.

Ainsi donc 407 millions seront produits par l'impôt
proportionnel et 150 millions seulement par l'impôt
progressif, c'est-à-dire que les trois quarts de l'impôt
seront produits par l'impôt proportionnel, et un quart
seulement par l'impôt progressif. Or, les statistiques
mêmes du ministère des Finances établissent que 95 %
des citoyens français ont moins de 5.000 francs de revenu. Il s'ensuit donc que les trois quarts de l'impôt
proposé par M. Caillaux, soit 407 millions, seraient
supportés par 95 % des citoyens, alors que les classes
riches ne paieraient qu'un quart, soit 150 millions.

J'estime que tel n'a jamais été le sentiment du pays
et que le projet de M. Caillaux est contraire à toutes
les doctrines constantes de notre Parti qui s'est toujours déclaré résolu à faire aboutir l'impôt global et
progressif sur le revenu.

De plus, l'application de ce projet soulèvera, dans
l'application, de graves difficultés, elle entraînera des
répercussions très graves. Pelletan le disait l'année
dernière : « Si nous dégrevons, par l'impôt de M. Caillaux, un grand nombre de petits contribuables et que
nous n'augmentions, que dans une proportion très infime, la part des gros contribuables (et M Caillaux
l'a reconnu lui-même dans son discours du 10 juillet
dernier, lorsqu'il a déclaré que les citoyens qui ont
100.000 francs de revenus ne seront augmentés que de
3.500 francs, c'est-à-dire un chiffre infime), sur qui
donc va tomber le poids de la réforme? » Infaillible-
ment il retombera sur la classe moyenne. Est-ce là
ce que vous voulez, citoyens ? (*Non ! Non !*)

Le citoyen Tissier parlait tout à l'heure des employés
qui touchent d'assez gros traitements dans les grands
magasins et les banques. Nous avons fait des sonda-
ges qui nous ont permis de reconnaître que cette classe
d'employés verrait doubler, tripler et même quadrupler
ses contributions.

Le projet de M. Caillaux soulève une autre question

extrêmement grave, celle de l'impôt sur la rente française. Mon ami Berteaux ne me démentira pas quand je dirai que la rente française est pour la plus grande partie entre les mains des petits rentiers.

M. HENRY BÉRENGER. — Ce n'est pas une raison pour qu'ils ne paient pas.

M. MAGNIAUDÉ. — Si vous voulez me laisser aller jusqu'au bout, vous connaîtrez ma pensée. Mais je répondrai tout de suite à l'interruption du citoyen Bérenger pour qu'il n'y ait pas de malentendu. Il ne s'agit nullement d'exempter les rentiers de l'impôt sur le revenu puisque l'impôt sur le revenu frappe tous les revenus quelle qu'en soit la source. Un citoyen qui a 50.000 francs de revenus en rente française doit l'impôt tout aussi bien que celui qui aurait 50.000 francs de revenu en terres ou en capitaux mobiliers autres que la rente. Mais nous ne voulons pas que la rente française soit frappée d'un impôt spécial.

D'abord pour une raison de droit. Les lois de vendemiaire an VI et de frimaire an VII ont déclaré que la rente française ne serait soumise à aucune retenue. En frappant la rente française d'un droit fixe de 4 0/0, vous manquez à cet engagement. En outre, si nous frappons la rente d'un impôt spécial — j'insiste sur le mot — nous diminuons la valeur du titre de 4 0/0. Sur qui portera cette diminution ? Sur plus de 2 millions de petits rentiers qui viennent de subir à eux seuls presque tous les frais de la dernière conversion qui a rapporté 52 millions au Trésor. Or, d'après les statistiques, sur ces 52 millions, 48 ont été fournis par la petite épargne, par les rentiers qui ont moins de 1.500 francs de revenu. Et nous les frapperions d'un nouvel impôt indépendamment de l'impôt sur le revenu ? Ce serait une injustice flagrante.

Si j'appelle spécialement votre attention sur les classes moyennes, c'est qu'en général elles sont constituées par des citoyens qui ont débuté dans la vie sans situation, sans fortune et qui, à force de travail et d'économies, ont pu se procurer un petit pécule. Ce sont les bas de laine de la France, les véritables colonnes du crédit de notre pays. (*Applaudissements.*)

Je vous demande, citoyens, de rester dans les traditions de notre Parti et de ne pas accepter un impôt sur le revenu qui ne serait ni global ni progressif, le seul pouvant exonérer les petits et permettre de larges dégrèvements pour charges de famille. Il faut, suivant la parole de Condorcet et de Robespierre, que nous n'avons cessé de rappeler depuis 30 ans, demander beaucoup à ceux qui ont beaucoup. (*Applaudissements sur divers bancs.*)

LE RAPPORTEUR. — Citoyens, il ne faut pas vous dissimuler que ce qu'on vous demande, c'est l'enterrement de la réforme.

M. MAGNIAUDÉ. — Je proteste de la façon la plus énergique.

LE RAPPORTEUR. — Je vous ai laissé parler sans vous interrompre, laissez-moi parler à mon tour, je n'abuserai pas de la parole.

Dans le projet Caillaux il y a l'impôt cédulaire et l'impôt complémentaire. Il y avait intérêt à ne pas rompre d'un seul coup avec des habitudes séculaires, car s'il est une matière où les ménagements s'imposent, c'est bien en matière d'impôt. L'impôt qu'on a toujours payé semble moins lourd... (*Interruption.*)

UN DÉLÉGUÉ. — Ah ! vous croyez ?

LE RAPPORTEUR. — Le citoyen Magniaudé a dit que, dans le projet, l'impôt cédulaire est proportionnel. C'est une erreur.

M. MAGNIAUDÉ. — C'est en toutes lettres dans le projet.

LE RAPPORTEUR. — On a cherché à lancer le commerce et l'industrie contre le nouvel impôt, en disant aux commerçants et aux industriels que la terre sera dégrevée, tandis qu'eux seraient surchargés. Or, voici les chiffres de l'impôt cédulaire, de celui que le citoyen Magniaudé appelle proportionnel :

Jusqu'à 625 francs, exemption.

De 625 à 1.500 fr., 1 %.

De 1.500 à 2.500 fr., 2 %.

De 2.500 à 4.500 fr., 2 fr. 50 %.

De 4.500 à 5.500 fr., 3 %.

Au-dessus, 3 fr. 50 %.

Est-ce là un impôt proportionnel ou un impôt progressif ?

Tout à l'heure on nous parlait de la rente française. Est-ce que, lorsqu'on fait une conversion, on ne touche pas au principe de l'intangibilité de la rente ? (*Très bien ! très bien !)* Mais tous les économistes, depuis la vieille école française et l'école de Manchester jusqu'aux économistes contemporains qui passent pour les plus libéraux, comme M. Leroy-Beaulieu, n'admettent-ils pas la légitimité et la nécessité de l'impôt sur la rente ? Pourquoi donc y aurait-il deux sortes de revenus : les revenus du travail qui sont si aléatoires, qui sont à la merci des intempéries, et qui paieraient toujours, et d'autre part, le revenu de la rente qui est certain, puisqu'il suffit de se présenter au guichet du percepteur qui n'a jamais fait faillite en France, que je sache, revenu qui serait exonéré de l'impôt ? Ce serait indigne d'une démocratie. *(Applaudissements.)*

Après la campagne de mensonges et de calomnies que nous avons vue...

Un DÉLÉGUÉ. — Campagne vénale.

LE RAPPORTEUR. — Oui, vénale et chèrement payée. Après une telle campagne, il est nécessaire que le Parti radical et radical-socialiste fasse connaître nettement son avis. Je vous demande de ne pas faire de surenchère et de ne pas faire échec au projet en réclamant l'impôt global, unique et progressif, qui n'est en vigueur dans aucun pays. Je puis dire au citoyen Magniaudé que nous ne demandons pas mieux que de voir établir l'impôt global et progressif. Mais lorsque nous aurons franchi la première étape, nous nous préparerons à en franchir une seconde. Ce n'est pas l'enterrement de l'impôt global, c'en est l'amorce. Je vous demande de voter un vœu en faveur du projet soumis aux délibérations de la Chambre, avec la réserve de tous les amendements et améliorations, dont la discussion aura démontré la nécessité. *(Applaudissements et bravos.)*

M. MAGNIAUDÉ. — Je n'ai pas besoin, je pense, de protester contre l'allégation du citoyen Tissier qui prétend que ma proposition serait l'enterrement de l'impôt sur le revenu. Depuis 30 ans, je parcours le pays pour faire des conférences en faveur de l'impôt sur le revenu. J'ai été l'un des plus ardents propagandistes de la réforme. *(Très bien ! très bien !)*

LE RAPPORTEUR. — Nous vous rendons cet hommage.

M. MAGNIAUDÉ. — Le rapporteur a fait allusion au petit opuscule publié par notre ami Pelletan. Je vous ren-

voie à celui que Pelletan a publié en 1896, dans lequel
il est à peu près l'adversaire du Pelletan de 1907.

La résolution que vous propose le citoyen Tissier revient à vous faire déjuger et à vous demander de voter
le contraire de ce que vous avez voté avant-hier... Je
m'explique...

M. EMILE CHAUVIN. — Moi aussi j'ai été un des propagandistes de l'impôt sur le revenu. Si je suis partisan résolu du projet Caillaux, c'est parce que j'estime
qu'il est une nécessité pour la République démocratique. Tous les autres projets, tous les systèmes de surenchère qui tendent à en écarter le vote sont des
systèmes dangereux et mauvais pour la République.
(*Applaudissements.*)

M. MAGNIAUDÉ. — Je suis heureux de l'observation
que vient de présenter Chauvin. Lorsqu'il dit que le
projet Caillaux...

M. HENRY BÉRENGER. — C'est le projet du Conseil des
ministres et de la Commission de législation fiscale
dont notre ami René Renoult est le rapporteur. C'est
le projet du Parti républicain tout entier.

M. MAGNIAUDÉ. — Du Parti républicain, c'est autre
chose. Le projet actuel, c'est celui sur lequel M. Caillaux et la Commission se sont mis d'accord.

M. HENRY BÉRENGER. — Clemenceau m'a dit à moi
personnellement, quand je lui ai demandé des explications, qu'il était partisan du projet Caillaux.

M. MAGNIAUDÉ. — Et il m'a laissé entendre à moi
qu'il n'en était guère partisan.

Je tiens à préciser pour répondre à une observation
qui est de nature à vous laisser croire que le projet
du gouvernement permet de faire aboutir immédiatement la réforme. C'est une erreur absolue. D'abord aux
termes du projet, il faudra commencer par faire la réforme de l'impôt foncier sur la propriété non bâtie.
Or, pour faire cette réforme, l'administration réclame
deux années, en bon français, nous pouvons bien dire
au moins trois ans. De plus, aux termes de l'article 89,
la réforme ne pourra être appliquée que dans l'année
qui suivra celle de la promulgation de la loi, par conséquent deux ans après. Si je sais bien compter, trois
et deux font 5. En supposant que la Chambre et le Sé-

nat votent le projet actuel l'année prochaine, en 1908, la réforme serait applicable seulement en 1911 au plus tôt.

M. Henry Bérenger. — Mieux vaut 1911 que jamais.

M. Magniaudé. — Si on me contredisait, je suis prêt à lire le texte de la loi.

Avant-hier vous avez voté solennellement que l'impôt sur le revenu serait global et progressif. C'est ce que vous n'avez cessé de faire depuis que le Parti est organisé, c'est ce que nous n'avons cessé de faire dans la campagne qui a suivi le ministère Bourgeois. A cette époque, dans tout le pays, Bourgeois, Doumer, Pelletan parcouraient le pays en disant qu'il n'y a pas d'impôt sur le revenu s'il n'est pas global et progressif.

Le rapporteur. — Et à quoi sont-ils arrivés ?

M. Henry Bérenger. — A l'Indo-Chine.

M. Magniaudé. — Vous savez bien que je ne défends pas Doumer. Vous savez ce que j'ai fait de lui en ce qui me concerne, et vous êtes bien mal avisé de me faire un grief à cet égard.

Oui, à ce moment, le ministère Bourgeois a fait une grande œuvre, il a fait adopter l'impôt global et progressif par la Chambre des députés. Mais depuis 1896 nous avons fait du chemin. L'impôt Doumer supprimait seulement deux des quatre contributions, celle des portes et fenêtres et la personnelle-mobilière. Aujourd'hui nous sommes partisans de la suppression radicale des quatre contributions directes qui sont iniques. Il ne nous reste qu'à appliquer le projet Doumer qui était excellent au point de vue des principes en supprimant les quatre contributions directes au lieu d'en supprimer seulement deux. Si vous vous départissez de principes intangibles, surtout en fixalité, vous ne savez pas où vous conduiront les conséquences. Etudiez le projet Caillaux, article par article, et vous en verrez les inégalités, les difficultés d'application. On demande 4 ou 5 ans pour l'appliquer. Quand on en viendra à la pratique, on constatera que par suite de sa complexité il est inapplicable, ou à peu près.

Pour me résumer, je vous demande de maintenir la doctrine constante du Parti, celle que vous avez encore proclamée avant-hier et d'émettre un vœu nouveau en faveur de l'impôt global et progressif sur le revenu. (*Très bien ! très bien ! sur divers bancs.*)

M. LAFFERRE, *député.* — C'est-à-dire de ne rien voter du tout.

Comme conclusion, je voudrais poser une question au citoyen Magniaudé. Si son projet est repoussé, votera-t-il pour ou contre le projet de la Commission ? Quel conseil nous donne-t-il ? Ne ferons-nous rien ou ferons-nous quelque chose ?

M. MAGNIAUDÉ. — Je suis très heureux de l'observation de mon ami Lafferre.

Si le projet du gouvernement n'est pas voté, ce projet qui ne pourra être appliqué qu'à longue échéance, nous avons différents contre-projets, celui de Maujan, celui de Malvy et le contre-projet Magniaudé. Ces contre-projets peuvent venir en discussion. C'est l'affaire de quelques jours. Nous pouvons, dans ces conditions, appliquer l'impôt sur le revenu aussi rapidement que nous sommes arrivés à la séparation des Eglises et de l'Etat avec un homme aussi décidé que l'a été Combes.

C'est l'affaire du Parlement ; s'il est résolu à faire aboutir l'impôt sur le revenu rapidement et suivant la doctrine constante de notre Parti, il en a toute possibilité.

M. HENRY BÉRENGER. — Voterez-vous le projet Caillaux si le vôtre est repoussé ?

M. LAFFERRE. — Le citoyen Magniaudé n'a pas répondu à la question que je lui ai posée. Je suppose son contre-projet repoussé. Nous sommes en présence du projet de la Commission. Que fera-t-il ? Le votera-t-il ou le repoussera-t-il ?

M. MAGNIAUDÉ. — J'ai montré les défectuosités du projet Caillaux, très sommairement, il est vrai, et je reste persuadé que le voter serait un désastre, ce serait l'impôt sur le revenu perdu à tout jamais. Mais comme une question de principe est en jeu, je déclare que, plutôt que de ne rien voter, je voterai le projet Caillaux. (*Applaudissements.*)

LE PRÉSIDENT. — Je vais mettre aux voix les conclusions dont le rapporteur a donné lecture.

M. Magniaudé. — Ce ne sont pas les conclusions de la Commission. Je vais les lire :

« Le Congrès radical et radical-socialiste de Nancy exprime le vœu que l'impôt sur le revenu soit discuté à la Chambre des députés aussitôt après la loi portant modification des conseils de guerre, qu'il soit conforme aux principes constants de notre Parti, qu'il respecte les trois grands caractères de l'impôt : l'équité, l'égalité et l'uniformité ; qu'il allège les charges des familles nombreuses lourdement frappées par les impôts de consommation, qu'il n'atteigne pas, ou très modérément, les revenus moyens et que, suivant la parole de Condorcet que nous n'avons cessé de répéter, il demande beaucoup à ceux qui ont beaucoup, qu'il soit la grande et large réforme promise et réclamée par le pays depuis 30 ans. »

Ces conclusions ont été rédigées par le citoyen Edgar Weill.

Le rapporteur. — Au nom de quelle Commission ?

J'appartiens à la Commission des réformes fiscales aux travaux de laquelle j'ai collaboré d'une façon permanente. Au nom de combien de membres présentez-vous votre motion ? Au nom de deux ?

M. Magniaudé. — Nous n'étions que deux.

Le rapporteur. — Et nous, nous étions une vingtaine.

M. Magniaudé. — Je voudrais bien les connaître.

Le rapporteur. — Les citoyens Saint-Martin (Vaucluse), Henri Bérenger...

M. Magniaudé. — Nous étions ensemble en Commission. Nous nous sommes réunis 3 jours de suite. Le premier jour nous n'étions pas assez nombreux et nous avons dû ajourner notre étude. Je ferai observer qu'on nous a donné un rapport rédigé avant que la Commission soit constituée. Quand on a distribué ce rapport tout préparé comme on prépare trop de choses à l'avance, la Commission n'était pas constituée.

Le rapporteur. — Il est de tradition que le Comité exécutif fasse préparer les rapports par une Commission spéciale choisie dans son sein.

M. Fabius de Champville. — Il y a deux sortes de rapports : il y a d'abord le rapport sur le travail élaboré au cours de l'année par une Commission du Comité exécutif, ce rapport est imprimé et distribué à l'ouverture du Congrès, il sert d'indication au travail des Commissions nommées par le Congrès. Mais la Commission du Congrès doit faire un rapport.

LE RAPPORTEUR. — C'est précisément celui dont je donne les conclusions.

« Le Congrès radical et radical-socialiste, renouvelant les vœux émis à tous les Congrès antérieurs en faveur de l'impôt sur le revenu, considérant qu'il n'est plus seulement devant une question de principe, mais qu'il est en présence d'un fait, émet le vœu que le Parlement fasse aboutir le plus rapidement possible le projet du gouvernement modifié par la Commission de législation fiscale, sous la réserve de toutes les améliorations dont la discussion à la tribune démontrera la nécessité. »

M. LEMOINE-RIVIÈRE. — Il est de tradition, dans le Parti radical et radical-socialiste, de ne pas séparer du principe de l'impôt sur le revenu la question capitale de la progressivité et de la globalité. Si l'on reprend ce vote significatif, notre vœu n'a plus aucun sens, il devient absolument platonique.

M. HENRY BÉRENGER. — Je ne veux pas abuser des instants de l'assemblée dans une discussion comme celle de la réforme fiscale sur laquelle chacun a évidemment son opinion et son siège fait. Mais comme membre de la Commission des réformes fiscales de ce Congrès, je tiens à dire que je me rallie entièrement aux conclusions de notre ami Tissier. Il demande que le Congrès du Parti radical et radical-socialiste, faisant pour la réforme fiscale ce qu'il a fait jadis pour la séparation des églises et de l'Etat, se rallie non pas à un projet théorique, absolu, construit dans la logique pure, mais à un projet pratique et politique, qui puisse donner une satisfaction réelle à la démocratie ouvrière et paysanne. Ce projet a été étudié et déposé, non seulement par un excellent ministre républicain, qui n'est d'ailleurs pas de notre Parti, mon ami Caillaux, mais par le gouvernement tout entier, et je répète à cette tribune, sans craindre aucun démenti, que le Conseil des ministres tout entier se solidarise avec le ministre des Finances. Je me ferais scrupule de ne pas ajouter que la Commission de législation fiscale tout entière, depuis MM. Jaurès, Veber et Coutant jusqu'aux radicaux Pelletan, Dumont, René Renoult, y compris M. Malvy, auteur d'un contre-projet, que la

Commission de législation fiscale tout entière s'est ralliée au projet du Conseil des ministres. (*Assentiment.*)

Nous nous trouvons dans la situation où se trouvait le Parti républicain il y a quelques années lorsque M. Combes déposait le premier projet de séparation et que, par une surenchère que nous voulons croire loyale et sincère, certains dissidents prétendaient faire échouer ce projet en lui opposant un projet plus complet et plus absolu. Une telle surenchère ne servait que les intérêts des partis de droite. Si on veut renouveler le procédé pour la réforme fiscale, on obtiendra une fois de plus un résultat diamétralement opposé à celui qu'on poursuit. (*Applaudissements prolongés.*)

Le projet Caillaux comprend la globalité et la progressivité, non pas certes d'une façon absolue, mais on y trouve la dégressivité qui, à tout prendre, n'est autre chose que la progressivité par en bas. Quant à la globalité, l'impôt complémentaire qui se superpose aux cédules nous donne satisfaction pour le principe. (*Vive approbation.*)

Est-ce donc à nous, qui sommes un Parti essentiellement relativiste, qui ne voulons pas nous placer dans l'absolu des doctrines, qui sommes un Parti de pratique et d'expérience, qui voulons faire de cette France, non pas seulement une expression géographique, mais une expression morale, une terre de progrès et de liberté, est-ce à nous, pour satisfaire des imaginations individuelles, de nous mettre en travers de la grande réforme entreprise par le gouvernement et la Commission de législation fiscale ? (*Applaudissements.*)

Adressons-nous au Sénat, dont la Commission des finances compte des hommes qui font partie des Conseils d'administration des grandes sociétés métallurgiques et des grandes banques ou des Compagnies de chemins de fer. Faut-il donc donner satisfaction à des républicains plutôt roses que rouges et qui sont parfois les stipendiés de la ploutocratie, en abandonnant le terrain solide sur lequel nous nous sommes placés, pour tenter de réaliser une réforme essentielle ? Non. Faisons pour l'impôt sur le revenu, pour la réforme fiscale ce que nous avons fait jadis pour la séparation des églises et de l'Etat. Je demande au citoyen Magniaudé de montrer l'abnégation qu'il a montrée au moment de la séparation, ainsi que tous nos amis qui avaient des projets différents, certes, de celui de M. Briand et qui n'en ont pas moins accepté et subi, par discipline et pour aboutir, l'article 4, trop favorable pourtant à la hiérarchie catholique. romaine !

Il se peut que dans le projet de la Commission et du gouvernement, nous trouvions des dispositions qui ne nous donnent pas satisfaction, il se peut qu'on effet les riches ne soient pas suffisamment chargés. Faisons ce sacrifice momentané à la discipline et marchons à la première étape de la réforme. Après cette étape, la démocratie en franchira une autre. C'est la seule méthode féconde, la méthode du Bloc. (*Vifs applaudissements.*)

M. MAGNIAUDÉ. — Notre collègue Bérenger vient de dire que par abnégation j'ai voté la séparation des églises et de l'Etat. C'est une erreur profonde. S'il y a une loi que j'ai votée de tout cœur, c'est bien celle-là, parce que je la considérais comme une conquête de la République. Nul ne peut me dénier que j'aie été jusqu'au bout un des plus fidèles soutiens du ministère Combes.

Je ne suis pas, comme on semble le prétendre, partisan de la politique du tout ou rien. J'ai dit que je voterais le projet Caillaux comme un pis aller, mais je persiste à penser que c'est la négation de toute notre politique fiscale et démocratique. Je le voterai la mort dans l'âme. Les capitalistes continueront à être taxés d'une manière infime, et la réforme pèsera tout entière sur les classes moyennes. (*Très bien ! très bien ! sur divers bancs.*)

LE PRÉSIDENT. — Je mets aux voix les conclusions proposées par notre collègue Tissier.

UN DÉLÉGUÉ. — Je les voterai quand elles seront précisées davantage.

(*Les conclusions de la Commission sont adoptées.*)

RAPPORTS de la commission des réformes militaires

LE GÉNÉRAL GODART, *rapporteur*. — Citoyens, nous soumettons à votre approbation les rapports suivants sur lesquels nous pensons que vous donnerez un avis favorable.

Rapport présenté par M. le général André, sur la suppression de la Grande Chancellerie de la Légion d'honneur et rattachement de ce service au ministère de l'Intérieur ; sur la suppression des écoles de Saint-Denis, des Loges et d'Ecouen et réversion de ces budgets en bourses sur les lycées et collèges de jeunes filles.

Citoyens,

M. le général André a fait récemment à la Commission des Réformes militaires la proposition suivante : « Suppression de la Grande Chancellerie de la Légion d'honneur et rattachement de ce service au ministère de l'Intérieur ; suppression des Ecoles de Saint-Denis, des Loges et d'Ecouen, et réversion de ces budgets en bourses sur les lycées et collèges de jeunes filles. » Tel est l'objet du présent rapport.

L'Ordre de la Légion d'honneur, fondé par Bonaparte le 29 floréal an X, est administré par un Grand Chancelier auquel sont attachés divers collaborateurs qui forment avec lui la Grande Chancellerie de la Légion d'honneur. La Grande Chancellerie de la Légion d'honneur n'a pas traversé le dix-neuvième siècle sans subir quelques modifications dont la plus importante fût le décret organique du 16 mars 1852 qui la régit encore en grande partie aujourd'hui ; elle n'a pas été non plus à l'abri de critiques, le plus souvent justifiées, et c'est précisément la justesse de ces critiques, renouvelées aujourd'hui encore, qui nous permettent de venir sans témérité vous demander de voter le principe de sa suppression.

En premier lieu, la législation qui régit actuellement le Conseil de l'Ordre de la Légion d'honneur est-elle en harmonie avec les principes du droit constitutionnel qui nous régit ? Evidemment non. Aussi, le Gouvernement qui peut, dans tous les cas, consulter le Conseil d'Etat sur toute question, qui est tenu de le faire dans certains autres, pour les règlements d'administration publique par exemple, mais qui n'est jamais obligé de suivre l'avis exprimé par le Conseil, le Gouvernement n'a aucun moyen de se pourvoir contre les décisions du Conseil de l'Ordre de la Légion d'honneur ni même de les contrôler.

La Grande Chancellerie, il est vrai, est rattachée au ministère de la Justice, mais le Garde des Sceaux n'a sur elle aucun pouvoir ; il n'a aucune action en vue de l'amener ou de la contraindre à prendre telle ou telle mesure. Il ne peut intervenir que lorsqu'il s'agit d'une sanction à prendre contre un légionnaire ; son rôle consiste alors à transmettre à la Grande Chancellerie la condamnation qui a pu frapper ce légionnaire, ou même, en dehors de toute condamnation, s'il y a eu un fait contraire à l'honneur, à le lui signaler. C'est là son seul rôle : les lois et règlements ne lui en confèrent aucun autre, et c'est à la Grande Chancellerie qu'il appartient de statuer. Elle statue de la façon suivante : si la mesure disciplinaire à intervenir est la censure, elle est prise par le Grand Chancelier lui-même ; si, au contraire, il y a lieu à suspension ou à radiation, ces peines sont prononcées par le Président de la République, mais celui-ci ne peut rien non plus si le Grand Chancelier ne l'a pas saisi par un rapport spécial.

Par suite de cette souveraineté de la Grande Chancellerie, des abus se sont glissés dans le fonctionnement de la Légion d'honneur ; récemment encore, le Conseil de l'Ordre a eu pour certains légionnaires indignes des indulgences véritablement inexplicables et nous avons tous présents à la mémoire les noms de légionnaires sur la poitrine desquels brille la Croix d'Honneur et que nous avons souffletés de notre mépris ; par compensation, on demandait et on maintenait ensuite à la même époque l'exclusion d'un homme qui accomplissait un acte admirable de courage civique et qui sera l'honneur et la gloire de son temps.

Ces abus n'ont que trop duré ; personne ne peut plus aujourd'hui les défendre ; il faut qu'ils disparaissent et ils ne peuvent disparaître qu'avec la Grande Chancellerie elle-même.

Est-il question d'admettre un nouveau légionnaire ? Le Conseil de l'Ordre est plus puissant encore : le Gouvernement propose, mais le Conseil dispose, et, naguère, un ministre actuellement fort en vue se vit refuser malgré son insistance un candidat — ou plutôt une candidate — et fut obligé de s'incliner devant le refus.

Autrefois, le Conseil de l'Ordre n'avait à vérifier que l'application stricte de la loi ; il n'avait qu'à s'assurer que le décret ministériel était bien en conformité avec le texte législatif ; aujourd'hui, il est autorisé à apprécier les titres et il va même jusqu'à exiger du gouvernement communication des dossiers. Le Conseil de l'Ordre exerce ainsi un droit en quelque sorte supérieur au droit du Gouvernement, puisque, entrant en conflit avec lui, il le tient en échec, alors que celui-ci est responsable devant les Chambres et uniquement devant elles.

En résumé, le Gouvernement n'a aucune influence sur la Grande Chancellerie de la Légion d'honneur ; il n'est pas représenté directement dans son sein et il ne possède aucun droit de recours contre les décisions qui y sont rendues, en sorte que l'attitude des membres du Conseil de l'Ordre vis-à-vis des membres du Gouvernement pourrait se traduire ainsi : « Nous sommes inamovibles ; vous, vous ne l'êtes pas, vous êtes temporaires. Nous restons et vous partirez : donc, nous sommes au-dessus de vous. »

A des gens aussi puissants, il fallait évidemment des traitements royaux : on ne manqua pas de les leur servir. Les dépenses directement inhérentes à cette organisation somptueuse se décomposent ainsi qu'il suit :

Personnel

Grand Chancelier	40.000
Secrétaire Général	18.000
4 Chefs de Bureau	32.000
4 Sous-Chefs de Bureau	22.500
24 Rédacteurs ou Commis	83.000
14 gens de service	22.500
Total	**218.000**

Matériel

Papiers	
Fournitures de bureau	53.600
Habillement des gens de service	
Gratifications. — Dépenses diverses	15.000
Total général	**286.600**

Ce budget est celui de 1902.

Dans l'espace de quatre ans les dépenses ont encore augmenté. On relève au budget de 1906 :

1° Au budget du personnel, une dépense de 229.000 fr., soit 11.000 fr. d'augmentation ;

2° Au budget du matériel, une dépense de 57.100 fr., soit 3.500 fr. d'augmentation.

Il est vrai que le budget des gratifications et dépenses diverses s'est trouvé réduit de 15.000 fr. à 12.000 fr. ; mais cette diminution de 3.000 fr. n'en laisse pas moins subsister sur l'ensemble une augmentation de 11.500 fr.

Malgré ce nombreux personnel et les sommes considérables qu'il absorbe, le service de la Grande Chancellerie est des plus défectueux : les dossiers sont établis d'une façon pitoyable ; ils fourmillent d'erreurs sur l'état civil des intéressés, et si la Légion d'honneur compte dans son sein des gens tarés, elle y compte aussi — chose plus curieuse — des gens que ne pouvait plus tenter le moindre bout de ruban, mais dont la Grande Chancellerie ignorait la condition exacte par suite de l'insuffisance de ses renseignements ; elle y compte des morts qu'elle croyait bien vivants et à qui elle a décerné la croix.

Par quoi remplacer la Grande Chancellerie après sa disparition ? Est-il besoin de créer une institution équivalente, mieux administrée, plus en rapport avec le droit constitutionnel actuel, mais ayant le même budget ? Il semble que ce service peut sans inconvénient être rattaché au ministère de l'Intérieur et que la création d'un simple bureau chargé de confectionner les dossiers remplacera avantageusement cette vaste organisation.

Nous nous trouverons ainsi parfaitement d'accord avec les principes du droit constitutionnel ; le Gouvernement conservera son autorité et grandes seront les économies réalisées.

*
* *

Mais la Grande Chancellerie ne doit pas disparaître seule : sa disparition entraîne comme conséquence fatale celle de trois établissements dont elle a aujourd'hui la direction : les écoles de Saint-Denis, des Loges et d'Ecouen.

Le 2 décembre 1805, à Austerlitz, de nombreux officiers légionnaires étaient restés sur le champ de bataille, et parmi eux beaucoup de pères de famille. Napoléon s'inquiéta, il eut conscience du grand nombre d'orphelins qu'allait faire l'accomplissement de ses projets ambitieux et il voulut, dans la mesure du possible, assurer l'avenir des enfants de ceux qui allaient généreusement verser leur sang pour assurer sa gloire ; il signa donc, le 15 décembre, à Schœnbrünn, un décret qui établissait trois maisons d'éducation destinées aux filles des membres de la Légion d'honneur. La première maison fondée fut celle du château d'Ecouen ; d'autres suivirent qui disparurent ensuite et aujourd'hui les trois maisons qui subsistent sont celles de Saint-Denis, la plus importante, d'Ecouen et des Loges.

Les filles légitimes des légionnaires ayant au moins le grade de capitaine sont admises dans ces maisons gratuitement, mais des places payantes sont réservées aux petites-filles, sœurs ou nièces des membres de la Légion d'honneur.

En dehors du personnel enseignant, ces maisons comprennent une administration composée de dames qui toutes doivent être veuves ou célibataires, qu'on désigne du nom de dames *surveillantes* et qui ont elles-mêmes à leur tête une directrice appelée *surintendante*.

Napoléon voulait faire des élèves de la Légion d'honneur « des femmes utiles ». En 1807, il écrivait à Mme Campan qui fut la première surintendante de la maison d'Ecouen : « Je voudrais qu'une jeune fille sortant d'Ecouen pour se trouver à la tête d'un petit ménage sût travailler ses robes, raccommoder les vêtements de son mari, faire la layette de ses enfants... Il faut que les appartements de ces jeunes filles soient meublés du travail de leurs mains, qu'elles fassent elles-mêmes leurs chemises, leurs bas, leurs robes, leurs coiffures. »

Ces désirs de l'empereur ne furent jamais exaucés : en effet, l'éducation donnée dans les maisons de la Légion d'honneur est absolument aristocratique et elles n'ont à peu près fourni à la société que des déclassées.

S'il est vrai que le programme comprend des travaux d'aiguille, raccommodage de linge et confection de vêtements d'enfants ainsi que les soins du ménage, on y voit figurer aussi des cours de dessin, peinture sur porcelaine, peinture sur éventails, musique vocale, musique religieuse, musique instrumentale (piano, violon, harpe), danse, maintien, etc... On y apprend, en outre, à peindre des brevets d'ordres étrangers, à faire de la musique ; on y confectionne des dentelles, des mousselines, des châles, des fleurs artificielles ; on y fait de la broderie sur soie, or et argent, pour uniformes et ornements d'église.

Les élèves acquièrent ainsi le goût de la coquetterie ; elles se parent — et le règlement les y autorise — de ceintures et de rubans de toutes couleurs et se préoccupent bien plutôt de leur costume et des manières du monde que des devoirs pratiques de la vie.

Les exercices religieux tiennent aussi une grande place et tous les règlements des maisons d'éducation de la Légion d'honneur débutent par cette phrase : « La religion est la base de l'enseignement. » En 1807, au moment de la fondation, les élèves assistaient à la messe tous les jours ; en outre, on disait la prière en commun tous les matins et tous les soirs à la chapelle ; si on ajoute à cela les vêpres, le catéchisme, les prières pour l'empereur, les exercices religieux spéciaux à toutes les grandes fêtes établies par le Concordat et aux anniversaires de victoires, il ne restait guère de temps pour exécuter les autres parties du programme.

Les choses se sont depuis légèrement modifiées : en 1881, par exemple, le Parlement ayant supprimé le 3e aumônier de Saint-Denis, la messe quotidienne fut supprimée pour les élèves ; la prière en commun du matin et du soir ne se fit plus à la chapelle. Néanmoins les grandes fêtes religieuses sont toujours célébrées avec ardeur, la première communion est l'occasion d'une réjouissance incomparable ; on processionne à la Fête-Dieu et durant tout le mois de mai — mois de Marie — les élèves ne tarissent pas de cantiques en l'honneur de la Vierge. L'enseignement du catéchisme et les lectures de piété occupent une place prépondérante et la plus haute récompense pour les meilleures élèves est celle des « Postes d'Honneur » qui consiste à porter aux processions le guidon de la Vierge et le dais du Saint-Sacrement.

Les jours maigres sont rigoureusement observés et l'usage de la viande est absolument interdit les vendredis et samedis, pendant le carême et les autres jours ordonnés par l'Eglise.

C'est là un régime de couvent qui se complète par les difficultés qu'éprouvent les élèves pour communiquer avec leurs familles et leurs amis. La permission de parloir n'est délivrée que par le Grand Chancelier ; chaque famille a droit à quinze permissions, et dans certains cas, le Grand Chancelier peut apporter à ces permissions les restrictions qu'il juge nécessaires. Quant aux sorties, elles sont rares et difficiles.

Les budgets de dépenses de ces trois maisons, comme celui de la Grande Chancellerie, sont très élevés.

Les traitements des dames, des professeurs et des aumôniers s'élevaient en 1902 :

Pour la maison de Saint-Denis, à............... 176.465
Pour la maison d'Ecouen, à................... 77.050
Pour la maison des Loges, à.................. 71.200

Total....... 324.715

Les dépenses matérielles (nourriture, habillements, chauffage) relatives aux dames et aux élèves s'élevaient la même année :

Pour la maison de Saint-Denis, à............... 415.500
Pour la maison d'Ecouen, à................... 200.500
Pour la maison des Loges, à.................. 188.800

Total....... 804.800

Ce qui forme un total général de 1.129.515 francs.

Ces chiffres sont chaque année sensiblement les mêmes et si en 1906 le traitement des dames surveillantes, professeurs, a augmenté de 1.200 francs, en revanche les dépenses matérielles ont diminué de 2.000 francs.

Il y avait en 1902 :

69 élèves gratuites à Saint-Denis
25   »   »   Ecouen
36   »   »   aux Loges

Total..... 130 élèves

et en 1906 :

51 élèves gratuites à Saint-Denis
42   »   »   Ecouen
27   »   »   aux Loges

Total..... 120 élèves

d'où, en 4 ans, une diminution de 10 élèves.

Il convient d'ajouter à ce budget pour les trois maisons une somme de 4.000 fr., montant des secours en argent versés aux élèves sortantes pour faciliter leur établissement.

Donc, si l'on n'envisage que le budget des dépenses et qu'on le rapproche du nombre des jeunes filles à pension gratuite, on constate que le prix de revient de chacune de ces élèves atteint un minimum de 8.500 fr., chiffre énorme qui, vu la tendance à diminution de l'effectif, menace d'être bientôt dépassé.

La proposition est intéressante à plus d'un point : non seulement elle constitue une réforme essentiellement démocratique, mais encore elle met à la disposition de l'Etat des sommes importantes dont celui-ci pourra faire un fructueux emploi. De tous côtés, le territoire de la République se constelle de collèges et de lycées de jeunes filles où sera de plus en plus donnée aux élèves une instruction laïque, scientifique et pratique.

Favorisons par tous les moyens l'expansion de cette instruction qui, en affranchissant la femme des préjugés et des dogmes, affermira la République. Éteignons ces foyers de réaction et de cléricalisme que sont les maisons de la Légion d'honneur et créons avec leurs budgets des bourses pour les collèges et lycées de jeunes filles afin que puissent venir s'éclairer à ces foyers d'instruction et de lumière celles que leur intelligence y mène et que la fortune n'a pas comblées de ses dons.

II

Rapport présenté par M. le général Godart sur l'enseignement primaire du tir.

Qui a vécu longtemps dans l'armée, avec des stations dans chaque grade, a pu se rendre compte du grand nombre de jeunes gens qui — pour des motifs quelconques, sérieux, légitimes ou inconnus — échappent au service militaire obligatoire, ou tout au moins à l'instruction du jeune soldat.

Ce qui fait qu'à la mobilisation, ces jeunes gens sont des non-valeurs encombrant les dépôts ou les rangs des combattants.

Il faut donc chercher à remédier en tout ou en partie à cet état de choses, plus grave, que ne le suppose le commandement.

Atteindre ce but, c'est encadrer cette jeunesse dans le rang ; c'est la possibilité d'utiliser la classe de l'année à l'éclosion probable de la mobilisation vers le printemps au lieu d'attendre le 10 octobre, époque de son incorporation dans les corps.

Ainsi, la défense nationale bénéficie de 250.000 hommes de plus, c'est-à-dire d'une nouvelle armée, au moins comme valeur numérique.

Outre ces considérations d'existence nationale, rappelons combien ce tir est un sport chéri de tous, une récompense précieuse aux primaires au moment de subir les examens du certificat.

Le tir peut être encore une prime pour les secondaires et donner à la jeunesse une confiance qu'elle ne possède pas toujours.

A l'appui de notre désir, n'oublions pas que les Prussiens ont instruit leurs jeunes gens de 15, 16, 17, 18 ans pendant les rudes hivers des années 1808, 1809, 1810, 1812 dans des granges et durant de longues nuits de ces pays du Nord.

Et ce sont précisément ces enfants, ces jeunes recrues qui ont formé en partie les vaillantes armées de revanche des campagnes de 1813, 1814, 1815, si funestes à notre Patrie.

Quels précédents ! Quels exemples de volonté et de grand patriotisme qui doivent nous émouvoir, nous convaincre de l'urgence du remède et nous servir de leçons, afin d'arriver à compenser dans une certaine mesure le manque d'instruction de ceux qui échappent au service militaire.

En conséquence, nous demandons, dès maintenant, que l'enseignement pratique du tir ait lieu obligatoirement dans toutes les écoles primaires et secondaires de France.

L'instituteur ou le professeur — s'il n'y a pas de moniteur — en sait assez avec ce qu'il a appris au régiment.

Le coût sera peu de chose : l'Etat a la poudre, les cartouches, les fusils.

L'instituteur ou le professeur sera exempt du logement militaire, des manœuvres, etc. (d'après l'étude de la chose...).

Cette proposition peut être traduite ainsi :

« A dater du... (Par circulaire ou par décret.) l'en-
« seignement pratique du tir sera donné dans toutes
« les écoles, pensions, collèges, lycées..., etc., par
« application des prescriptions des articles 94 et 95
« de la loi du 21 mars 1905. »

Pas de théorie, enseignement exclusivement pratique, démontage et remontage de l'arme, tir à la carabine Gévelot par les primaires, au fusil par les secondaires (10 m., 15 m., 20 m., etc.) ; en résumé, juste ce qu'il faut pour apprendre à l'enfant, au garçonnet, au jeune homme à savoir faire partir un coup de fusil...

Rien ne sera changé au programme actuel de l'instruction primaire et secondaire.

Observations.

Par extension à ces nouvelles dispositions, l'Etat allouera à l'avenir gratuitement les cartouches à blanc et à balle à toutes les sociétés de tir qui en feront la demande, quitte à elles de rembourser les débours des envois et à retourner franco les douilles des cartouches qui ne seront distribuées et consommées que dans des tirs de sociétés.

III

Rapport présenté par M. le général Godart sur un projet de « modifications » à apporter à un article du service intérieur.

En raison du caractère de gravité exceptionnelle que des incidents militaires ont revêtu pendant ces dernières années, sous prétexte que certains de nos règlements fournissent matière à discuter les ordres reçus par application des lois du pays, plusieurs propositions ont été présentées à la Commission des réformes militaires du Comité exécutif.

Le but de ces propositions est d'empêcher le retour de pareils faits qui constituent, en réalité, de véritables actes de rébellion contre les lois de la République et des actes de forfaiture envers la Patrie.

Parmi ces propositions :

Une demande de faire prêter serment de fidélité à la République, le même jour et dans une cérémonie officielle, à tous les officiers de l'armée française ;

Une autre conseille de faire prêter le même serment à chaque officier, à la prise de possession des fonctions de son grade.

Après examen, la Commission a retenu la proposition suivante, qui paraît remplir le but cherché sans donner ombre d'inquiétude aux consciences susceptibles, en cette époque d'évolution sociale, confessionnelle et politique.

En conséquence, la formule actuelle de la réception des officiers, alinéa 15 de l'article 227 du règlement sur le service intérieur des troupes d'infanterie, décret du 20 octobre 1892, et des autres alinéas et articles similaires des services intérieurs des autres armes,

Ainsi conçue :

« De par le Président de la République, officiers,
« sous-officiers, brigadiers (ou caporaux) et soldats,
« vous reconnaîtrez pour colonel (ou capitaine,
« ou... etc.), M. X..., et vous lui obéirez en tout ce
« qu'il vous commandera pour le bien du service et
« l'exécution des règlements militaires. »

Sera remplacée par cette formule nouvelle :

« De par le Président de la République, officiers,
« sous-officiers, brigadiers (ou caporaux) et soldats,
« vous reconnaîtrez pour colonel (ou capitaine,
« ou... etc.) M. X... et vous lui obéirez en tout ce qu'il
« vous commandera pour le bien du service, l'exécution
« des règlements militaires, l'obéissance aux lois de
« notre pays et la consécration de notre fidélité à la
« République, devoirs dont vous, colonel (ou capi-
« taine... ou, etc.), aurez à assurer l'exécution par le
« fait même de la réception dans les fonctions de votre
« grade. »

Cette formule s'étendra à la réception des sous-officiers, brigadiers, caporaux, officiers subalternes, officiers supérieurs, officiers généraux de toutes les armes.

Les autres alinéas et astérisques de l'article 227 et des articles similaires des services intérieurs des autres armes sont maintenus.

Le nouveau Code de justice militaire devra contenir mention de cette obligation d'obéir aux lois édictées par nos parlements et le gouvernement que la France a choisi en toute liberté.

IV

Rapport présenté par M. le général André sur la suppression des conseils de guerre en temps de paix.

Depuis de longues années, la démocratie n'a cessé

de se préoccuper de cette juridiction d'exception que sont les conseils de guerre.

La plupart de vos Comités adhérents, bon nombre d'assemblées électives ont à maintes reprises émis des vœux tendant à la suppression, au moins en temps de paix, de cette organisation judiciaire qui nous était léguée par des régimes d'autorité.

Le Code du 9 juin 1857, avec l'incompétence juridique de ses juges, avec la brutalité, la barbarie même de certaines de ses mesures de répression, avec l'inégalité de cette répression pour une même faute suivant qu'elle était commise par un supérieur ou par un inférieur, était un anachronisme dans une démocratie qui se réclame avant tout du principe de l'égalité de tous devant la loi, et qui entend faire passer de plus en plus ce principe dans les faits.

Aussi, dans sa séance du 21 octobre 1906, sur le rapport présenté par M. le général Godart, au nom de sa Commission des réformes militaires, votre Congrès de Lille a adopté le vœu suivant :

« Suppression des conseils de guerre en temps de « paix, étant entendu que les délits et les crimes de « droit commun seront renvoyés aux tribunaux ordi- « naires, en conservant une juridiction spéciale pour « les délits commis contre les devoirs militaires. »

La discussion préalable qui eut lieu au sein de la Commission avait indiqué qu'on entendait réduire au strict minimum les infractions ainsi estimées comme *commises contre les devoirs militaires*, et que la juridiction spéciale à laquelle étaient renvoyées ces infractions comprendrait une bonne part de magistrats de droit commun.

Malgré cette réserve, cette dérogation à l'unité absolue de juridiction rencontra, parmi les membres de la Commission de Lille, quelques adversaires, partisans du renvoi de toutes les infractions, sans exception, à la juridiction de droit commun. L'argument invoqué à l'appui de cette thèse était surtout tiré des jugements au cours desquels des magistrats militaires avaient notoirement fait preuve d'incompétence juridique, ou avaient pu être soupçonnés d'indulgence excessive, sinon même de partialité.

Toutefois, après discussion, la Commission se rallia à la résolution que devait approuver le Congrès, afin d'affirmer que le Parti républicain radical et radical-socialiste, qui reconnaît la nécessité de l'armée, entend qu'il ne soit porté ni directement, ni indirectement aucune atteinte à sa force, et par suite à la discipline qui en est un des éléments essentiels.

*
**

S'inspirant — on peut le croire, du moins — du vœu émis par notre Congrès le 21 octobre 1906 et des discussions de la Commission de Lille, le Gouvernement déposa sur le Bureau de la Chambre, le 21 janvier 1907, un projet de loi contresigné par MM. Guyot-Dessaigne, général Picquart et Thomson, portant suppression des conseils de guerre permanents dans les armées de terre et de mer.

Votre Commission des réformes militaires a examiné en détail ce projet de loi, et m'a donné pour mission de vous en exposer l'économie générale et de vous soumettre ses conclusions.

*
**

Le Code militaire de justice de 1857, ainsi que le Code militaire de justice de 1858, sont supprimés. Les infractions réprimées par ces codes sont incorporées dans le Code pénal ; la peine de mort en est effacée, ainsi que la peine exceptionnelle des travaux publics.

Les lois sur la mise en liberté provisoire, sur le sursis, sur la libération conditionnelle, toute la législation de droit commun s'applique de plein droit aux militaires et marins.

Le taux des répressions est, d'une façon générale, très notablement abaissé.

Ainsi, les voies de fait contre un supérieur, qui étaient punies de mort ou de cinq à dix ans de travaux publics suivant qu'elles avaient ou n'avaient pas lieu dans le service ou à son occasion, sont rapportées aux catégories du Code pénal, s'étendant depuis les coups portés sans préméditation et n'ayant causé aucune incapacité de travail jusqu'aux blessures ayant causé la mort et sont réprimées, suivant les cas, par des peines s'étendant de deux ans de prison à dix ans au moins de travaux forcés.

Ces dispositions ont paru à votre Commission donner pleine satisfaction aux desiderata exprimés à diverses

reprises par les différents organes de notre Parti.
D'autant plus qu'elles sont complétées par l'article 8
du projet de loi, ainsi conçu : « Tout militaire ou marin
« qui exerce sur son inférieur des coups, blessures ou
« autres violences ou voies de fait, est puni des mêmes
« peines que l'inférieur qui frappe son supérieur. »

La question devient plus délicate lorsqu'il s'agit de
ce que le Congrès de Lille appelle la *juridiction spéciale*
et les infractions au *Devoir militaire* qui doivent lui
être renvoyés.

Juridiction spéciale. — D'après la discussion préparatoire de la Commission de Lille, discussion que le
temps n'a pas permis de reproduire devant l'assemblée plénière, cette juridiction doit être, dans tous les
cas, placée sous la haute direction de la magistrature
de droit commun, qui dirigera les débats et assurera
la stricte légalité de toutes les opérations, aussi bien
dans l'intérêt de la loi que dans celui de la défense.

Mais à ces magistrats sont adjoints des militaires,
soit comme assesseurs au tribunal correctionnel, soit
comme jurés à la cour criminelle On peut faire des
objections faciles ; on peut craindre que des miltaires
ne cèdent dans quelque mesure aux sentiments de
caste, de camaraderie, aux influences du milieu ; on
peut, à l'appui, évoquer le souvenir de procès reten-
tissants. Mais n'en peut-on pas dire autant des magistrats et des jurés ? Les uns comme les autres sont des
hommes, et l'on pourrait évoquer ici le souvenir du
procès non moins retentissant que ceux auxquels nous
faisions allusion plus haut.

N'élevons pas nos prétentions jusqu'à une justice
infaillible, mais contentons-nous de rechercher les
meilleures garanties pour elle comme pour la défense.

Or, il n'est pas douteux que les conditions intimes
de la vie militaire permettent à ceux qui la pratiquent
journellement d'avoir une conception plus exacte et
plus précise de la gravité de certaines infractions, qu'il
ne l'est possible à d'autres personnes. Et votre Commission exprime une crainte à son tour, c'est que la
répression de certains actes militaires, si elle était
entièrement remise à la magistrature de droit commun,
ne devînt plus sévère avec un code pourtant plus doux.

Aussi, votre Commission s'est-elle ralliée au principe
d'une juridiction spéciale dont la composition se rap-
procherait plus ou moins de celle proposée par le Gouvernement :

Tribunal correctionnel : Le président du tribunal est assisté de deux juges militaires, dont le moins ancien est au moins du grade de capitaine.

Cour d'assises : La Cour est celle de droit commun ; le jury est composé de six militaires.

Lorsqu'il s'agit du jugement d'un officier, ce jury comprend toujours, dans le projet du Gouvernement, deux officiers du même grade que l'accusé. Mais dans ce projet, la même règle tutélaire n'est pas observée lorsqu'il s'agit du jugement d'un sous-officier ou d'un soldat ; dans ces derniers cas, le jury comprendrait uniformément cinq officiers et un seul sous-officier.

Votre Commission n'approuve pas cette infraction à la règle générale, elle estime que, dans tous les cas, le jury devra comprendre deux égaux en grade et même en emploi de l'accusé, deux adjudants, deux sergents-majors, deux sergents, deux fourriers, deux caporaux, deux soldats pour des accusés du même rang.

Nous affirmons ainsi l'égalité complète de tous les militaires devant la loi, sans compromettre la juste répression des fautes, et en inculquant aux soldats un plus intime respect des condamnations prononcées.

Infractions aux devoirs militaires. — Sont, d'une façon générale, considérés comme infractions au devoir militaire et renvoyés par suite devant la juridiction spéciale :

Les délits d'abandon de poste, de violation de consigne, d'insubordination, de révolte, de coups d'inférieur à supérieur, ou réciproquement, d'outrages à supérieur, de rébellion simple envers la force armée et de désertion.

Dans les seuls cas où il s'agira de coups sur supérieur, et réciproquement, ou de rébellion contre la force armée, dans les cas où ils entraînent des peines criminelles, le jugement sera renvoyé devant le jury militaire.

Le projet de loi ne s'en tient pas à ces définitions générales ; ces prescriptions sont limitatives et des articles énumèrent avec précision les infractions qui sont ainsi distraites de la juridiction du droit commun.

Votre Commission a examiné en détail chacun de ces articles ; elle n'entend en aucune façon empiéter sur la tâche du législateur et admet volontiers que des modifications dans un sens ou dans l'autre puissent être proposées et adoptées pour certains de ces articles.

Mais elle estime que, très satisfaisant dans son ensemble, le projet de loi dont il s'agit réalise un tel progrès sur l'état actuel qu'il y a lieu pour le Parti d'en réclamer et d'en poursuivre l'adoption dans le plus bref délai possible.

Dans son article 46, le projet de loi réalise, au sujet de l'action disciplinaire, une disposition empruntée à l'armée allemande et réclamée depuis plusieurs années par quelques organes de la presse :

« Le droit de punir, est-il dit dans cet article, ne peut « être exercé par un militaire ou marin d'un grade in- « férieur à celui de capitaine, à moins qu'il ne soit « commandant de compagnie, d'escadron ou de batte- « rie, ou **officier** commandant un détachement. »

A l'unanimité des membres présents, votre Commission s'est montrée opposée à une pareille disposition, qui peut paraître avoir pour objet de faire disparaître les punitions injustifiées ou excessives dues à l'inexpérience de certains gradés, mais qui, en réalité, conduirait à un résultat contraire.

C'est que tous ceux qui ont eu à intervenir dans les punitions disciplinaires, soit pour les infliger, soit pour les augmenter, soit pour les subir, tous ceux-là savent que les punitions excessives dont il est juste de réclamer la disparition, ne proviennent à peu près jamais du taux de la punition primitivement infligée, mais bien presque toujours de la rédaction maladroite ou tendancieuse du libellé qui l'accompagne. Un jeune caporal qui, pendant son temps de simple soldat, a pu comprendre expérimentalement la valeur de quelques jours de consigne, ne se rend pas toujours exactement compte de la portée dans l'esprit de son chef de chacun des mots dont il appuie sa punition.

Cet inconvénient qu'entraîne actuellement le libellé qui accompagne toute punition ne fera que croître si on remplace celle-ci par un rapport écrit ou verbal.

Nous désirons que la justice et même l'humanité pénètrent de plus en plus dans le monde militaire ; ce n'est pas à notre avis en remplaçant le droit de punir par le devoir d'établir un rapport qu'on y parviendra. Peut-être arrivera-t-il parfois que l'ennui d'une rédaction embarrassante conduira quelque gradé à fermer les yeux sur une faute qui devrait être réprimée ; cela ne vaudrait rien ni pour la justice ni pour la discipline.

Arguera-t-on de leur incompétence ou de leur inexpérience pour infliger cette déchéance aux lieutenants et aux sous-officiers ? Nous ne devons pas oublier que nous en trouvons, chez les uns comme chez les autres, qui ont plus de trente-cinq ans d'âge et quinze ans de service.

Et d'ailleurs, notre Parti ne saurait admettre une disposition qui établit une distinction aussi peu démocratique que peu justifiée entre les officiers et les sous-officiers, puisque, dans le cas de détachement, elle reconnaît le droit de punir au jeune sous-lieutenant, fraîchement sorti de l'école, droit qu'elle dénie à l'adjudant blanchi au service.

En résumé, sous la double réserve de la modification à la composition des jurys militaires et de la suppression de l'article 46, la Commission des réformes militaires vous propose d'adhérer en principe au projet de loi portant suppression des conseils de guerre en temps de paix, tel qu'il a été déposé par le Gouvernement, le 21 janvier 1907.

V

Rapport présenté par M. Pierre Dollat sur les nouvelles procédures de constatation, de poursuites, d'instruction et de répression des crimes et délits commis en temps de paix par les militaires ou marins.

Les principes sont formulés dans l'exposé des motifs du projet de loi de la façon suivante :

« Dès lors qu'on peut rattacher les crimes et délits
« militaires au Code de droit commun, rien n'empêche
« que le procureur chargé de la poursuite, le juge d'ins-
« truction auquel est confiée l'information et dont la
« tâche consiste surtout à enregistrer les faits, soient
« les magistrats du droit commun...

« ... Les lois sur la mise en liberté provisoire, sur le
« sursis, sur la libération conditionnelle, toutes les lé-
« gislations du droit commun s'appliquent de plein
« droit aux militaires ou marins

« C'est le parquet de droit commun qui les poursui-
« vra, c'est le juge d'instruction de droit commun qui
« informera contre eux. »

Ces principes sont consacrés dans l'article 29 du projet de loi qui dispose ceci : « Les crimes et délits, commis par des militaires ou marins seront constatés et poursuivis dans les mêmes formes que les autres crimes ou délits de droit commun. »

C'est donc l'application pure et simple aux militaires ou marins des règles de la police judiciaire, telles qu'elles sont exposées dans le Code d'instruction criminelle : c'est l'extension de la compétence des officiers de police judiciaire civile aux crimes et délits commis par des militaires ou marins.

« La police judiciaire, dit l'article 8 du Code d'Instruction criminelle, recherche les crimes, les délits et les contraventions, en rassemble les preuves et en livre les auteurs aux tribunaux chargés de les punir. »

Et, plus loin, l'article 9 donne mandat à un certain nombre de fonctionnaires qu'il énumère de remplir ces divers rôles.

« La police judiciaire, dit l'article 9, sera exercée, sous l'autorité des Cours d'appel, et suivant les distinctions qui vont être établies :

Par les gardes champêtres et les gardes forestiers ;

Par les commissaires de police ;

Par les maires et les adjoints de maire ;

Par les procureurs de la République et leurs substituts ;

Par les juges de paix ;

Par les officiers de gendarmerie ;

Par les commissaires généraux de police ;

Et par les juges d'instruction. »

Mais l'auteur du projet de loi a pensé que l'assimilation complète et brusque au point de vue pénal des crimes et délits militaires aux crimes et délits civils serait peut-être préjudiciable aux intérêts d'une discipline, même paternelle, et il apporte dans son exposé une légère dérogation aux règles du droit commun :

« Une légère dérogation, dit-il, est apportée dans l'intérêt de la discipline aux règles de la police judiciaire et à la mise en mouvement de l'action publique. »

Et, dans l'intérêt de cette discipline, l'auteur du projet de loi laisse subsister, des codes de justice militaire et maritime qu'il supprime, quelques dispositions qui maintiennent les officiers de police judiciaire, militaire et maritime dont l'énumération est contenue dans les articles 84 et 85 du Code militaire et 114 et 115 du Code maritime.

Ce sont :

I. — Pour l'armée de terre :

Les adjudants de place ;

Les officiers, sous-officiers et commandants de brigade de gendarmerie ;

Les chefs de poste ;

Les gardes de l'artillerie et du génie.

Ces officiers de police peuvent être suppléés ou requis par les commandants et majors de place, les chefs de corps, de dépôt et de détachement, les chefs de service de l'artillerie et du génie et les membres de l'intendance militaire.

II. — Pour l'armée de mer :

Les sous-aides-majors de la marine ;

Les officiers, sous-officiers et commandants de brigade de la gendarmerie maritime ;

Les chefs de poste ;

Les gardes de l'artillerie de marine.

Ces officiers de police peuvent être suppléés ou requis par les majors-généraux, majors et aides-majors de la marine, chefs de corps, de dépôt et de détachement et les chefs de service et de détail.

Dans quels cas ces officiers de police judiciaire militaire ou maritime, viennent-ils, par dérogation au droit commun, s'adjoindre ou se substituer aux officiers de police judiciaire prévus par le Code d'Instruction criminelle ?

L'article 29 du projet de loi prévoit deux cas :

1° Si les crimes et délits commis par les militaires ou marins l'ont été, soit à l'intérieur d'un établissement de la Guerre ou de la Marine, soit à bord d'un navire de guerre et s'ils ont été commis à l'égard d'autres militaires ou marins, ils seront constatés par le procureur de la République ou par les officiers de police judiciaire militaire ou maritime ;

2° Les officiers de police judiciaire militaire ou maritime seront seuls compétents pour constater les infractions suivantes :

Abandon de poste ou sommeil en faction ;

Insulte envers une sentinelle par paroles, gestes ou menaces ;

Violation ou forcement d'une consigne ;

Refus d'obéissance ;

Insubordination ;

Révolte ;

Rébellion ;

Désertion à l'intérieur lorsqu'elle s'accompagne des circonstances suivantes :

1° Si le coupable a emporté une de ses armes, un

objet d'équipement ou d'habillement, ou s'il a emmené son cheval, ou si, étant marin, il s'est emparé d'une embarcation appartenant à l'Etat ;

2° S'il a déserté pendant le service ;

3° S'il a déserté antérieurement ;

4° S'il était redevable d'avance de solde à l'Etat ;

5° Si la désertion a été effectuée de concert par deux ou plusieurs militaires ou marins.

Il y a lieu d'ajouter à cette dernière catégorie d'infractions la désertion à l'étranger que — par omission — l'auteur du projet de loi ne vise pas dans son énumération.

Tout ce qui précède ne concerne que la constatation des infractions. Le projet de loi indique ensuite de quelle façon s'exerceront les poursuites.

Tous les faits ci-dessus énoncés et pour la constatation desquels les officiers de police judiciaire militaire et maritime sont compétents ne pourront être poursuivis que sur une plainte adressée au procureur de la République par le général commandant le corps d'armée ou le préfet maritime. Les ministres de la Guerre et de la Marine pourront toujours exercer directement le droit de plainte.

Toutefois, exception est faite à cette règle, s'il y a flagrant délit. S'il résulte des procès-verbaux dressés qu'il y a flagrant délit, le commandant d'unité ou le chef d'établissement militaire saisira d'urgence le procureur de la République qui observera la procédure des flagrants délits (art. 32, 35, 40, sqq. Code d'instruction criminelle). Avis de cette mesure sera immédiatement donné au général commandant le corps d'armée ou au préfet maritime, suivant le cas.

Sur ce point, les membres de la Commission militaire, partisans d'une justice rapide et désireux de réduire le plus possible la durée de la détention préventive, approuvent le texte du projet de loi ; mais ils estiment que, en même temps qu'il avertira d'urgence le procureur de la République, le commandant d'unité ou le chef d'établissement militaire devra rendre compte de sa décision au représentant de l'autorité militaire locale.

Le projet de loi crée ensuite une nouvelle exception au droit commun sur les questions de citation directe et de constitution de partie civile. Il dit : « Le droit de citation directe ou de constitution de partie civile devant le juge d'instruction n'est pas ouvert aux militaires des armées de terre et de mer, en ce qui concerne les crimes et délits commis par d'autres militaires ou marins.

« Ils ne pourront procéder que par voie de plainte adressée par la voie hiérarchique au général commandant le corps d'armée ou au préfet maritime. Ils pourront également adresser leur plainte dans la même forme aux ministres de la Guerre ou de la Marine. »

Le projet de loi envisage ensuite un autre mode de poursuites. Il dit dans son article 30 : « Lorsque le procureur de la République est saisi autrement que par l'autorité militaire et pour des faits différents de ceux spécifiés au paragraphe 3 de l'article 29 (ce sont les infractions énumérées plus haut), il en avise immédiatement le commandant de l'unité à laquelle appartient le militaire ou marin. Le commandant de l'unité sera tenu de mettre l'inculpé à la disposition de la justice. »

Et l'article 30 résume ensuite en quelques lignes en indiquant dans quelles conditions l'instruction devra toujours se faire : « Toutes les fois que le procureur ne citera pas à l'audience des flagrants délits le militaire ou le marin contre lequel il aura reçu une plainte émanant des autorités militaires ou maritimes, il devra ouvrir une information et l'instruction sera conduite conformément aux règles du droit commun. »

L'article 31 du projet de loi complète les articles 180 et 382 du Code d'instruction criminelle en modifiant la composition des tribunaux correctionnels et des jurys d'assises et en énumérant les crimes et délits dont ces tribunaux ou jurys modifiés auront à connaître.

C'est ainsi qu'au tribunal correctionnel composé désormais d'un président civil et de deux assesseurs militaires seront déférés les délits suivants :

Abandon de poste ou sommeil en faction ;

Insulte envers une sentinelle par paroles, gestes ou menaces ;

Violation ou forcement d'une consigne ;

Refus d'obéissance ;

Insubordination ;

Révolte ;

Rébellion ;

Désertion à l'intérieur avec circonstances aggravantes ;

Coups, blessures, violences ou voies de fait exercées avec préméditation ou guet-apens envers un supérieur en dehors du service.

Et, en application du nouvel article 186 du Code pénal ainsi conçu : « Tout militaire ou marin qui exerce sur son inférieur des coups, blessures ou autres violences ou voies de fait est puni des mêmes peines que l'inférieur qui frappe son supérieur », il y a lieu d'ajouter à cette énumération : les coups, blessures, violences ou voies de fait exercés avec préméditation ou guet-apens envers un inférieur en dehors du service.

En matière de coups, la réciproque sera toujours vraie.

Outrages par écrit, paroles, gestes ou menaces envers un supérieur en dehors du service ou pendant le service ou à l'occasion du service.

Les jugements rendus par ces tribunaux correctionnels seront portés, en cas d'appel, devant les Chambres d'appel correctionnels qui seront composées du président civil ou du juge présent le plus ancien et de quatre assesseurs militaires.

Les jurys militaires qui seraient composés, d'après le projet, de six militaires auront à connaître des crimes suivants :

Coups, blessures, violences ou voies de fait exercés avec préméditation ou guet-apens envers un supérieur pendant le service ou à l'occasion du service.

Blessures, coups, violences ou voies de fait, s'il est résulté de ces sortes de violences une maladie ou incapacité de travail personnel pendant plus de vingt jours, commis par un militaire ou marin sur un supérieur pendant le service ou à l'occasion du service.

Violences exercées sur un supérieur en dehors du service ou pendant le service ou à l'ocasion du service lorsque ces violences auront été suivies de mutilation, amputation ou privation de l'usage d'un membre, cécité, perte d'un œil ou autres infirmités permanentes. Dans le premier cas, la peine sera celle de la réclusion, dans le deuxième, celle des travaux forcés à temps.

Coups portés ou blessures faites volontairement sur un supérieur en dehors du service ou pendant le service ou à l'occasion du service, si les coups portés ou les blessures faites sans intention de donner la mort l'ont pourtant occasionnée. Dans les deux cas, la peine sera celle des travaux forcés à temps, sans que dans le second elle puisse descendre au-dessous de 10 ans.

Violences exercées avec préméditation ou guet-apens sur un supérieur en dehors du service ou pendant le service ou à l'occasion du service, si la mort s'en est suivie, ou si les violences ont été suivies de mutilation, amputation ou privation de l'usage d'un membre, cécité, perte d'un œil ou autres infirmités permanentes ; ou s'il est résulté de ces violences une maladie ou incapacité de travail personnel pendant plus de vingt jours.

Si ces violences ont été exercées pendant le service ou à l'occasion du service, la peine ne pourra être inférieure aux travaux forcés à temps ; si elles ont été exercées en dehors du service, la peine ne pourra être inférieure à la réclusion.

Rébellion commise par plus de deux militaires ou marins avec armes.

Complot sur un bâtiment de l'Etat contre l'autorité du commandant ou contre la sûreté du bâtiment, si le complot a été suivi d'exécution.

Meurtre, assassinat ou empoisonnement commis par des militaires ou marins sur leurs supérieurs ou réciproquement.

La Commission des réformes militaires estime que les conditions de constatation, de poursuite, d'instruction et de répression des crimes ou délits ainsi réglées sont de nature à donner satisfaction tant à la justice et à la discipline qu'aux militaires et marins accusés et elle en propose au Congrès l'approbation.

(Ces rapports sont adoptés.)

LE RAPPORTEUR. — La Commission des réformes militaires a, en outre, l'honneur de soumettre à votre approbation les vœux suivants ; le premier complète le rapport précédemment adopté ; les deux derniers sont connexes et concernent les promotions et mutations :

Premier vœu.

« Considérant qu'une loi réclamée par tous les groupements du Parti radical et radical-socialiste va supprimer les conseils de guerre en temps de paix en réservant des pénalités spéciales en temps de guerre ;

« Considérant que la mobilisation de nos armées est du ressort du pouvoir exécutif, tandis que la déclaration de guerre ne peut être prononcée que par une loi ;

« Considérant qu'il est nécessaire de prévoir la répression de certains crimes et délits contre le devoir militaire ;

« Votre Commission a l'honneur de vous proposer la rectification suivante :

« Le code de justice militaire du temps de guerre entre en « application le premier jour de la mobilisation. »

(*Adopté.*)

LE PRÉSIDENT. — Ce vote complète notre déclaration d'avant-hier.

Deuxième vœu.

LE RAPPORTEUR :

« Le Congrès radical et radical-socialiste, ému de certaines nominations et mutations récentes, donne mission au Comité exécutif du Parti de suivre attentivement toutes les promotions au choix et toutes les mutations avantageuses dont bénéficient des officiers. Le Comité devra rechercher quelles sont les influences qui auraient pu déterminer le gouvernement à s'écarter des règles ordinaires de l'avancement pour avantager tel ou tel officier. (*Applaudissements.*)

(*Adopté.*)

Troisième vœu.

LE RAPPORTEUR :

« Sur la proposition du général André, la Fédération du Sud-Est réunie à Lyon a accepté la suppression des conseils de guerre en temps de paix, mais en y introduisant la réserve suivante : « Il est entendu que ce vœu n'implique « aucune intention de blâme à l'égard du ministre de la « Guerre actuel. » (Motion Valaillé.)

« Après examen et discussion, votre Commission des réformes militaires maintient la proposition intégrale du général André et demande au Congrès de repousser l'amendement Valaillé. »

(*Adopté.*)

RAPPORT fait au nom de la Commission des vœux du Comité exécutif et de celle du Congrès par M. G. Fabius de Champville

Votre Commission des vœux élue en novembre par le Comité exécutif se composait de :

MM. le docteur Bouillet (Finistère) ; Ferrary (Marne); Stirn (Constantine) ; Blumenfeld (Haute-Saône) ; Burot (Charente) ; Thalamas (Seine-et-Oise) ; Silvy (Yonne); G. Fabius de Champville (Orne) ; Gacon (Eure-et-Loir); Bourceret (Landes) ; général André ; Guinard (Morbihan) ; Verlot (Eure) ; Ch. Thiébaud (Seine) ; Georges Rocca (Bouches-du-Rhône) ; Emile Molina (Vendée); Sioly (Alpes-Maritimes) ; Fernand Michaut (Côte-d'Or); Pasquet (Vaucluse) ; Postel (Sarthe).

Le Bureau fut élu dans la séance du 28 décembre 1906. Il comprenait comme président M. G. Fabius de Champville ; vice-président, M. Burot ; secrétaire, M. Blumenfeld. Le général André fut acclamé comme président d'honneur.

Le travail de la Commission d'initiative et des vœux fut, cette année, absolument simplifié.

La Commission a surtout été une organisation filtrant les innombrables vœux lui parvenant de tous les groupements adhérents.

Elle les étudiait, cherchait si ces vœux n'avaient pas déjà fait l'objet de travaux et de décisions antérieurs et les renvoyait aux Commissions compétentes avec les indications résultant de ses recherches.

Aussi l'un des premiers vœux que votre Commission garda pour elle, qui fut du reste présenté par l'un de ses membres, était celui-ci dont nous vous donnons le texte :

« La Commission appelle l'attention des parlementaires sur les vœux qui ont été adoptés par le dernier Congrès et décide en outre que les plus intéressants leur seront spécialement adressés, ainsi qu'aux journaux républicains, de façon qu'une campagne utile soit faite pour les faire aboutir. »

Ce vœu, adopté par votre Commission des vœux, reste entier, et il y a lieu de lui donner, en conformité de ce qu'a fait le précédent Congrès, la consécration d'un vote de l'assemblée de ce jour.

La Commission des vœux a reçu des vœux concernant les parlementaires et leur indemnité. Elle s'est efforcée de chercher dans les conclusions des groupements qui lui adressèrent ces vœux, les indications en faveur d'une réforme qui soit possible.

Elle a donc renvoyé les vœux à la Commission d'organisation du Parti, tout en exprimant le regret que trop de personnalités réactionnaires aient pris cette question comme tremplin de combat contre les élus républicains.

Un vœu du Congrès de Lille concernant une demande de taxe pour les affiches religieuses comme pour les autres, retint un instant votre Commission. Il résulte que la loi se trouve observée dans la plupart des cas.

Votre Commission a appelé en son temps l'attention du ministre de la Guerre, par l'entremise du Bureau, sur la nécessité de faire cesser certains errements dans les pénitenciers militaires d'Algérie, incompatibles avec le respect de la vie humaine et les sentiments de justice.

Un vœu dont les considérants seraient à exposer tout entiers a été remis à votre Commission des vœux. Il vise la discipline du Parti dont nombre d'élus qui se réclament du Parti radical semblent par trop ne pas se soucier.

Et ce vœu comporte la suite que je vous demande la permission de vous lire :

1° Que le Bureau transmette aux parlementaires adhérents au moins tous les mois et plus souvent en cas d'urgence, les vœux et décisions du Comité exécutif ainsi que ceux du Congrès qui seraient rappelés par le Comité exécutif.

Cette communication sera faite par feuille spéciale dans les huit jours au plus tard après la séance réglementaire du Comité ;

2° Un tableau des votes des élus ayant trait à ces questions sera affiché au Comité ;

3° Les vœux et décisions du Congrès et du Comité exécutif, avec, en regard, les votes des parlementaires relatifs à ces questions, seront transmis tous les trois mois aux Fédérations et Comités locaux par feuilles spéciales encartées dans le Bulletin du Parti ;

4° Lorsque les élus adhérents au Parti auront voté contrairement aux décisions en question, ils devront être, dans la quinzaine, déférés d'office par le Bureau à la Commission de discipline qui, après avoir entendu les intéressés, déterminera d'après l'importance de leur manquement à la discipline, les sanctions à proposer au Comité (blâme, blâme avec inscription au Bulletin, affichage dans la circonscription de l'élu, radiation du Parti), et lui soumettra un rapport en conséquence.

Votre Commission a retenu ce vœu de manière à le soumettre à la Commission des vœux du Congrès et de laisser le Congrès maître de le discuter, l'amender et l'adopter. Il est renvoyé au nouveau Comité exécutif pour étude et rapport.

Votre Commission a dû retenir un vœu du Comité radical de Nîmes qui voudrait voir interdire à ses adhérents le cumul des fonctions électives.

C'est là un vœu tout à fait complexe et, certes, la véritable doctrine du Parti serait pour que le cumul ne soit pas admis. Hélas ! des contingences locales rendent parfois le cumul nécessaire et il faut tenir le plus grand compte des nécessités de circonscription. La nouvelle Commission devra reprendre la question.

Une série de vœux des plus intéressants est restée en souffrance. La cause en est à l'envoi tardif et aux vacances prises, suivant les traditions, par les membres de la Commission. Vous savez qu'après le 14 juillet, il ne faut guère compter sur le travail effectif des Commissions de discussion ; d'autant que les travaux de la permanence et ceux des Commissions d'action immédiate prennent à nos dévoués collègues un temps considérable.

Les Commissions compétentes seront appelées à se prononcer sur des vœux, que votre Congrès jugera et ratifiera sur les conclusions qui lui seront présentées.

Il s'agit de :

L'Union des Républicains radicaux et radicaux-socialistes de la 3e circonscription de Toulouse, relatif à la loi du 17 mars 1905 sur le recrutement.

Du Comité radical de Boulogne (Seine), relatif à l'affichage électoral.

Du Comité républicain radical et radical-socialiste de Cousanges-aux-Forges (Meuse), sur la nécessité de presser la loi sur les retraites ouvrières.

De la Fédération radicale, radicale-socialiste, groupe de Cette, une motion touchant la crise viticole.

De l'Action de Nîmes, un vœu sur le cumul des fonctions électives.

Du Comité républicain radical et radical-socialiste de Montmorency, touchant la réintégration des syndicalistes frappés disciplinairement.

Et enfin trente-trois vœux nous parviennent des Comités et groupements adhérents à la Fédération radicale-socialiste de Lyon et du Rhône.

Ces vœux visent aussi bien les lois de recrutement, les lois électorales, la discipline du Parti et des réformes agricoles industrielles et commerciales.

Quand nous aurons noté au passage deux vœux du Comité radical-socialiste de Boulogne (Seine), sur l'assurance obligatoire et l'enseignement professionnel et que nous aurons enregistré la motion de la Fédération radicale, radicale-socialiste et socialiste des Basses-Pyrénées sur nombre de réformes dont certaines sont en voie d'obtention, nous aurons épuisé notre dossier.

Il y a là du travail pour les dévoués commissaires des Commissions du Comité exécutif.

Nous espérons que nos collègues du Congrès ne seront pas étonnés de la brièveté de ce rapport. C'est, au contraire, une preuve indiscutable que l'exercice 1906-1907 de votre Comité exécutif a apporté des modifications radicales dans les méthodes de travail de vos Commissions et que les résultats en seront excellents.

Ajoutons que le Comité exécutif est reconnaissant à tous les groupements affiliés qui, après avoir mis des questions à l'ordre du jour de leurs discussions, lui font part des vœux adoptés. C'est un lien entre la tête du Parti et toutes ses ramifications. C'est l'esprit général de nos coreligionnaires politiques qui s'affirme mieux, c'est la voix de tous qui s'exprime dans ces vœux et c'est une précieuse indication pour ceux qui sont appelés à guider les efforts du Parti et à diriger ses destinées.

Mais une constatation ressort des travaux de la Commission qui a fonctionné dans l'année écoulée, c'est que toutes les organisations qui ont adressé des motions ou des vœux au Comité exécutif étaient animées du plus pur esprit démocratique et leurs *desiderata* venaient affirmer, pour la plupart, en quelle merveilleuse communion d'idées et de principes étaient tous les groupes affiliés au Parti.

C'est une réconfortante constatation qui vient encore renforcer les admirables espoirs que fait naître un Congrès comme celui d'aujourd'hui.

On a la profonde sensation que le Parti est bien la suprême émanation de la Nation et que le cœur de la Patrie palpite au milieu de nous tous réunis pour rendre l'avenir de notre cher pays meilleur pour tous les travailleurs, quel que soit l'outil qu'ils manient, pour tous les citoyens de notre République.

Dès la formation des Commissions au Congrès, celle des vœux a dû étudier un dossier des vœux toujours grossissant où plus de cent cinquante projets et motions ont été déposés, pour la plupart, trop tard, si on devait s'en tenir à la lettre du règlement.

Dès le jeudi soir 10 courant, votre Commission avait fait la ventilation des vœux et avait réparti dans les chemises destinées à chacune des Commissions du Congrès, ceux qui relevaient des compétences diverses.

Nous devons constater que le soir du 11 courant, ces Commissions n'avaient pas toutes pris possession des vœux.

De là, certains collègues pourront croire que leurs vœux ont été négligés. Il n'en est rien, les travaux présentés ont été renvoyés aux Commissions compétentes réunies pendant le Congrès.

Il faut dire aussi que respectueuse des grandes obligations de votre Congrès, soucieuse et économe de votre temps, votre Commission des vœux a renvoyé aux Commissions futures de votre nouveau Comité exécutif, nombre de motions qui sont ou des redites, ou des amendements à des vœux depuis longtemps déjà adoptés par vos Congrès.

Beaucoup même ne présentaient pas, malgré leur indiscutable intérêt, une urgence suffisante pour soulever ici des discussions, qui en raison de la bonne volonté de tous et les convictions qui se font jour presque avec passion, nous auraient entraînés bien au delà des limites que vous vous êtes tracées.

Trop de questions pressantes, de décisions considérables étaient à votre ordre du jour, pour que nous ayons pu rapporter tous les vœux qui avaient été adressés à votre Commission.

Nous avons donc, suivant en cela l'unanimité de la Commission, réservé les vœux suivants qui seront étudiés par la suite et qui touchent à des intérêts qui ne peuvent être négligés :

Ceux de M. Fenza, sur le Transpyrénéen, les canaux, le reboisement, le canal des deux mers, la mutualité, l'enseignement, les commissions militaires, les droits d'octroi, les écoles régionales vétérinaires et la décentralisation.

Ceux du Comité radical de Clamart, sur la vénalité des charges et les retraites du commerce et de l'industrie.

Ceux de la Société républicaine radicale-socialiste d'Issy-les-Moulineaux, sur l'avancement dans les administrations de l'Etat, et sur la suppression des traitements inhérents à la Légion d'honneur et à la médaille militaire.

Et celui de l'un de nos collègues demandant que l'impôt sur le revenu vienne en discussion au Parlement de suite après la loi portant modification des Conseils de guerre.

Votre Commission ne s'est pas prononcée sur ces vœux. Elle espère que le futur Comité exécutif le fera en conformité des principes de notre Parti.

Pourtant la Commission, après avoir lu le rapport concernant le vœu de M. Buisson, relatif à la création de chaires d'enseignement de l'histoire des religions, est d'avis que cette création serait nécessaire et que le Congrès devrait appeler l'attention du Parlement sur l'utilité de la création entrevue.

Saisie d'un vœu à tendance nettement individuelle qui engagerait le Congrès, la Commission n'a pas pensé pouvoir vous en demander l'approbation.

Il y aurait danger dans un sens ou dans l'autre, au vote de cette motion, et il a été décidé de passer à l'ordre du jour.

Le vœu suivant est suffisamment éloquent par lui-même pour que nous n'insistions pas et que vous l'adoptiez d'accord avec votre Commission :

« Le Congrès radical et radical-socialiste émet le vœu que le Parlement modifie la loi du repos hebdomadaire, en ce qui concerne les hôteliers et restaurateurs, dans le sens de l'entente entre les patrons et les employés ; et qu'en attendant les modifications de la loi, le gouvernement applique la loi avec modération. »

Mais un vœu que la Commission a cru devoir conserver est le suivant.

C'est celui de la Fédération de la Côte-d'Or, que le 7ᵉ Congrès national du Parti radical et radical-socialiste veuille bien inaugurer ses travaux, en adressant un respectueux et éclatant hommage à la mémoire des soldats de la République française tombés au Maroc, et en exprimant sa fraternelle et sincère sympathie aux familles des victimes, tout en souhaitant que la question marocaine ne se complique pas d'une guerre de conquête.

Certes, il ne pouvait y avoir qu'unanimité alors qu'il s'agissait d'envoyer à nos frères ou fils que se battent là-bas pour la dignité de notre Patrie, pour la défense de l'humanité et l'honneur de notre drapeau et c'est dans un élan d'enthousiasme que votre Commission vous propose l'envoi de nos réconfortants encouragements et l'expression de l'admiration du Parti tout entier.

C'est sur cette décision que votre Commission a terminé ses travaux avec le regret vivace de n'avoir pu faire mieux.

(Le rapport de la Commission des vœux est adopté.)

RAPPORT de la Commission des affaires extérieures et coloniales

M. BAROT, *rapporteur.* — Je présente au Congrès, au nom de mon ami Lucien Le Foyer, qui a été obligé de rentrer à Paris, le rapport de la 16e Commission.

La Commission émet le vœu que les questions de plus en plus complexes qui concernent les affaires extérieures et coloniales, soient placées en meilleure place et ne figurent pas toujours en fin des travaux du Congrès. La politique extérieure de notre Parti doit avoir une importance égale à celle de sa politique intérieure.

La Commission propose d'adresser un télégramme à M. Léon Bourgeois pour le remercier des services rendus à la cause de l'arbitrage international, au cours de la conférence de La Haye. *(Adopté par acclamations.)*

Suivant les conclusions du rapport de M. Lucien Le Foyer, les résolutions suivantes sont adoptées.

RESOLUTIONS

1° Le Congrès,

Rappelant les décisions des Congrès antérieurs relatives à la définition de la « pénétration pacifique »,

Redoutant que les opérations militaires qui se poursuivent au Maroc, la destruction des propriétés, la mort de nombreux indigènes, l'animosité à l'égard des étrangers, contraints de s'éloigner, ne compromettent l'œuvre de « civilisation » entreprise au Maroc,

Désirant ardemment voir ménager le sang français et les finances françaises,

Invite le gouvernement de la République à se renfermer étroitement dans la tâche d'organisation de la police, telle qu'elle est prévue par l'Acte d'Algésiras.

2° Le Congrès,

Félicite les délégués français à la Conférence de La Haye, notamment MM. Léon Bourgeois et d'Estournelles de Constant, d'avoir, selon les instructions du ministre des Affaires étrangères, « pris des initiatives conformes aux sentiments de générosité qui ont toujours animé la France républicaine » et de s'être « efforcés de substituer le droit à la force, la paix à la guerre, l'esprit de liberté à l'esprit de conquête et de destruction »,

Appelle l'attention de la démocratie française sur l'intérêt supérieur que présentent, tant au point de vue national qu'au point de vue international, l'acceptation par les puissances de l'obligation de l'arbitrage dans des cas déterminés, ainsi que la constitution à La Haye d'un Tribunal international véritablement permanent, et d'un Bureau international substitué au simple greffe créé en 1899.

3° Le Congrès,

Considérant que les budgets militaires des ministères de la Guerre et de la Marine se sont accrus en France, dans ces dix dernières années, de 133 millions par an ; que de nouveaux sacrifices sont à redouter puisque cet accroissement a atteint, à l'étranger, des proportions supérieures ; que la France supporte déjà, par rapport à son budget total, des charges militaires plus lourdes qu'aucun autre peuple du monde,

Invite le gouvernement de la République à « mettre à l'étude la question de la limitation des charges militaires », selon le vœu formel des Conférences de 1899 et 1907, et à répondre favorablement, dès aujourd'hui, à la proposition solennelle de la Grande-Bretagne, ainsi conçue : « Le gouvernement de la Grande-Bretagne « serait prêt à communiquer annuellement aux puis- « sances qui en agiraient de même le projet de cons- « truction de nouveaux bâtiments de guerre et les « dépenses que ce projet entraînerait. Cet échange de « renseignements faciliterait un échange de vues entre « les gouvernements sur les réductions que, d'un com- « mun accord, on pourrait effectuer. »

4° Le Congrès,

Considérant que les Conférences internationales de la Paix, pour produire tous leurs effets utiles, doivent être popularisées par une propagande active dans les diverses nations,

Considérant que la propagande en faveur de l'arbitrage international et de l'organisation juridique de la paix, doit être encouragée par le gouvernement de la République, mais que ces encouragements, pour être efficaces, doivent être donnés avec discernement et méthode, et que la préparation des esprits à la compréhension des questions internationales doit être l'objet d'une organisation systématique,

Emet le vœu qu'un Bureau de l'organisation juridique de la Paix soit créé au ministère des Affaires étrangères.

5° Le Congrès,

Considérant que la Commission des Affaires extérieures et coloniales du Comité exécutif a été saisie de plusieurs plaintes, appuyées de documents incontestables, desquels il résulte que, dans plusieurs colonies, notamment à la Nouvelle-Calédonie et à la Guadeloupe, une alliance a été contractée entre le parti socialiste et le parti réactionnaire, au détriment de l'intérêt supérieur de la République,

Signale ces faits à la Commission de discipline du Parti.

(Cette dernière résolution est renvoyée du Comité exécutif.)

M. FABIUS DE CHAMPVILLE. — Je tiens à faire remarquer que les Commissions spéciales ne doivent pas présenter de vœux puisque le Congrès a une Commission des vœux ; elles doivent formuler des conclusions. Je fais cette remarque pour éviter qu'on comprenne mal le double emploi que l'on constate en ce moment. *(Très bien ! très bien !)*

Nous avons toute une série de vœux relatifs aux affaires extérieures et coloniales (vœux de la Fédération de Meurthe-et-Moselle et du Comité d'action républicain de Tunisie).

Nous proposons de renvoyer ces vœux à l'examen du Comité exécutif.

(Le renvoi est prononcé.)

LE PRÉSIDENT. — J'ai reçu deux dépêches :

« Le Comité radical de Soyaux (Charente), heureux des décisions prises à Nancy, adresse aux congressistes l'hommage de son entière approbation et l'expression de sa fraternité républicaine. »

« La Fédération radicale, radicale-socialiste et socialiste de Nérac, réunie le 12 octobre, félicite vivement le Congrès de Nancy pour toutes les décisions prises, notamment en ce qui concerne la constitution du Bloc républicain et préparant l'avènement des réformes démocratiques et sociales. »

La Commission de la réforme électorale a été saisie trop tard d'une lettre dont je dois accuser réception en votre nom, ne fût-ce que par galanterie française, car cette lettre est signée de Mme Hubertine Auclerc, l'apôtre infatigable du féminisme, qui nous demande de comprendre dans nos travaux la question du suffrage des femmes. La Commission a terminé ses travaux. Nous accuserons réception de cette lettre à Mme Hubertine Auclerc. (*Assentiment.*)

Les Associations de Fonctionnaires

M. F. BUISSON. — Hier soir, n'étant plus en nombre, nous avons renvoyé à cette séance le vote sur un paragraphe des conclusions présentées par la Commission des réformes sociales : il s'agit du droit syndical des fonctionnaires. Nous sommes d'accord pour penser que ce n'est pas le moment d'ouvrir une discussion sur cette très vaste et très épineuse matière, mais nous pensons aussi que le Congrès ne peut pas se contredire. Dans le programme du Parti, évitant d'entrer dans des discussions de mots, nous avons dit simplement que le Parti radical et radical-socialiste demande pour les fonctionnaires « l'intégralité des droits du citoyen y compris le droit d'association ». Nous vous demandons de vous en tenir à cette affirmation et de ne pas dire aujourd'hui, par une formule qui serait exploitée abusivement contre nous, que nous nous prononçons contre le droit syndical des fonctionnaires. Ce serait une équivoque de mots. Qu'est-ce que le droit syndical ? Qu'entend-on par là ? Il faudrait le discuter. Nous avons sagement réservé la question en disant que nous reconnaissons à tous les citoyens « le droit d'association », ce qui, pour des républicains, était incontestable. Quant à savoir comment ce droit d'association sera défini par les lois, par celle en particulier que propose le gouvernement, nous n'avons pas jugé possible d'instituer un débat approfondi à cet égard. Nous proposions, le rapporteur et moi, que le Congrès se bornât à la déclaration qui a été faite en éliminant la phrase par laquelle on semblait nous demander de nous prononcer contre le droit syndical des fonctionnaires. Le gouvernement reconnaît dans son projet l'association professionnelle, mais il ne veut pas l'appeler syndicat. Personnellement, je crois qu'il a tort, mais ce n'est qu'une question de mots, elle ne nous engage nullement, et nous pouvons nous en tenir à ce que nous avons voté l'autre jour, la déclaration que les fonctionnaires sont des citoyens, qu'ils ne sont pas privés de leurs droits civiques, qu'ils gardent la totalité de ces droits, y compris le droit d'association.

LE PRÉSIDENT. — Je mets aux voix la proposition du citoyen Buisson.

(Cette proposition est adoptée.)

M. F. BUISSON. — A cette question s'en rattache une autre. A deux reprises, en mai et en septembre, le Comité exécutif à l'unanimité s'est engagé à demander au Congrès de s'associer à une démarche de clémence — nous employons les mots les plus modérés. — Il s'agit d'une mesure d'apaisement, conforme à la justice et à l'esprit républicain, qui serait la réintégration des fonctionnaires révoqués il y a plusieurs mois pour faits de syndicalisme. L'Association générale des postes et le Congrès des Amicales d'instituteurs, deux vastes corporations qui ne sont nullement suspectes de syndicalisme, ont pris publiquement l'initiative de cette démarche. L'une et l'autre assemblée sollicite du gouvernement la réintégration des fonctionnaires qui ont expié par une peine suffisante pour la faute, si on veut l'appeler ainsi, qu'ils avaient commise.

Le Comité exécutif, dont les procès-verbaux sont connus de vous, demande que le Congrès radical et radical-socialiste s'associe à cette démarche à laquelle nous ne donnons nullement le caractère d'une récrimination ou d'un blâme contre le gouvernement ou le Parlement, mais que nous considérons comme une mesure d'apaisement ou, en d'autres termes, d'amnistie républicaine. *(Très bien ! très bien !)*

LE PRÉSIDENT. — Le Comité exécutif a fait, de son propre mouvement, la démarche dont vient de parler le citoyen Buisson. Nous demandons au Congrès de donner mandat au Comité exécutif de la renouveler en s'appuyant sur l'autorité que lui donnera le vote de cette assemblée.

M. Georges Robert. — Je m'associe très volontiers à la demande d'amnistie qui vient d'être présentée par notre éminent ami Buisson. Au Comité exécutif et au Bureau je me suis associé à la démarche qu'il a rappelée. Nous l'avons faite ensemble.

Mais en même temps que nous ferons cette démarche, nous devons donner, et nous en avons le droit puisque nous prenons leur cause en mains, un avis à certains de ceux que nous voulons faire amnistier. Quand nous voyons — pour ne citer qu'un nom — l'attitude de M. Nègre, les lettres injurieuses qu'il adresse dans l'*Humanité*, au ministre de l'Instruction publique, les injures grossières qu'il profère dans les réunions qu'il tient dans le Nord, nous ne pouvons nous défendre d'un certain malaise en allant demander sa réintégration à celui qu'il injurie tous les jours. A Roubaix, dans une réunion révolutionnaire où se trouvaient des anarchistes, il a attaqué violemment le Parti radical. Nous sommes au-dessus de telles attaques, elles ne nous empêcheront pas de faire notre devoir, de poursuivre l'apaisement et de demander des mesures de clémence. Mais nous avons le droit d'exiger que ceux qui veulent être réintégrés dans leur fonction, soient à l'avenir des fonctionnaires corrects, loyaux et dévoués à la République. (*Applaudissements.*)

Le Président. — Je mets aux voix la proposition du citoyen Buisson, avec la précision que vient d'y apporter notre collègue Robert.

(*La proposition est adoptée.*)

Le Président. — Nous avons à choisir la ville où se tiendra le prochain Congrès.

Le Congrès de 1908

M. Cosnier, *député de l'Indre.* — Mon collègue et ami, René Besnard, obligé de repartir cette nuit dans sa circonscription, m'a prié de vous transmettre la demande des Comités d'Indre-et-Loire, qui vous prient de venir l'an prochain à Tours. Vous êtes allés l'année dernière dans le Nord, cette année dans l'Est, le Centre n'a pas encore eu l'honneur de vous recevoir. Nous y avons fait de bonne besogne, nous avons conquis pas mal de sièges. Il y a, à Tours, une municipalité radicale-socialiste qui sera heureuse de vous recevoir : Je n'ai pas besoin de vous dire les avantages de la Touraine et l'accueil charmant qui vous y est réservé. Quoi qu'on ait pu dire, il y a à Tours des hôtels où tous les congressistes pourront loger, si nombreux qu'ils soient. Je demande donc que le Congrès de 1908 se tienne à Tours. (*Très bien ! très bien ! sur divers bancs.*)

(Le général André cède la présidence à M. Tissier.)

M. LE GÉNÉRAL ANDRÉ. — Comme représentant de la Côte-d'Or, je vous demande la permission de vous rappeler ce qui s'est passé l'année dernière à Lille. On proposait Nancy et Dijon.

Voix diverses. — Et Rouen ! Tours ! Nantes !

M. LE GÉNÉRAL ANDRÉ. — Et beaucoup d'autres villes, mais Dijon était en bonne posture. On m'a fait remarquer que le Congrès socialiste devait se tenir à Nancy et qu'il y allait de l'intérêt de notre Parti que notre Congrès se tînt dans la même ville. L'expérience a démontré combien cette décision était sage. J'ai donc retiré la candidature de la ville de Dijon et j'ai même reçu des reproches à cet égard.

Nous serons, certes, bien reçus à Tours, comme nous l'avons été à Nancy et à Lille, mais vous ne serez pas moins bien reçus à Dijon. Les communications sont faciles avec tous les points de la France. Je rappelle donc ce qui s'est passé l'an dernier, pour montrer que nous avons une sorte de droit de priorité. (*Très bien ! très bien ! sur divers bancs.*)

M. ÉMILE DESVAUX. — Je ferai remarquer au général André que, s'il a reçu la promesse que le Congrès se tiendrait à Dijon l'an prochain, nous avons reçu une promesse semblable en ce qui concerne Rouen. La même région ne doit pas toujours être favorisée. Nous sommes tout prêts à nous incliner devant la demande de la ville de Tours, parce que c'est une autre région et qu'il est bon de porter d'un bout à l'autre du pays ce noyau républicain qu'est le Congrès. Malgré le respect et l'affection que nous avons pour le général André, nous sommes obligés de déclarer que, si la candidature de Dijon est maintenue, nous reprendrons celle de Rouen. Géographiquement et politiquement parlant, c'est plutôt du côté du Centre que le Congrès doit aller l'année prochaine.

M. Eyglement. — Comme délégué de Tours, je proteste contre l'allégation qui a été produite, que nous ne pourrions pas loger les congressistes. Je prends l'engagement, au nom de mes concitoyens, de loger les congressistes, fussent-ils 1.200.

M. Picard. — Au nom de la Fédération des Vosges, j'ai eu le regret de combattre le général André l'année dernière, pour demander que le Congrès se tînt à Nancy. Les Lorrains qui ont été victorieux l'an dernier ont pris l'engagement de soutenir la candidature de Dijon cette année. Je demande que le Congrès de 1908 se tienne à Dijon.

M. le général André. — Le Parti radical ne peut pas tenir son Congrès à Tours ; en allant vers le Centre, il semblerait faire des avances à M. Ribot. (Rires.)

M. Cosnier, député. — A Tours, notre ami René Besnard a battu le vice-président du groupe progressiste, M. Drake del Castillo. Dans une circonscription voisine, dans le département de l'Indre, j'ai reconquis le siège que nous avait pris le marquis de Barbançois. Nous avons triomphé avec des majorités de 80 à 100 voix, nous avons encore à lutter. Il faut que le Parti nous soutienne.

M. Eyglement. — Nous avons triomphé contre 40 millions. J'ajoute que le Congrès ne doit pas se tenir deux années de suite dans la même région.

Le Président. — Deux candidatures seulement semblent maintenues, celles de Tours et de Dijon. Nous allons voter.

(Le Congrès décide que le Congrès de 1908 se tiendra à Dijon.)

M. Gérault-Carion. — Comme habitant de Dijon, je remercie le Congrès du vote qu'il vient d'émettre, et, pour que tout le monde soit satisfait, nous vous demandons de décider que le Congrès de 1909 se tienne à Tours. (Mouvements divers.)

Déclaration du Parti

M. Herriot, maire de Lyon, donne lecture de la déclaration du Parti, rédigée par la Commission du programme.

Citoyens,

C'est une tradition de notre Parti, à la suite de chaque réunion annuelle, de dégager les pensées essen-

tielles qui ont dominé les débats et qui les résument ;
cette déclaration paraît spécialement nécessaire au lendemain d'un Congrès qui a eu à répondre aux questions les plus précises et les plus graves.

A l'heure où le Parti radical et radical-socialiste doit
savoir prendre devant le pays des décisions et des responsabilités, l'importance des problèmes posés a donné
à nos délibérations un caractère de grandeur émouvante.

Tout d'abord, il fallait nous prononcer avec fermeté,
sans équivoque, sur la campagne dirigée par quelques
égarés contre la patrie ; notre réponse ne pouvait être
douteuse ; notre Parti continue à proclamer son horreur de la guerre, ses volontés pacifiques, son attachement au principe de l'arbitrage obligatoire. Nous reconnaissons que pour avoir le droit d'affirmer notre na-
tionalité, nous devons respecter celle des autres peuples.

Nous n'admettrions pas que sous prétexte de civilisation, notre République favorisât l'esprit de conquête. Mais également hostile au nationalisme et à
l'antipatriotisme, notre Parti se déclare ardemment et
résolument patriote, la France est pour nous plus
qu'une expression géographique, elle est une expression morale. Pour nous comme pour les hommes de
la Révolution, elle est une terre de progrès et de liberté.

Nous plaçons le devoir militaire au-dessus de toute
contestation : certaines théories qui se réclament du
progrès sont en réalité des doctrines de décadence.
La France ne veut pas mourir de la mort de la Grèce.
Mais, citoyens, ces résolutions conformes à la tradition invariable de notre Parti, doivent-elles nous conduire à une politique nouvelle qui serait en opposition
avec nos principes ?

On a tenté de rompre le bloc de gauche. Nous nous
y sommes formellement opposés. C'est dans un élan
d'enthousiasme unanime que le Congrès déclare sa volonté de ne pas abandonner une politique consacrée
par les élections dernières, sanctionnée par des résultats ; une politique sincèrement réformatrice et populaire, à laquelle nous devons la Séparation, la loi de
deux ans et l'assistance aux vieillards. Nous ne pouvons pas répudier l'esprit socialiste, non que nous ad-
mettions la négation de la propriété individuelle.

Dociles aux leçons de l'expérience et de l'histoire, soumis à ce que nous croyons être le véritable esprit scientifique fait à la fois de raisonnement et d'observation, nous voulons reviser le régime de la propriété individuelle, le rendre accessible à tous, le modifier mais non le supprimer.

Nous n'acceptons pas non plus la théorie de la lutte des classes. Hostiles à la guerre étrangère, notre Parti n'a pas moins horreur de la guerre civile. Mais comme les socialistes, ne devons-nous pas travailler à la libération du prolétariat, à la transformation de la condition ouvrière ?

Ne sommes-nous pas avec eux dans la lutte contre les puissances d'argent et contre la féodalité financière, la plus redoutable et la plus oppressive de toutes les féodalités ? n'avons-nous pas comme eux la ferme espérance que l'avenir réserve à l'humanité des temps meilleurs pour la justice et l'égalité sociales. Collaborer à cette tâche, n'est-ce pas pour toute conscience un peu haute le plus noble des devoirs ? Ainsi nous demeurerons fidèles au Bloc de gauche. Plus sages que d'autres, nous ne prononcerons ni excommunication, ni expulsion contre aucune fraction des partis socialistes.

Il nous paraît plus digne de nos convictions républicaines, en dépit des sommations et des injures, de nous refuser à tout anathème. Nous sommes convaincus qu'ayant réfléchi, aucun parti digne de ce nom ne voudra donner à l'étranger l'impression qu'il pourra trouver des collaborateurs ou des complices parmi nous. Ceux qui penseraient autrement s'exclueraient d'eux-mêmes de toute alliance possible avec les fils de la Révolution.

Pour nous, citoyens, il nous suffit d'être fidèles à notre programme et de vouloir l'appliquer. Ce programme, on ne pourra plus dire sans mauvaise foi qu'on l'ignore. Vous l'avez à nouveau formulé et tous ceux qui voudront se réclamer de lui auront à l'accepter. Les militants de notre Parti veulent désormais plus que des paroles, ils veulent des actes et des résultats.

Le peuple, dans un élan d'enthousiasme, a envoyé à la Chambre, en 1906, une émouvante majorité de députés, élus sur un programme de réformes.

Il ne faut pas qu'à cet enthousiasme succède une déception qui serait fatale moins à tel ou tel parti qu'à la République elle-même. Sans doute au début de cette législature, une période d'élaboration est nécessaire, mais cette réserve ne saurait excuser certains retards et dispenser nos élus de l'obligation stricte de faire aboutir des réformes dont quelques-unes sont urgentes et doivent être votées à bref délai.

La démocratie radicale et radicale-socialiste veut l'impôt sur le revenu, c'est-à-dire le dégrèvement des petits contribuables, la grande libération fiscale des paysans ; la majorité républicaine ne saurait se laisser égarer par des campagnes intéressées et généralement de mauvaise foi.

Nous demandons les retraites ouvrières dont le principe a déjà été voté par la Chambre des députés ; et, pour procurer les ressources nécessaires à cette difficile institution, la substitution du monopole de l'Etat aux grands monopoles privés.

Vous avez à nouveau réclamé le rachat des chemins de fer et les mesures législatives destinées à satisfaire les intérêts de l'importante fraction de la démocratie actuellement au service des Compagnies.

Vous vous êtes une fois de plus prononcés pour la réforme des conseils de guerre qui doivent garantir contre tout arbitraire possible et contre les abus d'une justice d'exception, les fils de toutes les familles françaises, confondus dans les rangs de notre armée, pour l'extension des juridictions populaires comme la prud'homie, pour l'élaboration d'une série de mesures qui garantissent le personnel des fonctionnaires contre l'arbitraire et la faveur.

Dans l'intérêt de ces réformes, le Parti radical et radical-socialiste adresse un appel chaleureux au patriotisme vigilant du Sénat. Cette haute assemblée aura à cœur de rester digne des grands services qu'elle a rendus à la démocratie et de ne pas justifier les objections de principe que peut soulever sur ce point la Constitution imposée à la France par la réaction de 1875. Le Sénat républicain ne voudra pas entrer en conflit avec le mouvement démocratique. De toute façon, nous considérons que l'heure présente est décisive.

Il faut que cette législature donne au pays l'œuvre démocratique promise et attendue. Le peuple ne saurait plus accorder de délai.

Le Congrès de 1907, qui a manifesté tant d'ardeur républicaine, compte sur l'énergie et la fidélité de ses représentants pour écarter ou briser tous les obstacles qui s'opposeraient à la transformation pacifique et légale que réclame impérieusement le génie de notre siècle et de notre pays.

LE PRÉSIDENT. — Nous ne pouvons qu'approuver et adopter par acclamations la magnifique déclaration qui vient de nous être lue par le citoyen Herriot. (*Applaudissements et bravos.*)

LE PRÉSIDENT. — Nous vous proposons de remettre au bureau du Comité exécutif le soin d'allouer une gratification au personnel des postes. (*Assentiment.*)

Je déclare clos le Congrès de Nancy. Vive la République !

(*Les congressistes se séparent aux cris de : Vive la République !*)

La séance est levée à midi.

COMITÉ EXÉCUTIF

Exercice 1907-1908

Bureau du Comité exécutif

Président : M. DELPECH, sénateur de l'Ariège.

Vice-présidents : MM. BIZOT DE FONTENY, sénateur de la Haute-Marne ; VIEU, sénateur du Tarn ; BOURÉLY, député de l'Ardèche ; Em. CHAUVIN, député de Seine-et-Marne ; Jean CRUPPI, député de la Haute-Garonne ; DALIMIER, député de Seine-et-Oise ; DREYT, député des Hautes-Pyrénées ; Ch. DUMONT, député du Jura ; Léon JANET, député du Doubs ; LAFFERRE, député de l'Hérault ; LAGASSE, député du Lot-et-Garonne ; Louis MARTIN, député du Var ; Paul MEUNIER, député de l'Aube ; Albert SARRAUT, député de l'Aude ; STEEG, député de la Seine ; BELLANGER (Seine) ; Henri BÉRENGER (Ille-et-Vilaine) ; BILLÈS (Bouches-du-Rhône) ; Louis BONNET (Seine) ; BOURCERET (Landes) ; BUROT (Charente) ; Ad. CHÉRIOUX, conseiller général de la Seine ; Ch. COINTE (Seine) ; DELPECH, conseiller général de Lot-et-Garonne ; FABIUS DE CHAMPVILLE (Orne) ; FABIANI (Corse) ; Général GODART (Meurthe-et-Moselle) ; HERRIOT (Rhône) ; F. LEFRANC (Pas-de-Calais) ; J.-B. MORIN (Seine) ; MURAT (Seine) ; Louis PASQUET (Bouches-du-Rhône) ; PATENNE, conseiller général de la Seine ; Henri ROUSSELLE, conseiller général de la Seine ; Jules SIOLY (Alpes-Maritimes).

Secrétaires : MM. BELLIER, député de l'Indre ; DELPIERRE, député de l'Oise ; DREYFUS, député de la Lozère ; Louis DUMONT, député de la Drôme ; GRILLON, député de Meurthe-et-Moselle ; De KERGUEZEC, député des Côtes-du-Nord ; Paul PÉLISSE, député de l'Hérault ; BALANS (Seine) ; Jules CELS (Lot-et-Garonne) ; F. CHAZOT (Hérault) ; Paul FALOT (Oran) ; GARNIER (Seine) ; PALENGAT (Gironde) ; PASQUET (Seine) ; Edmond STRAUSS (Alpes-Maritimes) ; THIÉBAUD (Seine) ; Louis TISSIER (Finistère) ; Paul VIROT (Seine).

Trésorier : M. G. LEFÈVRE (Seine-et-Oise).

Membres du Comité exécutif

Membres d'honneur

MM. HENRI BRISSON, député, Président de la Chambre des
    députés, ancien Président du Conseil des Ministres.
  LÉON BOURGEOIS, sénateur, ancien Président de la
    Chambre des députés, ancien Président du Conseil
    des Ministres.
  CAMILLE PELLETAN, député, ancien Ministre de la
    Marine.
  EMILE COMBES, sénateur, ancien Président du Conseil
    des Ministres.
  Général ANDRE, ancien Ministre de la Guerre.
  VALLE, sénateur, ancien Ministre de la Justice.

Délégués départementaux

Ain

MM. AUTHIER, député (Bourg).
  BIZOT, député (Gex).
  CHANAL, député (Nantua).
  POCHON, sénateur.

Aisne

MM. CECCALDI, député (Vervins).
  COUESNON, député (Château-Thierry).
  MAGNIAUDE, député (Soissons).
  DUFRESNE (Chauny).
  LEDUC, brasseur (Saint-Quentin).
  POUILLART, président de la Fédération départemen-
    tale (Bruyères-et-Monthérault).

Allier

MM. MINIER, député (Moulins).
  PERONNEAU, député (Moulins).
  PERONNET, député (Gannat).
  REGNIER, député (La Palisse).
  BARDET, receveur municipal (Montluçon).
  MILHAUD (Paris).

Alpes (Basses-)

MM. HUBBARD, conseiller général.
  J.-B. MALON, conseiller général.

Alpes (Hautes-)

MM. EUZIERE, député (Gap).
  FERRARY (Versailles).
  VALADIER, publiciste (Briançon).

Alpes-Maritimes

MM. OSSOLA, député (Grasse).
D' G. BOUSSENOT (Charenton).
Xavier DUFRENE, publiciste (Nice).
SIOLY, conseiller municipal (Nice).
Ed. STRAUSS, publiciste (Paris).

Ardèche

MM. BOISSY D'ANGLAS, sénateur.
BOURELY, député (Privas).
BALIMAN, avocat au Conseil d'Etat (Paris).
CUMINAL (Paris).

Ardennes

MM. Léon CARION (La Férée).
CORNEAU, publiciste (Charleville).
MERRIEUX, conseiller général (Asfeld).
SAINT-AMONT, agent d'assurances (Rethel).

Ariège

MM. DELPECH, sénateur.
TOURNIER, député (Pamiers).
CHARLES, conseiller général (La Bastide-de-Sérou).
GACHES (Paris).

Aube

MM. CHARONNAT, député (Troyes).
Paul MEUNIER, député (Bar-sur-Seine).
Paul CAILLOT, avocat (Paris).
Pierre DOLLAT, avocat (Paris).

Aude

MM. Albert SARRAUT, député (Narbonne).
Jules SAUZEDE, député (Carcassonne).
CASTEL, maire de Lézignan.
Maurice SARRAUT, publiciste (Paris).

Aveyron

MM. BALITRAND, député (Millau).
BOS, conseiller général, maire de Decazeville.
CABANAC, publiciste (Rodez).
DROUHIN, avocat (Paris).

Bouches-du-Rhône

MM. Victor LEYDET, sénateur.
Henri MICHEL, député (Arles).
Auguste BILLES, négociant (Marseille).
Nicolas ESTIER, avocat (Marseille).
Victor JEAN, conseiller général (Marseille).
PASQUET, sous-chef de bureau aux Postes et Télégraphes (Paris).
Paul RESCH, avocat (Marseille).
G. ROCCA, retraité (Marseille).

Calvados

MM. FRANKLIN-BOUILLON, publiciste (Paris).
HUITRIC, receveur des Finances (Cherbourg).
LE HOC, maire de Deauville.
LEVAVASSEUR, président de l'Association républicaine de Falaise (Ussy).
Dr NOURY (Caen).
G. STRAUSS, publiciste (Paris).

Cantal

MM. BADUEL, député (Murat).
LINTILHAC, sénateur.
RIGAL, député (Aurillac).
Dr DARSES, maire de Parlan.

Charente

MM. BRISSON, sénateur.
BIZARDEL, maire de Barbezieux.
BUROT, ingénieur (Nogent-sur-Marne).
GALINOU (Angoulême).

Charente-Inférieure

MM. BRAUD, député (Rochefort).
Emile COMBES, sénateur.
LAURAINE, député (Saintes).
MARIANELLI, maire de Rochefort.
Emmanuel GIRON, adjoint au maire de Rochefort.
RIGNOUX, maire de Surgères.

Cher

MM. DAUMY, sénateur.
DEBAUNE, député (Bourges).
PAJOT, député (Saint-Amand).
RAVIER, député (Sancerre).

Corrèze

MM. BUSSIERE, député (Brive).
DELMAS, député (Ussel).
MONS, député (Tulle).
TAVE, député (Tulle).

Corse

MM. AJACCIO, avocat (Bastia).
Emile BRANDISI (Bastia).
Charles BOURRAT (Paris).
FABIANI, avocat (Paris).

Côte-d'Or

MM. GUENEAU, ancien député (Paris).
JOSSOT, conseiller général, président de la Fédération
départementale (Dijon).
F. MICHAUT, vice-président de la Fédération dépar-
tementale (Châtillon-sur-Seine).
D' TAINTURIER, conseiller général (Dijon).

Côtes-du-Nord

MM. D' BAUDET, député (Dinan).
DE KERGUEZEC, député (Guingamp).
LE TROADEC, député (Lannion).
Robert DE JOUVENEL (Paris).

Creuse

MM. DEFUMADE, sénateur.
SIMONNET, député (Aubusson).
LACOTE, maire de Genouillac.
RIFFATERRE, conseiller général, maire de Bourga-
neuf.

Dordogne

MM. SARRAZIN, député (Sarlat).
SIREYJOL, député (Nontron).
CAPETTE-LAPLENE, conseiller général (Siorac).
DALBAVIE, conseiller général (Saint-Léon-sur-Vézère).
DELADRIERE, président du Comité républicain (Bel-
vès).
JOUANAUD, président du Conseil d'arrondissement
(Sarlat).

Doubs

MM. BEAUQUIER, député (Besançon).
Léon JANET, député (Besançon).
Marc REVILLE, député (Montbéliard).
PUGET, rédacteur en chef du *Petit Comtois* (Besançon).

Drôme

MM. Louis BLANC, sénateur.
Charles CHABERT, député (Valence).
Louis DUMONT, député (Valence).
FERROTIN, président du Comité républicain de Mirabel-sur-Blacons.

Eure

MM. Abel LEFEVRE, député (Evreux).
GROS-FILLAY, conseiller général (Nonancourt).
TAFFONNEAU, négociant (Paris).
Constant VERLOT, professeur (Paris).

Eure-et-Loir

MM. CHEVILLON (Paris).
DURANTEL, publiciste (Dreux).
JOUANNEAU, avocat (Paris).
OULIF (Dreux).

Finistère

MM. LE BAIL, député (Quimper).
AUBERTIN, avocat (Paris).
BERREHAR (Brest).
BOTT, secrétaire général des Bleus de Bretagne (Morgat).
D' BOUILLET (Paris).
FAUCON (Brest).
LOUEL, publiciste (Lorient).
Louis TISSIER (Paris).

Gard

MM. BONNEFOY-SIBOUR, sénateur.
DESMONS, sénateur.
POISSON, député (Uzès).
BERTRAND, président du Tribunal de commerce (Nîmes).
D' CROUZET, maire de Nîmes.
Eugène MARTEL, avocat (Paris).

Garonne (Haute-)

MM. BEPMALE, sénateur.
CRUPPI, député (Toulouse).
CIBIEL (Paris).
FÉLICIEN COURT, conseiller d'arrondissement (Toulouse).
FEUGA, ancien adjoint au maire de Toulouse.
GHEUSI, professeur à la Faculté de droit à Toulouse.

Gers

MM. DESTIEUX-JUNCA, sénateur.
BAFFOS, avocat (Paris).
CAMPISTRON (Montrouge, Seine).
SAINT-MARTIN (Issy-les-Moulineaux, Seine).

Gironde

MM. BAUDRY, négociant (Bordeaux).
D' DUPEUX (Bordeaux).
DUPUY (Talence).
DUVERGE (Bordeaux).
FEYDEL (Bordeaux).
D' MICHEL (Bordeaux).
PALENGAT, négociant (Bordeaux).
GEORGES PERIE, avocat (Bordeaux).
PICASSETTE (Talence).
ROUSSIE, président de la Fédération départementale (Bordeaux).

Hérault

MM. AUGE, député (Béziers).
LAFFERRE, député (Béziers).
PELISSE, député (Lodève).
BISCAYE, conseiller général (Béziers).
CHAZOT, avocat (Paris).
GARIEL, directeur du *Petit-Méridional* (Montpellier).

Ille-et-Vilaine

MM. H. BERENGER, directeur de l'*Action* (Paris).
COURIAUX (Choisy-le-Roi, Seine).
CAVALIER (Rennes).
MALAPERT, avocat (Rennes).
H. MORIN, directeur des *Nouvelles Rennaises* (Rennes).
PERNOT, receveur des finances honoraire (Rennes).
QUEROY (Paris).
D' DE TERSANNES (Saint-Méen).

Indre

MM. BELLIER, député (Châteauroux).
COSNIER, député (Châteauroux).
DAUTHY, député (La Châtre).
Paul TISSIER (Paris).

Indre-et-Loire

MM. René BESNARD, député (Tours).
ANGELLIAUME, voyageur de commerce (Saint-Symphorien-lès-Tours).
ARRAULT, directeur de la *Dépêche du Centre* (Tours).
EYGLUMENT, négociant (Tours).
GARIN, négociant (Tours).

Isère

MM. CHENAVAZ, député (Saint-Marcellin).
RAJON, député (La Tour-du-Pin).
D' BOUILLET (Paris).
DUFOUR, ancien député (Grenoble).
DUMOLARD, conseiller général (Grenoble).
Fernand DUTRUC, maire de Grand-Lemps.

Jura

MM. CHAPUIS, député (Lons-le-Saunier).
Charles DUMONT, député (Poligny).
MOLLARD, sénateur.
TROUILLOT, sénateur.

Landes

MM. BOUYSSOU, député (Mont-de-Marsan).
BOURCERET, publiciste (Paris).
FERREOL-CASTANIE, propriétaire (Sore).
LAROQUETTE, publiciste (Mont-de-Marsan).

Loire

MM. VIDON, député (Saint-Etienne).
Marcel BERNARD, avocat (Paris).
DELASSALLE (Saint-Etienne).
DRIVET, sculpteur (Fleurs).
MONOT, conseiller général.
RIOCREUX, conseiller municipal (Firminy).
ROBERT, avocat (Paris).
SAVARIN (Firminy).

Loire (Haute-)

MM. JOUBERT-PEYROT, conseiller général (Tence).
CAMILLE MARGUIER, directeur de l'*Action républicaine*
(Le Puy).
PAGÈS-RIBEYRE, conseiller général (Le Puy).
Dr VIDAL, président du Conseil général (Paulhaguet).

Loire-Inférieure

MM. AMIEUX, négociant (Nantes).
LÉON DAVID (Nantes).
FOUCAULT, négociant (Nantes).
GRIVEAUD, maire de Chantenay.
LE BRUN, ingénieur (Nantes).
ALFRED RIOM, négociant (Nantes).
SALIÈRES, directeur du *Populaire* (Nantes).
LOUIS VIEL, inspecteur primaire honoraire (Nantes).

Loiret

MM. RABIER, député (Orléans).
ROY, député (Orléans).
DELAUNAY, député.
LECOMTE (Orléans).

Loir-et-Cher

MM. GAUVIN, sénateur.
RAGOT, ancien député (Blois).
HUBERT FILLAY, avocat (Blois).
JOSEPH SALLES, à Joinville (Seine).

Lot

MM. COCULA, sénateur.
MALVY, député (Gourdon).
DE MONZIE, conseiller général (Castelnau).
TALOU, conseiller général (Saint-Géry).

Lot-et-Garonne

MM. LAGASSE, député (Nérac).
BEAUSSEIN, correspondant de la *Dépêche* (Agen).
BRECY, publiciste (Paris).
JULES CELS, docteur ès sciences (Paris).
GEORGES DELPECH, conseiller général, maire d'Agen.

Lozère

MM. LOUIS-DREYFUS, député (Florac).
PHILIPPE DELMAS, avocat (Paris).

Mai ne-et-Loire

MM. GIOUX, député.
Dr BAROT (Angers).
BOUTIN (Paris).
DESETRES, conseiller général (Angers).
JAGOT, publiciste (Paris).
MILON, conseiller général (Saumur).
Dr PETON, maire de Saumur.
ROLAND (Saumur).

Manche

MM. Dr BOURGOGNE, conseiller général (Cherbourg).
Dr DUMONCEL, conseiller général, maire d'Octeville.
HAMEL, industriel (Cherbourg).
JEHENNE, conseiller général (Saint-Malo-de-la-Lande).
LETREGUILLY, publiciste (Avranches).
RINGARD, négociant (Cherbourg).

Marne

MM. POZZI, député (Reims).
BARCHAT, président du Comité républicain (Vitry-le-
   François).
CH. BERNARD, industriel (Châlons-sur-Marne).
DAILLY, publiciste (Reims).
GAILLEMAIN, conseiller général (Epense).
HAUDOS, conseiller général.

Marne (Haute-)

MM. BIZOT DE FONTENY, sénateur.
DESSOYE, député (Chaumont).
MOISSON (Chaumont).
TH. VIARD (Langres).

Mayenne

MM. Louis BONNET, publiciste (Paris).
BORDEAU (Mayenne).
Dr DUPRE (Laval).
LINTIER, maire de Mayenne.

Meurthe-et-Moselle

MM. CHAPUIS, député (Toul).
GRILLON, député (Nancy).
BERNARDIN, juge de paix (Pont-à-Mousson).
Général GODART, ancien commandant du 8e corps
   (Lenoncourt).
GRAUCHE (Nancy).
GRANDJEAN (Nancy).
EMILE HINZELIN, publiciste, à Villemonble (Seine).
DE LANGENHAGEN, conseiller général (Lunéville).

Meuse

MM. D' DANOUX (Paris).
ROBERT NANTEUIL, publiciste (Paris).
ALBERT PERNET, ancien maire de Bar-le-Duc.
POTERLOT, maire de Stenay.

Morbihan

MM. PAUL GUIEYSSE, député (Lorient).
BARBERON, avocat (Lorient).
BOUTHELIER (Lorient).
BRARD, conseiller général (Pontivy).
GUINARD (Paris).
MACREZ, receveur de l'enregistrement (Pont-Scorff).
MARTINE, président de la Fédération départementale
    (Vannes).

Nièvre

MM. PETITJEAN, sénateur.
RENARD, député (Clamecy).
GEORGES COULON, publiciste (Paris).
MAGNIEN, maire de Metz-le-Comte.
ŒSINGER, délégué cantonal (Cheugny).

Nord

MM. BERSEZ, sénateur.
DÉFONTAINE, député (Avesnes).
DELECROIX, député (Lille).
DEHOVE, député (Avesnes).
DRON, député (Lille).
MAXIME LECOMTE, sénateur.
POTIE, sénateur.
BARIT, industriel (Lille).
BRIZZOLARA, président du Comité radical de Somain.
CLIQUENNOIS-PAQUES.
CH. DEBIERRE, président de la Fédération radicale-
    socialiste (Lille).
RENÉ DUFLOT, conseiller d'arrondissement (Somain).
FLINOIS (Walincourt).
HERLEMONT, principal du Collège (Le Quesnoy).
HAYEM, négociant (Lille).
LIMBOUR, conseiller municipal (Douai).
MOURMANT, conseiller municipal (Lille).
PETIT, industriel (Lille).
PIOLAINE, administrateur des hospices (Lille).
VILLARD, conseiller municipal (Armentières).

Oise

MM. BAUDON, député (Beauvais).
BOUFFANDEAU, député (Beauvais).
CHOPINET, député (Senlis).
DELPIERRE, député (Clermont).
ANDRÉ DE BATZ, secrétaire général de la Fédération de l'Oise.
FAURE-HEROUART, conseiller d'arrondissement (Montataire).

Orne

MM. ANDRE, directeur de l'*Avenir de l'Orne* (Alençon).
D* BAGOURD, conseiller général (Argentan).
G. FABIUS DE CHAMPVILLE, publiciste (Paris).
RENÉ HUET (Juvigny-sous-Andaine).

Pas-de-Calais

MM. BERQUET, président de la Ligue radicale (Calais).
BUTEL (Boulogne-sur-Mer).
GEORGES-BODEREAU, rédacteur en chef du *Gâtinais* (Etampes).
D* CAMUS (Avesnes-le-Comte).
GALLEY, président de la Ligue radicale (Noyelles-sous-Lens).
F. LEFRANC, rédacteur en chef du *Petit Béthunois* (Béthune).
EMILE LEMAITRE, conseiller général (Boulogne-sur-Mer).
MARANGE (Béthune).
VICTOR PIERON, conseiller municipal (Avion).
GEORGES ROBERT, rédacteur en chef du *Progrès du Nord et du Pas-de-Calais* (Lille).
ROUSSEL, rédacteur en chef du *Journal de Lens*.
SEVIN, rédacteur en chef de l'*Avenir* (Arras).

Puy-de-Dôme

MM. BONY-CISTERNES, sénateur.
GUYOT-DESSAIGNE, député (Clermont-Ferrand).
SABATERIE, député (Ambert).
CHERADAM (Paris).
GUILLEMIN (Clermont).
MARROU, président de la Fédération départementale.

Pyrénées (Basses-)

MM. BOURDEU, président du Comité radical et radical-socialiste (Gan).
CADIER, avocat (Oloron).
DOLHATZ (Bayonne).
D* INCHAUSPE, conseiller d'arrondissement (Ascarat).
GUILLAUME MALAN, président du Comité radical-démocratique (Pau).
ELIE-PECAUT, docteur (Ségalas).

Pyrénées (Hautes-)

MM. GASTON DREYT, député (Tarbes).
FITTE, député (Tarbes).
PEDEBIDOU, sénateur.
Dʳ BRAU (Paris).

Pyrénées-Orientales

MM. JEAN BOURRAT, député (Perpignan).
PUJADE, député (Céret).
LÉON MILHAU, avocat (Perpignan).
Dʳ ALFRED RIVES (Saint-Paul-de-Fenouillet).

Rhin (Haut-)

MM. SCHNEIDER, député (Belfort).
LAURENT THIERY, conseiller général (Belfort).

Rhône

MM. CAZENEUVE, député (Lyon).
JUSTIN GODART, député (Lyon).
JACQUET, conseiller municipal (Lyon).
HERRIOT, maire de Lyon.
Dʳ LEPINE (Lyon).
C. MICHAUT (Villefranche).
PAUL PIC, conseiller municipal (Lyon).
PONTEILLE, maire de Châtillon-d'Azergues.
RENARD, conseiller municipal (Lyon).
RIVIERE, conseiller municipal (Lyon).

Saône (Haute-)

MM. RENÉ RENOULT, député (Lure).
BLUMENFELD (Paris).
PEROZ, conseiller général (Plancher-Bas)
SCHWOB, conseiller général (Héricourt).

Saône-et-Loire

MM. DUBIEF, député (Mâcon).
MAGNIEN, sénateur.
PETITJEAN, député (Louhans).
SIMYAN, député (Mâcon).
MYARD, conseiller général (Buxy).
PROTAT, conseiller général (Mâcon).
POIRSON, imprimeur (Autun).
RICHARD, conseiller général, maire de Chalon.

Sarthe

MM. AJAM, député (Saint-Calais).
BOUTTIE, député (Le Mans).
BRETEAU, conseiller général (Bouloire).
LÉON NAUDIN, avoué (Le Mans).
PAUL PELTIER, avocat (Paris).
POSTEL, percepteur, à Enghien (Seine-et-Oise).
ANDRÉ TESSIER, publiciste, à Versailles (Seine-et-Oise).

Savoie

MM. CHAMBON, député (Chambéry).
DOLIN, président du Comité républicain de Chambéry.
BAILLY, publiciste (Chambéry).
GAIDE (Chambéry).

Savoie (Haute-)

MM. FERNAND DAVID, député (Saint-Julien).
BOSSONNEY, entrepreneur (Chamonix).
CHARRIERE, avoué (Saint-Julien-en-Genevois).
FERRERO, maire d'Annecy.

Seine

MM. FERDINAND BUISSON, député (Paris, XIII° arr.).
CHAUTARD, député (Paris, XV° arr.).
HECTOR DEPASSE, député (Saint-Denis, 5° circ.).
FERON, député (Saint-Denis, 6° circ.).
GERVAIS, député (Sceaux, 4° circ.).
MASCURAUD, sénateur de la Seine, président du Comité républicain, du Commerce, de l'Industrie et de l'Agriculture.
MESSIMY, député (Paris, XIV° arr.).
PUECH, député (Paris, III° arr.).
RANSON, sénateur.
STEEG, député (Paris, XIV° arr.).
AMOUROUX (Asnières).
BALANS (Saint-Maur-les-Fossés).
BAUBE (Paris).
BELLANGER, représentant de commerce (Paris).
BLANCHON, conseiller général (Sceaux).
ALFRED BONET, Paris.
BRENOT, conseiller municipal (Paris).
BRULPORT (Paris).
FERDINAND CAHEN, membre du Conseil de direction du Comité républicain du Commerce, de l'Industrie et de l'Agriculture (Paris).
CARMIGNAC, conseiller général (Montrouge).
CHABANNE, vice-président du Conseil de direction

du Comité républicain du Commerce, de l'Industrie et de l'Agriculture (Paris).

ARMAND CHARPENTIER, publiciste (Paris).

CHERIOUX, conseiller municipal (Paris).

COINTE, avocat (Paris).

DOMINIQUE (Paris).

JULES-DURAND (Paris).

FORGEOIS (Paris).

GARNIER, industriel (Paris).

GELY (Paris).

LUCIEN LE FOYER, avocat (Paris).

J.-B. MORIN, professeur (Paris).

MURAT, secrétaire général du Comité républicain du Commerce, de l'Industrie et de l'Agriculture (Paris).

PATENNE, conseiller municipal (Paris).

LUCIEN PRÉVOST, membre du Comité de direction du Comité républicain du Commerce, de l'Industrie et de l'Agriculture (Paris).

RENEUX, dessinateur (Paris).

HENRI ROUSSELLE, conseiller municipal (Paris).

HENRI SALLES, publiciste (Montrouge).

CH. THIEBAUD (Paris).

PAUL VIROT (Paris).

EDGAR WEILL (Paris).

Seine-Inférieure

MM. MAILLE, député (Rouen).

ALLARD, juge, à Lille (Nord).

BOURDELOT (Le Tréport).

EMILE DESVAUX, rédacteur au *Radical* (Paris).

GAUDEL, conseiller d'arondissement, maire de Saint-Etienne-de-Rouvray.

DENIS GUILLOT, ancien conseiller général (Le Havre).

LOYER, propriétaire (Neuville-lès-Dieppe).

ALBERT MAY (Rouen).

MAURICE NIBELLE, avocat (Rouen).

VALLOIS (Rouen).

Seine-et-Marne

MM. ÉMILE CHAUVIN, député (Meaux).

DELAROUE (Melun).

FRERE (Chermont).

LANÉRY, conseiller général (Lizy-sur-Ourcq).

MENARD, négociant (Coulommiers).

Seine-et-Oise

MM. AIMOND, député (Pontoise).

BERTEAUX, député (Versailles).

DALIMIER, député (Corbeil).

GOUJAT (Houilles).

Emile LAURENT, professeur (Paris).
Gustave LEFEVRE, avocat (Paris).
LEMOINE-RIVIERE, maire d'Argenteuil.
PERILLIER, avocat (Paris).

Sèvres (Deux-)

MM. GENTIL, député (Niort).
GOIRAND, sénateur.
Emile BRISSON, maire de Nogent-sur-Marne (Seine).
Clément MENARD, conseiller gén., maire de Thouars.

Somme

MM. Raoul FIQUET, député (Amiens).
KLOTZ, député (Montdidier).
ROUSE, député (Doullens).
JOUANCOUX, président de l'Union démocratique de la
   Somme (Cachy).
PIAT (Amiens).
TERNOY, conseiller général (Abbeville).

Tarn

MM. Edouard ANDRIEU, député (Albi).
Paul GOUZY, député (Gaillac).
Louis VIEU, sénateur.
Dr GUIRAUD, maire de Lavaur.

Tarn-et-Garonne

MM. CAPERAN, député (Montauban).
SENAC, député (Castelsarrasin).

Var

MM. Louis MARTIN, député (Toulon).
Emmanuel FASSY, tanneur (Barjols).
Emile GRUE, propriétaire (Solliès-Pont).
Félicien RAYNAUD (Toulon).

Vaucluse

MM. COULONDRE, député (Avignon).
MAUREAU, sénateur.
PASQUET, négociant, à Nogent-sur-Marne (Seine).
VIALIS, ancien député.

Vendée

MM. GUILLEMET, député.
BATIOT, maire de Talmont.
D GODET, conseiller général (les Sables-d'Olonne).
LUCIEN VICTOR-MEUNIER, à Bordeaux (Gironde).
MOLINA, délégué cantonal, à Libourne (Gironde).
MOURRA père, négociant (les Sables-d'Olonne).

Vienne

MM. GODET, député (Châtellerault).
GUILLAUME POULLE, sénateur.
RIDOUARD, député (Loudun).
ANDRÉ LACROIX (Paris).

Vienne (Haute-)

MM. TOURGNOL, député.
ALEXANDRE (Paris).
NOILLER (Limoges).
PAILLOUX (Paris).
ROUX, conseiller général (Saint-Yrieix).
TARRADE, conseiller général (Châteauneuf).

Vosges

MM. FLEURENT, député (Saint-Dié).
MATHIS, député (Mirecourt).
SCHMIDT, député (Saint-Dié).
CAMILLE DUCEUX, industriel (Saint-Dié).
CAMILLE PICARD, publiciste (Paris).
GILBERT RENAUD, président de la Fédération républi-
caine (Epinal).

Yonne

MM. BIENVENU MARTIN, sénateur.
MILLIAUX, député (Auxerre).
JEAN JAVAL, conseiller général.
SILVY, conseiller général.

ALGÉRIE

Alger

MM. GERENTE, sénateur.
BEGEY, député.
CHANTAGNAT (Paris).
DUPREY (Paris).

Constantine

MM. AUBRY, sénateur.
CUTTOLI, député.
D' GUIGON (Constantine).
STIRN (Paris).

Oran

MM. TROUIN, député.
BORDES (Paris).
PAUL-FALOT, industriel (Oran).
TAFFONNEAU, négociant (Paris).

COLONIES

Cochinchine

MM. F. DELONCLE, député.
NICOL (Paris).

La Guadeloupe

MM. CICERON, sénateur.
ACHILLE-RENÉ BOISNEUF, conseiller général (Basse-
Terre).
R. HERISSON, négociant (Paris).
J.-B. TESSONNEAU, négociant (Paris).

La Guyane

MM. ELEUTHE LEBLOND, à Mortagne-sur-Gironde (Charente-
Inférieure).
URSLEUR, avocat, Toulouse.

Inde Française

M. LEMAIRE, député.

La Martinique

MM. KNIGHT, sénateur.
SEVERE, député.
SHEIKEVITCH (Paris)
LEMERY (Paris).

La Réunion

MM. ENRIQUEZ, avocat (Paris).
G. DELMAS, docteur en médecine (Paris).

Sénégal

MM. CARPOT, député.
SCELLIER, publiciste (Paris)

TABLE

Soc. Anon. des Im. WELLHOFF et ROCHE, 124, boul. de la Chapelle.
Téléphone 441-80. — ANCEAU, directeur.

Société anonyme des Impr. Wellhoff et Roche, 124, boul. de la Chapelle, Paris.
Téléphone 441-86. — Anceau, directeur.